生活技能 303

開始在日本自助旅行

作者◎牛奶杰

太雅

「遊日本鐵則」

☑ 尊重當地文化

理由： 雖然台灣跟日本很近，也有些歷史關聯，但畢竟是不一樣的國度，仍有些社會人文風俗不盡相同。無論如何，入境隨俗，到了當地就請尊重人家的做事方法吧！

☑ 為自己創造小確幸

理由： 難得出國，不妨在行程中添加一些小確幸犒賞自己。該花的費用不要省，有體驗活動的機會別放棄，每日行程別排太滿，保留自己休息或喝杯咖啡的時間。

☑ 主動詢問可否共食

理由： 為了品嚐更多美味料理，有些人會希望在餐廳「共食」（兩人或多人只點1份餐）。建議入門時就先詢問店家，若對方拒絕也別強求，看是否要每人都點餐，或乾脆外帶。但要提醒，有些店家會堅持餐點的新鮮與風味，不提供外帶或打包服務。

☑ 不為別人添麻煩

理由： 「日本人」最常被形容的民族特性，應該包括「不為別人添麻煩」這點吧。凡事謹慎不造成其他人的困擾，是日本民眾常見的人際互動原則。但這不表示遇到問題不能提問，在旅行期間若遇到困難，或感覺權益受損，還是要即時提出反應喔！

☑ 無法赴約務必取消

理由： 日本多數的店家，至今仍不收取預訂費用，因為他們重視誠信，相信客人如果預約了，就一定會赴約。但若客人爽約未現身，店家可能會有損失！若無法履行事先的約定，應盡早取消。若因此產生違約費用，也應主動支付。

誠實為上不鑽漏洞

☑ **理由：** 訪日時常會使用各種企劃票，這些產品大多希望遊客能以較低的成本玩得盡興。由於相信人性本善，所以防弊機制並非官方最關切之事。此外，有些景點雖售票但無剪票管制。無論如何，請大家誠實付費，別鑽漏洞貪小便宜喔！

行前 Q & A
旅遊日本前你最想知道的問題……

Q1 到日本自助旅行安全嗎？

別受推理小說影響，以為這裡常發生刑案！其實日本的治安大致上很安全，遇扒手或搶案的情況很罕見。不過出門在外仍要謹記「防人之心不可無」的圭臬。

▲ 自助玩家若能用心多做功課，要去哪玩？該怎麼去？基本上都不會是大問題

Q2 怎麼知道哪裡好玩？該去哪裡玩？

牛奶杰覺得日本沒有「必去」或「不去一定會後悔」的地方！哪裡好玩，哪些地方值得去，應自己做功課後判斷。書本、雜誌、網路與業者的相關文宣，都是獲取資訊的管道。

Q3 日本自助旅行的資訊會不會很難找？

日本的景點、店家、交通業者幾乎都有網站或FB、IG，各地也有觀光協會等單位，自助旅行資訊非常充足。而且觀光客會拜訪之處，應該都已經有國人分享，相關資訊不難搜尋。

Q4 怎麼知道該如何前往某地點？

各個景點或店家的官網，都會有「アクセス」(access)項目，說明前往該處的交通方式，這可說是官網最重要的頁面！讀者閱覽access訊息，再到時刻表網站(P.68)剪下、貼上查詢搭車的方法與費用，行程其實就排好一半了。

Q5 到了當地怎麼找方向？

可以看引導指標、地圖或向人問路等等。若在觀光名勝，跟著人潮走也是一招。擔心迷路者，不妨用手機網路漫遊(P.278)，開Google地圖的導航功能。問路時，直接秀手機畫面給對方看，也讓溝通事半功倍。

Q6 迷路或行程沒照規畫走怎麼辦？

事實上，完全「按表操課」對自助旅人來說有點一板一眼。旅行的初衷，就是滿足自己想親自飽覽世界的心願。在真正上路前，即便有再多準備，也難以預測到了當地會有什麼感受。若真的捨不得離開，多待一會兒又何妨呢？

即使是迷路與遭遇挫折，或許當下會憤怒與失望，但也會讓旅程增添更多難忘的回憶。此外，發現自己出門在外碰到問題都能迎刃而解，也會很有成就感喔！

臺灣太雅出版
編輯室提醒

出發前，請記得利用書上提供的通訊方式再一次確認

　　每一個城市都是有生命的，會隨著時間不斷成長，「改變」於是成為不可避免的常態，雖然本書的作者與編輯已經盡力，讓書中呈現最新的資訊，但是，仍請讀者利用作者提供的通訊方式，再次確認相關訊息。因應流行性傳染病疫情，商家可能歇業或調整營業時間，出發前請先行確認。

資訊不代表對服務品質的背書

　　本書作者所提供的飯店、餐廳、商店等等資訊，是作者個人經歷或採訪獲得的資訊，本書作者盡力介紹有特色與價值的旅遊資訊，但是過去有讀者因為店家或機構服務態度不佳，而產生對作者的誤解。敝社申明，「服務」是一種「人為」，作者無法為所有服務生或任何機構的職員背書他們的品行，甚或是費用與服務內容也會隨時間調動，所以，因時因地因人，可能會與作者的體會不同，這也是旅行的特質。

新版與舊版

　　太雅旅遊書中銷售穩定的書籍，會不斷修訂再版，修訂時，還區隔紙本與網路資訊的特性，在知識性、消費性、實用性、體驗性做不同比例的調整，太雅編輯部會不斷更新我們的策略，並在此園地說明。您也可以追蹤太雅 IG 跟上我們改變的腳步。

:::
taiya.travel.club
:::

票價震盪現象

　　越受歡迎的觀光城市，參觀門票和交通票券的價格，越容易調漲，特別 Covid-19 疫情後全球通膨影響，若出現跟書中的價格有落差，請以平常心接受。

謝謝眾多讀者的來信

　　過去太雅旅遊書，透過非常多讀者的來信，得知更多的資訊，甚至幫忙修訂，非常感謝大家的熱心與愛好旅遊的熱情。歡迎讀者將所知道的變動訊息，善用我們的「線上回函」或直接寄到 taiya@morningstar.com.tw，讓華文旅遊者在世界成為彼此的幫助。

開始在日本自助旅行 2024～2025年 新第三版

作　者	牛奶杰	

總編輯	張芳玲
發想企劃	taiya旅遊研究室
編輯主任	張焙宜
企劃編輯	李辰翰
主責編輯	林孟儒
修訂編輯	黃琦
封面設計	許志忠
美術設計	許志忠
地圖繪製	許志忠

太雅出版社
TEL：(02)2368-7911　FAX：(02)2368-1531
E-mail：taiya@morningstar.com.tw
太雅網址：http://taiya.morningstar.com.tw
購書網址：http://www.morningstar.com.tw
讀者專線：(02)2367-2044、(02)2367-2047

出版者　太雅出版有限公司
　　　　106020台北市辛亥路一段30號9樓
　　　　行政院新聞局局版台業字第五〇〇四號

讀者服務專線：(02)2367-2044 / (04)2359-5819#230
讀者傳真專線：(02)2363-5741 / (04)2359-5493
讀者專用信箱：service@morningstar.com.tw
網路書店：http://www.morningstar.com.tw
郵政劃撥：15060393(知己圖書股份有限公司)

法律顧問　陳思成律師

印　刷	上好印刷股份有限公司　TEL：(04)2315-0280
裝　訂	大和精緻製訂股份有限公司　TEL：(04)2311-0221
三　版	西元2023年11月10日
定　價	460元

(本書如有破損或缺頁，退換書請寄至：
台中市西屯區工業30路1號　太雅出版倉儲部收)

ISBN　978-986-336-471-9
Published by TAIYA Publishing Co.,Ltd.
Printed in Taiwan

國家圖書館出版品預行編目(CIP)資料

開始在日本自助旅行／牛奶杰作.
——三版，——臺北市：
太雅出版有限公司，2023.11
面；　公分 . ——（So easy；303）
ISBN　978-986-336-471-9　（平裝）
1.自助旅行　2.日本
731.9　　　　　　　　112015457

填線上回函
開始在日本自助旅行
2024～2025年 新第三版

reurl.cc/Yl0mpl

一個對旅人友善包容，且能創造滿滿回憶的國度

日本是國人很常造訪的國家，我想這不僅是地利遠近之便，更因為日本的自然資源與社會文化，合力塑造出非常吸引人的觀光魅力。尤其在自助旅行方面，日本更是一個對旅人友善包容，且能創造滿滿回憶的國度。

《開始在日本自助旅行》為太雅出版社一本相當長銷的旅遊入門書，受到市場多年肯定。牛奶杰在2005年剛開始投入於日本的自助旅行時，就曾受教於這本書不少，想不到在十多年後，有機會參與這本書的重啟更新。

我過去在部落格上曾分享些許在日本自助旅行的經驗與觀察，儘管比不上許多知名的前輩，但應該確實幫助過不少新手玩家。這回參與《開始在日本自助旅行》的全新出發，猶如檢視自己多年旅行心得，彙整出更完整與獨到的心得指南。

日本很大，單靠一本書不可能介紹得太仔細，這本書定位於入門階段，將新手旅人可能會需要知道與注意的事情通盤整理，協助旅人嘗試在日本自助之行。

在籌備這本書時，我盡量設身處地，回想以前自己如何面對各種問題，並帶入自己的經驗來解答。期望讀者在翻閱本書時，能比其它出版品或網路資料，感受到更有人性的一面，而非只是冷冰冰的導覽資料。

感謝出版社的編輯、美編，以及家人們的齊心與諒解，讓這本新書問世，且能持續再版更新。

2019年開始的Covid-19疫情，使旅人造訪日本的腳步被迫暫停。日本許多觀光產業的設施在疫情間被迫退出；但也有新的景點或旅館報到。藉由這次改版，我們盡可能更新了必要的內容。

Japan · 日本

關於作者

牛奶杰

但後疫情的復甦階段又逢國際經濟情勢嚴峻變化，各種消費價格、航線航班，與店鋪開關的變動都相當大，車班時間也處於隨時調整的狀態。這當中有些變化是書本趕不上的，還請讀者諒解。

無論如何，日本仍是非常適合自助旅行玩家的國度，無論對新手或已相當有經驗的行家，相信都能在旅程中獲得豐富的回憶。喜歡日本的玩家們，請收拾行囊，再次開始在日本自助旅行吧！

作者於部落格上添加全書網站連結，方便讀者點選使用，有需要的讀者請掃描QR Code。

人文社會學科碩士，投入日本自助旅行將近20年，足跡已遍及日本47個都府道縣(以及一些當今不屬於日本的地方)。喜歡日本的自然美景，也關注該國的歷史文化與社會脈動。

他對旅行有自己的小小堅持與偏好，支持物盡其用、不喜歡浪費(白話文就是精省旅費)。對火車、飛機、車站、機場等大眾交通工具與設施很感興趣，擅長研究交通工具的搭乘方式與樂趣，以及各種企劃票券的搭配使用等。

多年前開始在網路上經營「杰宿 絮語」與「杰水輕喃」兩個部落格，與FB粉絲專頁，對許多人的日本旅行幫助很大。著有《岡山廣島慢旅行》(太雅出版)、《1張鐵路周遊券玩遍四國》、《走讀明治維新》、《鐵道旅人走進北海道》(出色文化出版)、《跟著鐵道達人輕鬆玩日本》(光現出版)等書。

杰水輕喃xFB：www.facebook.com/ssscreek

目　錄

地圖索引

15

主題篇

27

認識日本

37

行前準備

57

機場篇

63

交通篇

99

住宿篇

如何使用本書

本書是針對旅行日本而設計的實用旅遊GUIDE。設身處地為讀者著想可能會面對的問題，將旅人會需要知道與注意的事情通盤整理。

除了全日本概況，更專對六區：東京、關西、北海道、東海北陸、九州、四國的機器圖解、實用票券、交通、美食、玩樂進一步解說。

專治旅行疑難雜症：辦護照、購買機票、出境手續、行李打包、搭乘交通工具、行程安排、打國際電話、選擇住宿、APP的使用，本書全都錄。

提供實用資訊：各城市的必買必吃、玩樂景點、交通工具比較分析表、行程建議，讓相關連絡資料與查詢管道不再眼花撩亂。

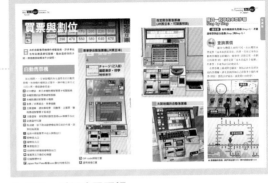

▲ 機器、看板資訊圖解
購票機、交通站內看板資訊，以圖文詳加說明，使用介面一目了然。

貼心小提醒
作者的玩樂提示、行程叮嚀、宛如貼身導遊。

豆知識
延伸閱讀、旅行中必知的小常識。

Step by Step圖文解說
入出境、交通搭乘、機器操作、機器購票，全程Step by Step圖解化，清楚說明流程。

◀ 行家祕技
內行人才知道的各種撇步、玩樂攻略。

路上觀察▶
當地的街頭趣味、城市觀察、特有文化專欄解說。

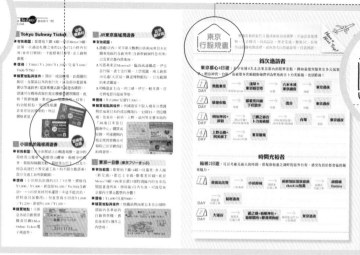

收錄實用的企劃票券、PASS

收錄了各城市、各區域適合用的PASS、票券。教你在規畫旅行中,選擇合適的票券,省時省力又省錢。

行程規畫

提供適合首次造訪、時間充裕者的多日遊行程建議,還有近郊小旅行。另外企劃「單日行程補充包」,讓你有更多的組合可以任意替換、搭配。

玩樂情報

關於東京、關西、北海道、東海北陸、九州、四國六大區不能錯過玩樂景點。

旅行實用會話

模擬各種場合與情境的單字與對話,即使日文不通,用手指指點點也能暢遊日本。

必吃必買 ▶

介紹東京、關西、北海道、東海北陸、九州、四國六大區不能錯過的必吃美食與必買伴手禮。

資訊符號解說

http	官方網站
✉	地址
☎	電話
⏰	開放、營業時間
休	休息
$	費用
➡	交通方式
ℹ	重要資訊

疫情後的日本

- 日本於2022年下半年放寬入境限制,如今也不再查驗入境Covid-19疫苗接種記錄。

- 剛解封時,日本政府請海外旅客於Visit Japan Web或App預先登錄入境資料與海關查驗資料。該網頁如今保留下來且持續優化,玩家登錄資料後,在主要機場皆可憑網頁點開的移民關與海關QR code過關,減少填紙本的時間。

- 日幣與台幣匯率自2019年8月由逼近0.30持續下滑,在Covid-19疫情解封後長期維持在0.24以下,甚至低於0.22(不到2,200元新台幣就可換到10,000日元)。玩家「報復式旅遊」的同時,還能以更輕鬆的價格入手喜歡的日本商品,或享受過去覺得難以負擔的旅館與特殊行程。

- 但在低匯率的同時,日本國內也面臨通貨膨脹壓力,因此許多商品、旅館房價,或車票價格都分批調漲。讀者若跟疫情前的遊日經驗相比,會發現食衣住行育樂各方面都漲過一輪了。

- 疫情期間,各JR縮減綠窗口與站員數量,改由自動售票機取代。如今玩家透過自動售票機領取Pass企劃車票,或取票後藉此劃位已變得相當普遍。

- 受限塑政策影響,多數店家已不提供免費塑膠袋,若有需要得付費購買。

- 各連鎖店疫情後自助結帳大行其道,GU、UNIQLO、與JR東日本的便利商店NewDays等均已導入方便的自助結帳設備。另有超商與超市更新收銀設備,仍維持店員掃商品條碼,但最後由顧客自行操作面前的設備付費與找零,店員完全不接觸現金、卡片或手機。

- 疫後航班密度恢復較慢且機票價格走高,部分以往可以直飛的航點也尚未恢復飛行。

- 政府機關、組織,與各行各業,疫情期間幾乎無不透過減少雇用人數來挺過難關,疫後不免出現欠缺人力,或工作人員經驗與熟悉度不足的狀況。有不少玩家反映先前能以英、華語溝通的店家,都回歸到只限說日語,這可能需要一點時間才能回復。

- 可能不算直接相關,但「無人冷凍水餃店」在疫後大行其道,大街小巷不難見到其身影。

- 信用卡與手機行動支付等「無現金支付」的使用率提升。允許憑信用卡免買票直接感應過改札機搭車的火車與巴士,也正陸續增加。不過在店家憑實體信用卡付款時,仍以插卡讀晶片為主流。

▲開放信用卡直接感應搭車的交通業者增加(圖為福岡地鐵)

主題篇
Japan Itinerary

百變日本，好玩的魅力在哪裡？

日本的旅遊風貌十分百變，除了四季風情各有特色，這邊的歷史文化也很豐富，還有許多知名的設計建築，不論你何時造訪、為何造訪，總是給你層出不窮的驚喜。

自然景觀

日本的春夏秋冬差異相當明顯，尤其是配合時令變化的自然植物，更在這片國土營造出四季獨特的風貌，不同時間造訪各有特色！

春櫻

綻開的櫻花，可說是最能代表日本春季的景觀！在日本全境各地，都能找出適合的賞櫻場所，欣賞這種「稍縱即逝之美」，這也是大和民族在每年春天的一項全民運動。

櫻花由南往北盛開

在日本動漫或日劇中，常會有故事主角在群櫻綻開的櫻花樹下從學校畢業的情景。櫻花季與畢業季的時間有些許吻合，但並非完全重疊。櫻花綻放的時間，約在每年4月，詳細時間點依日本南北有些不同。

九州大約從3月中旬便能賞櫻，北海道得要等到5月初才有機會。而畢業典禮一般不會晚於3月底，所以住南方的莘莘學子比較有機會拿畢業證書跟櫻花合影，在北方念書的同學們，大概只有

▲ 賞櫻可說是日本人的全民運動

融雪可以留念吧！另外，櫻花的品種很多，某些花期較早（如：關東2月便可欣賞河津櫻），增加了遊客賞景的機會。

賞櫻看運氣，受氣候影響大

坦白說，賞櫻有時需要一點運氣，因為櫻花完整綻開的花期很短，且每年開花的時間又不太一樣，容易受許多氣候因素影響。大費周章飛到日本，卻可能遇到櫻花才剛冒枝芽，或早已被雨水打落！類似情況每年都在無數遊客身上發生，所以別把得失心放太重喔！

需預備寬裕的交通時間

在規畫行程時，可將適宜的賞櫻行程排在上午，避開人群大舉出沒的時段。同時要將景點到景點之間的交通時間拉長，畢竟出外賞櫻者很多，街道、巴士、火車站月台都有機會碰到滿滿人群，行程移動上會比平常更花時間。自行駕車的讀者，也得提防著名景點周圍停車位已被占滿的問題。

櫻花開花預測時間看這裡

預估當年度各都府道縣櫻花綻開時間的網站，可作為安排行程的參考。在Google輸入「櫻花前線」亦可尋得類似網站。

http sakura.weathermap.jp

＊資料時有異動，請以官方公布的最新資料為主

▲ 即便不是賞櫻名所，在街頭巷尾也有機會看到櫻花樹

♥ 貼心 小提醒

旅遊旺季，機票住宿會漲

賞櫻、賞楓以及在北海道賞薰衣草這種旺季，難免遇到機票與住宿費用漲價！畢竟除了我們想飛去日本賞景，其他國家的遊客，以及日本居民本身，也都會隨著自然景致安排出遊行程啊！

▲ 日本各地都有賞櫻機會，開花時間稍有前後差異

夏花

從春末到夏天，分別為芝櫻、紫藤花、粉蝶花、紫陽花（繡球花），以及薰衣草等繁花盛開的季節。尤其是北海道一望無盡的薰衣草紫色花田，簡直是如夢境般的景色。每年暑假7、8月是觀賞薰衣草景致的高峰，建議在7月前往，將有機會見到向日葵與尚未收割的麥田。

注意：受地球暖化影響，日本在夏天也可能上探40度高溫，夏季出遊時得特別留意防曬與補充水分喔。

▲ 到北海道觀賞薰衣草景觀的建議時間為7月分

▲ 紫藤花約在4月底盛開，拜訪時仍需準備薄外套

▲ 常陸海濱公園的粉蝶花觀賞時間也是4月底，可跟賞紫藤花一同規畫

秋楓

除了春天的櫻花，秋天的楓紅景致也同樣令人陶醉。

楓葉由北往南轉紅

賞楓的季節，約從9月下旬開始持續到12月初。楓葉轉紅的腳步，跟櫻花的綻開方向相反，楓葉是從北海道開始往南轉紅，北國經過7、8月的酷暑款待後，很快就會感染秋紅氣息；南方的九州一帶，則要等到11～12月，才會明顯感受秋潮來襲。

京都賞楓名所推薦

「洛」是京都的代稱，不妨趁著秋天時安排一趟京都之行，欣賞「秋楓洛饡」的古都。陽光從楓葉的縫隙透出，乍看之下像是點燃的焰火！京都的楓紅通常可以維持到12月上旬，著名賞楓地點有東寺、南禪寺、常寂光寺，以及嵐山的天龍寺等，若搭叡山電鐵或嵯峨野觀光鐵道的列車，則有機會穿梭於火紅的楓葉隧道當中。

▼嵐山是京都著名的賞楓聖地，可欣賞不同層次的楓紅變化

▲ 京都東福寺的楓葉景致，連樹蔭下的草坪都精采

貼心 小提醒

留意日照時間，拍出美美楓紅照

雖然楓紅的期間一般比櫻花的開花期長一點，但時序進入秋季後，日落的時間也會提早，想要拍美美的紅楓照片，需要留意日照光線(下午3點之後可能就會開始不足)以及天氣狀況。所以得把握每天的遊玩時間，同時還得仰賴一些好天氣(好運氣)喔！

楓紅預測時間看這裡

如同櫻花的方法，Google輸入「楓葉前線」也有多個網站可查詢各地的預測楓紅期間。

http 紅葉名所檢索：weathernews.jp/koyo

＊資料時有異動，請以官方公布的最新資料為主

冬雪

緯度偏高的日本，冬天常會被白雪包圍，尤其是西側瀕日本海的北陸和新潟一帶，當面迎接來自西伯利亞的冷高壓，是日本最容易降雪的「豪雪地帶」。相對地，關東的東京一帶在背風面，下雪的情形相對較少。

日本的冬天常是乾冷的情況，即便溫度降到零度以下，身體感覺可能還不若台灣某些地方的冬季冷。冬天的行程規畫建議要多預留時間，或備妥不同的交通方案。搭機返國前的最後一夜，最好避免住在離機場太遠處。

▲ 牛奶杰很喜歡在雪季搭火車的經驗(當然，要趕路時降雪不能太大呀)

貼心 小提醒

冬天的雪泥景象

雪跟土混在一起後，就跟泥巴差不多。儘管大多數的雪景照片看起來潔白漂亮，但實際到了雪地，會發現道路常因防滑而故意撒上沙土，所以會見到不少骯髒難堪的雪泥狀況，通常很難歸類為美麗街景(尤其是融雪階段的馬路邊)。

▲ 冬天的北海道，是屬於白雪的季節
▼ 白雪大地與針葉林，是南國罕見的景致

歷史風采

重視文化傳承的日本，保存了許多歷史古蹟，不論是江戶時代的風情，或是二戰後的遺跡，對於古蹟遺產的推廣及保存，總是不遺餘力，日本用生命寫下的故事，值得花時間細細品讀。

城堡古蹟

▲ 備中松山城

▲ 姬路城

最具有日本歷史印象的建築物，應該首推各地的城堡天守閣。從戰國進入江戶時代後，城堡的高塔「天守」化身爲威權象徵，開始以華麗的屋簷與裝飾爭相比美。現今最具代表性的傳統天守爲姬路城；後世重建的大阪城與名古屋城人氣也很旺。也有旅人會將造訪「5國寶」或「12木造現存天守」作爲規畫行程的目標。

明治維新之旅

從19世紀後半開始的幕府末期與明治維新階段，是日本從農業社會脫胎換骨走向工業開發國家的重要轉型期。或許可以這麼說，現代日本如此吸引人們去造訪，泰半得歸功於明治時期開發的成果！這階段留下來的公共設施與建築非常多，細心規畫行程參訪可以更深入認識日本喔。

▲ 松山城

▲日本許多重要的鐵道建設完成於明治維新階段 (舊信越本線碓冰卡橋)

▲京都有17座寺院、神社、城堡等史蹟,共同納入世遺「古都京都的文化財」(遠景為東寺五重塔)

▲神戶的人氣景點北野異人館群,建於幕末開國時期

跟著知名人物玩日本

談起日本歷史,總是會提到許多代表人物。尋著名人的步伐而行,也是一套有趣的主題之旅。NHK每年都會挑選適合人物,作為年度「大河劇」的主角,其足跡行經之處,自然備受矚目,旅遊業各單位均會推出企劃,還會有專屬旅遊書呢!

▲NHK的大河劇總會帶領歷史主題旅遊風潮(2016年「真田丸」彩繪列車)

世界遺產之旅

日本境內現有23處地點,列入聯合國教科文組織的「世界遺產」名單保護,政府除了承諾保護這些遺產,也會推廣讓社會大眾了解其珍貴價值!姬路城、古都京都與白川鄉合掌造聚落等均為文化遺產;世界自然遺產則有屋久島與知床半島等。

▲白川鄉的合掌造,是頗受觀光客喜愛的世界文化遺產

▲跟著先人步履而行,也是很有意義的主題之旅(高知站前的坂本龍馬等3位幕末名人像)

建築欣賞

日本有幾位具代表性的世界知名建築師，喜歡欣賞各種建築風格與工程技術成果的讀者，在日本必定能獲得很多收穫。

明石海峽大橋

日本先天上有許多惡劣地形與環境，但土木工程業界精益求精的奮進態度，將許多不可能的工程化為可能，締造讓世人讚歎的技術成果。位於神戶與淡路島之間的明石海峽大橋，就是一個典範。

大橋兩座橋塔間的跨距達1,991公尺，為全球吊橋的最長紀錄保持者。其興建過程歷經阪神大地震威脅，卻絲毫不影響品質，堪稱日本近代建築技術工藝的代表。

▲登上明石海峽大橋的橋塔，視野無比開闊

▲日本有許多克服難關的工程典範，令人讚歎

▲明石海峽大橋的登橋體驗，適合膽子大的玩家

遊客可在海邊的舞子公園遠眺或參觀一旁的橋梁博物館，膽大者更可預約登橋體驗行程，踏上近300公尺高的橋塔頂端，見證這項建築奇蹟。

安藤忠雄

　　曾獲普利茲克建築獎肯定的安藤，是當今最具有知名度的日本建築師，他慣用清水模與大面積玻璃等簡單素材的設計風格，廣為人們熟悉。

　　安藤發跡的長屋位於大阪，為私人住宅無法參觀，但粉絲到了大阪，則不能錯過其名作「光之教堂」（需預約）。位於淡路島上的夢舞台，曾是關西機場的取石場，在環境遭受破壞後經安藤巧手打造，成為淡路島獨有的會展場地，來此能一覽安藤各種慣用的設計手法。

　　瀨戶內海的直島上，也有多座他設計的美術館，更有一座小型的安藤博物館。

海之教堂

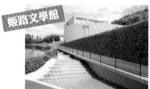

姬路文學館

安藤博物館

▲ 清水混凝土、玻璃、水池，並融入自然的感覺，是安藤的慣用手法

▲ 直島上有一座以民居改建的安藤博物館

▲ 淡路夢舞台飯店當中的海之教堂

夢舞台

▲ 夢舞台曾是荒蕪的山坡地，經安藤忠雄的巧手打造，化為一流會議場地

隈研吾

　　隈研吾也是日本設計風格搶眼且成熟的建築師，善用木材、竹條與玻璃等材料，作為設計作品的外觀。成果蘊藏濃厚東方禪風，不似鋼鐵與水泥般強硬，廣受好評，並有「弱建築」之稱。

　　知名作品如台灣品牌「微熱山丘」位於東京表參道一帶的門市、東京淺草的文化觀光中心、長岡市政廳舍，以及九州太宰府表參道的星巴克門市。他也以弱建築風格，拿下2020年東京奧運新國立競技場設計案。

▲ 曾為2020東京奧運主場館的國立競技場，也是隈研吾的代表作品

▲ 豐島區役所，讓民眾洽公也成為一種享受

▲ 淺草文化觀光中心落成後，便成為地區新亮點

建築保存園區

　　日本對老建築的保存也很有一套！有些老屋因有特殊的歷史意義、設計巧思，或早已融入當地生活，成為居民的共同記憶，但受限於都市更新，面臨拆除命運。此時會將老房子的結構梁柱，乃至一磚一瓦先做記號、予以解體，再搬到建築博物園區重組，化身為戶外展示作品。

　　包括東京的「江戶東京建築園」、千葉的「房總之村」、名古屋的「明治村」、札幌的「北海道開拓之村」，以及高松的「四國村」都具有這種特色，值得旅人入園，穿越時光回到過去一遊。

▲ 「北海道開拓之村」將舊時的一景一物完美呈現

▲ 東京都內的「江戶東京建築園」保存園區

▲ 從東京移到名古屋「明治村」保存的帝國飯店，是名建築師萊特(Frank Lloyd Wright)的作品

溫泉泡不膩

日本所處位置地質活動頻繁，造就其地震多、火山多的情況。該特性雖然會為民眾帶來不少災害，但也有豐富的溫泉資源！

溫泉

全國各地都有知名泡湯去處，從簡易的公共浴場到豪華的溫泉飯店，任君挑選，喜歡大自然者還能挑戰野外的露天溫泉呢！

▲ 日本幾乎全國各地都有溫泉，大自然環境中的露天溫泉別有風情

區域	著名的溫泉區
北海道	登別、洞爺湖、十勝川、湯之川(函館)
東北	銀山、乳頭、鳴子、淺虫
關東	箱根、伊豆、草津、伊香保
甲信越	富士五湖、別所
東海、北陸	飛驒高山、下呂、和倉
關西	有馬、城崎、白濱
山陰、山陽	玉造、皆生
四國	道後、祖谷
九州	由布院、別府、指宿、黑川

錢湯

如果沒機會泡自然溫泉，也可以考慮泡「錢湯」過過癮（入浴方式和溫泉大略相同）。光是東京至少還有450家錢湯可挑選呢！

錢湯哪裡找看這裡

http 東京浴場組合：www.1010.or.jp
http 大阪浴場組合：www.osaka268.com/public_bath

※資料時有異動，請以官方公布的最新資料為主

貼心 小提醒

刺青禁忌

　　日本絕大多數的溫泉與錢湯，皆謝絕身上有任何刺青的客人泡大浴池，有需要的遊客可查詢願意接待刺青客人的溫泉與浴場名單。

http **Sauna Ikitai**：sauna-ikitai.com/allow_tattoo

▲ 都市裡的錢湯，也是享受泡湯樂的好去處

行家秘技

日本泡湯方法

1 Step　在玄關脫掉室外鞋放進鞋櫃，但別把衣物與貴重物品放在此。

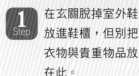

2 Step　付費之後進入休息室，常設有電視、投幣式按摩椅、飲料販賣機等。新穎溫泉會館休息室，比咖啡廳還舒適。

3 Step　進入男女分別的更衣室，此處設有置物櫃(多數附鎖)、洗臉台與吹風機等，請在此脫到一絲不掛。重點部位可用小毛巾遮擋，大浴巾則留在置物櫃。

4 Step　進浴池前先在外圍找有蓮蓬頭或水龍頭的角落，坐小板凳沖洗全身。

5 Step　身體洗乾淨了才能泡浴池。頭髮與毛巾不能接觸池水，一般人常把毛巾折好頂在頭上。

6 Step　泡完湯後，在浴室門內先把身體盡量擦乾，再到更衣室著衣。日本人在休息室時常會來罐透心涼的牛奶或冰淇淋。

浴衣穿法

　　旅館提供的浴衣結構跟「浴袍」相似，左右兩襟交疊，綁好腰帶即可，必要時再罩上羽織。注意要以「右衽」穿著(右襟在內、左襟蓋在外側往右後綁)，旁人看你時兩襟是如「y」字形交疊。

▲ 正確穿著時會看到「y」字形交疊

▲ 必要時可在浴衣外再罩上羽織

認識日本
About Japan

日本，是個什麼樣的國家？

國土面積約為10.5個台灣大的日本，到底是個什麼樣的國度？本篇從日本的地理、歷史、氣候、語言、交通、貨幣、經濟、電壓、節日分類介紹，讓你迅速了解日本概貌。

日本速覽

● 日本小檔案 01

歷史 | 有天皇，但國政無實權

西元4世紀起，崛起於大和（今奈良一帶）的勢力逐步征服本州與九州，成爲統一政權。

建國初期

飛鳥時代的西元604年左右，聖德太子制定日本首部成文法典「十七條憲法」，奠定官僚制度，以「天皇」爲領導者。孝德天皇646年即位，參考中國唐朝典章推動大化革新，鞏固中央集權，「大化」爲日本史中的第一個年號。

幕府時代至明治維新

西元12世紀，政權落入實際握兵的武家手中，歷經鎌倉幕府、南北朝與室町幕府等階段，來到織田信長、豐臣秀吉以及德川家康等群雄紛起的日本戰國時代。1603年德川家康於江戶再開幕

▲ 日本許多地方仍維持傳統風貌，呈現歷史老街風情

▲ 美國海軍准將派里指揮「黑船來襲」，是日本近代史的分水嶺

府，逐步結束戰國分裂，邁入江戶時代（現稱「幕府」或「幕末」時若未特別註明，多半指江戶幕府）。

幕府期間，僅限於九州邊陲的特定港口可與荷蘭等西方勢力有限接觸，但這種管制已不符時代洪流。美國由派里（Matthew Calbraith Perry）率艦於1853年抵江戶灣的浦賀，要求開國，爲近代史分水嶺的「黑船事件」。

其後幕府被識破無力處理外交趨勢，各地強藩勢力崛起，幕府遂以「大政奉還」將實權交還初登基的明治天皇，由他推動「明治維新」加速改革，成功令日本脫胎換骨、一日千里。

二戰後至今

日本1945年於太平洋戰爭敗戰，國家陷入由美國爲首的聯合國勢力管理，至1951年簽訂和平條約後恢復主權，並趁韓戰與戰後的發展契機，逐步躍升爲現在的高所得已開發國家。

認識日本

地理 | 日本=10.5個台灣大

　　日本位於台灣東北方約2,100公里的亞太外緣，緯度介於北緯20～45度間，由超過6,800個島嶼組成，以本州、北海道、九州與四國等4座大島為主，是一般所謂的日本本土。

　　本州的面積約22.8萬平方公里，約占國土的60%，聚集80%居民。一般習慣會將本州再細分為東北、甲信越、關東、北陸、東海、關西、中國(含山陰與山陽)等處，跟北海道、九州、四國通稱十大地方。

　　有關地方的分法有好幾種，一般玩家不必深究，僅需知道大城的相對位置在哪、別讓行程離譜地東奔西跑即可！

日本基本情報

面積：377,962平方公里，約10.5個台灣

首都：東京(但有學者認為法理上應仍為京都)

人口：約1.26億

政治：議會制君主立憲制，元首為天皇，政府首腦為內閣總理大臣(首相)

貨幣：日幣(JPY)。單位為円、圓，或日圓，符號為¥

曆法：西曆為主，同步使用日本年號「令和」，2020年為令和2年，以R2標記

時差：UTC+9，比台灣快1小時。日本中午12點時，台灣還在上午11點

航程：從桃園機場飛往東京約3小時、大阪約2.5小時

營業時間：文教設施大多在17:30、商店大多在21:00前打烊，聖誕節至元月2日間常為公休日

▲ 青森市區的降雪量，甚至能蓋雪屋了呢

▲ 有馬溫泉是關西地區的泡湯名所

▲ 湯野上溫泉站位於東北的山中，有著跟台灣截然不同的景致

日本地圖

　　日本本土可分為十大地區，若再加上沖繩則共計11個部分。

北海道

東北

甲信越

北陸

中國

關東

近畿

東海

四國

九州

沖繩

● 日本小檔案 03

語言 ┃ 日語，有些地方中文也通

　　主要語言是日語，但完全不會日語的遊客，依然可以自助行。日文的書寫大致為漢字、平假名與片假名三者並用。儘管漢字辭意不完全等同中文，但藉由書寫筆談仍有一定的溝通可能。英語雖不能處處通用，但觀光產業常有英語程度很好的工作人員。

▲ 能看懂漢字這點，已大幅降低不會當地語言的旅遊障礙

▲ 外來語常用片假名表示。若了解片假名發音，常有意外的發現

用手指代替說日語

　　本書幾個主要章節的末尾有「常用日文指指點點」，整理了最常用到的幾句話；在「快速上手篇」的「實用APP」(P.53)也有介紹能中日文對照的APP。讀者不會用嘴巴講日語沒關係，靠手指點一點、指一指，應該就能解決一般需求囉！

● 日本小檔案 04

氣候 ┃ 南北溫差大

　　全年氣溫可介於攝氏41度到零下41度間。天氣預報通常準確，以當天分時段報告下雨機率尤其受用。

▶ 日本的夏季氣溫有機會飆上41度，冬天則可能遭遇嚴寒

天氣資訊看這裡

- ■ 日本Yahoo!提供天氣預報，準確性可受信賴。
  http weather.yahoo.co.jp/weather
- ■ 有意拜訪富士山的玩家，可參考「富士見預報」，看看可見指數如何。
  http fuji-san.info/zh-tw/index.html

＊資料時有異動，請以官方公布的最新資料為主

● 日本小檔案 05

交通 ┃ 路網發達，時刻表準時

　　日本國土面積大，島嶼又多，各種陸、海、空交通工具堪稱發達。

　　國內線航空市場龐大，主要航線會以超過500

▲ 鐵路是日本最重要的交通工具，許多人每天靠此通勤

席的客機飛行。鐵路與高速公路網是主要運輸管道,可靠火車或高速巴士代步。多數車站可轉乘地區性路線巴士,擴增大眾交通工具服務範圍。許多民眾的通勤作息得搭車超過50公里,包括靠新幹線通勤者。各交通工具原則上相當準時!

至於短程移動,日本人常步行或自備單車(公共單車租借尚未普及),不少人能接受步行2公里以上。機車在都會區較罕見,許多人沒有騎乘的經驗。而特殊規格的輕自動車則相當常見。

● 日本小檔案 06

貨幣 | 新台幣換日幣,約1:3

日幣由日本銀行發行,目前常用的鈔票面額有¥10,000、¥5,000、¥1,000這3種;硬幣則有¥500、¥100、¥50、¥10、¥5、¥1這6種。有部分售票機、自動販賣機,或運賃箱不接受新發行的¥500雙色硬幣,手上若有拿到建議優先於真人收費的場合先用掉。

日圓與新台幣的匯率可大致視為0.3,¥10,000相當於3,000元新台幣。匯率近年在0.22~0.33間徘徊。

曾有新手玩家估算旅費需10萬日圓,擔心都帶現金會有困難。但日圓有1萬面額的紙鈔,10萬只是10張紙的厚度,還不至於難以攜帶。

▲ 新版的¥500硬幣(左)

● 日本小檔案 07

經濟 | 觀光業興盛

日本是已開發國家與全球主要工業國,GDP排名全球第三。由於內需市場大,三級產業約占國內就業人口的2/3,對觀光業也很重視,訪日的外國遊客從2008年的800萬人到近年已成長兩倍,超過2,400萬人。相較之下,傳統的農林漁牧業就業人口流失,面臨嚴峻挑戰。

日本社會高度開發,▶為全球領先國家

● 日本小檔案 08

宗教 | 開明包容,接受多種信仰

日本人現以佛教各宗派與受明治時代影響而發展的神道教信仰為主。基督教有一席之地,部分新興宗教則獲特定支持。原則上對於各種宗教開明包容,甚至接受同時有多種信仰,近來更流行「出生是神道,結婚是基督教,葬禮是佛教」的說法。

▲日本有獨特的神道教信仰,但對多元宗教的接受度仍高

● 日本小檔案 09

假日 | 新年假期，多數店家不營業

日本每年約有15個公眾假日，含4次3天連休的長週末，以及可能休更久的黃金週與白銀週。學生的暑假約在7月20日～8月20日。聖誕節到元旦的新年為返鄉期，多數景點店家不會營業。8月15日前後的盂蘭盆節雖非國定假日，但習慣上會讓員工消化休假，有約一週的「盆休」，也是日本民眾返鄉出遊旺季。部分節假日的日期每年略有不同，細節請上網查詢。

http www8.cao.go.jp/chosei/shukujitsu/gaiyou.html

日期	名稱
1月1日	元旦
1月第二個週一	成人之日(三連休)
2月11日	建國紀念日
2月23日	天皇誕辰
3月19～22間的某一日	春分
4月29日	昭和之日(黃金週開始)
5月3日	憲法紀念日
5月4日	綠之日
5月5日	兒童節
7月第三個週一	海之日(三連休)
8月11日	山之日
9月第三個週一	敬老節(三連休)
9月22～24間的某一日	秋分(白銀週開始)
10月第二個週一	運動日(三連休)
11月3日	文化節
11月23日	勞動感謝節

▲ 假日時在熱門景點，也會碰到大批出遊人潮

● 日本小檔案 10

電壓 | 免帶變壓器，插座型式同

日本的電壓為100V(伏特)，插座型式與台灣慣用的兩孔插座幾乎完全一樣，多數的電子用品與充電器(含行動電話、數位相機與行動電源等)可直接在日本操作。至於從日本買電器回台灣，原則上均能運作，但電壓差異可能會影響產品壽命或功能發揮。

● 日本小檔案 11

地址 | 街區制排法，與台灣不同

地址以街區而非街道編寫，存在某種規則。幸好現在有電子地圖，搜尋整串地址即可知道位置。若目的地為景點，在搜尋、問路、與計程車司機溝通時，直接講景點名稱即可。較長的地址如「小樽市色內一丁目11番16号」，會以「小樽市色內1-11-16」標示。

日本地址採街區制排法，對於習慣街道▶巷弄的我們而言有點困難

● 日本小檔案 12

體育 | 熱衷運動的民族

除了善於走路，日本的體育教育從小扎根，許多民眾有熱衷的固定運動，各類型的體育用品都有機會購得，熱愛運動者訪日應該會很羨慕。另外，職業運動盛行，棒球、馬術、賽艇、足球、高爾夫與各單項的傑出運動員，享有高收入與社經地位。

日本小檔案 13

教育｜教育制度與台灣相似

教育制度爲小學6年、中學3年、高中3年、大學4年。校園生活除了課業，社團活動也很重要。高中上課時間約爲08:50～15:30，若未參加社團便可離校，因此不難在校外見到穿制服的學生。學校制服是對應該年齡層的正式服裝，即便週末到校參與社團或出席婚喪喜慶，也常穿著校服。

▲日本的學校教育年數結構與台灣非常相似

日本小檔案 14

飲食｜熱炒蔬菜較少見

日本傳統飲食習慣常將蔬菜醃製保存後慢慢吃，現在於一般餐廳用餐要吃到葉菜類現炒蔬食仍不容易；用餐時若點「一份」牛丼飯、炸豬排飯或鰻魚飯，也不會附熱蔬菜當配菜。相對地，在餐廳與便利商店很容易吃到生菜沙拉。

◀餐廳常有生菜沙拉可點，但熱炒蔬食通常較少

日本小檔案 15

飲水｜開啟水龍頭直接生飲

除有特別提醒，不然一般室內水龍頭的水是能生飲的。若仍擔心，可購買瓶裝水，或用旅館房間的熱水瓶煮沸。餐廳用餐時一般會主動端上免費的冰水或熱茶，但常溫水或溫水會被視爲不禮貌的待客之道，提供熱水的情況也不常見。

▲旅館或住宅內的水龍頭，原則上可以生飲

日本小檔案 16

人口結構｜超高齡社會

日本是全球著名的高齡社會，男女平均壽命皆高於80歲。現超過1/4的國民爲年長者，預計2035年將達1/3，因此各種銀髮產業蓬勃發展，無障礙設施與通用設計的規畫也相對健全。少子化的影響，可能成爲未來各產業的隱憂。

▲日本是高齡社會的代表，常有長者照顧單位設於社區中

看懂標誌

津波注意

讓人知道此處的海拔高度，每當有地震引發「津波」(海嘯)時，此處可能不夠安全。

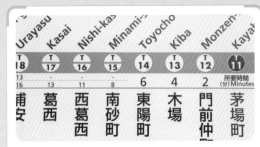

車站代碼

許多鐵道業者已為車站加上代碼，讓乘客認代碼前往目的地。

女性專用車

都會區的電車常設有「女性專用車」，在管制時段與區間內，男性請避免入內喔！

時刻表標示的發車時間

土曜日(週六)，休日(週日、假日)的首班車是05:17，接著是05:35、05:53、06:11，依此類推。而平日的班表可能不同。

步行者、自轉車

路口號誌若有步行者與自轉車(腳踏車)專用燈號，請務必遵行。步車分離式是指號誌會有的「僅供行人通行」時相，各方車輛均禁止通行。

手押し自轉車

「手押」與「自轉車」的字樣，跟森林鐵路的手押車沒有關係，而是該範圍腳踏車不能通過，騎士請下車推車慢行。

看懂標誌

最後尾

日本人對於「排隊」有所堅持！「最後尾」指隊伍的尾巴，循著工作人員的舉牌，隊伍就不會岔出分支，徒增糾紛。

橫斷禁止

指的是不能直接穿越馬路的意思，行人請務必要走附近的行人穿越道。

優先座席

請把該座位空間優先禮讓給需要者，並關閉手機電源(以免影響心律調整器)。

無料案內所

「案內所」一般是讓人詢問事情的地方，如車站的「觀光案內所」。但強調「無料」的案內所比較特別，通常是讓人打聽特種營業場所的。

順路

觀光熱點或博物館常見此標示，意指參觀的動線，請順著這條路的方向走。

遠慮

「遠慮」字樣講得含蓄，貌似要人們在做某件事之前，得深思熟慮，但實際的意思是「請不要做這件事，想都別想！」

常用日文指指點點

早安
おはようございます
ohayo gozaimasu

白天打招呼
こんにちは
konnichiwa

夜間打招呼
こんばんは
konbanwa

再見
さようなら
sayonara

謝謝你
ありがとうございます
arigato gozaimasu

對不起
すみません
sumimasen

請稍等一下
ちょっと待ってください
chotto matte kudasai

麻煩請快一點
急いでください
isoidekudasai

請問洗手間在哪裡
トイレはどこですか
toire wa doko desuka

是、好的
はい
hai

不是、不對
いいえ
iie

可以
いいです
iidesu

我瞭解了
わかりました
wakarimasita

我不懂、我不知道
わかりません
wakarimasen

請再說一次
もう一度言ってください
moichido itte kudasai

請
どうぞ
dozo

一個人
ひとり
hitori

兩個人
ふたり
futari

(你)會說英文嗎?
英語分かりますか?
eigo wakarimasuka?

我聽不懂日語
私は日本語がわかりません
watashi wa nihongo ga wakarimasen

(你)會說中文嗎?
中国語分かりますか?
chugokugo wakarimasuka?

麻煩您了 (因為向對方提出某個請求，結尾時用)
お願ねがいします
onegaishimasu

沒關係、不要緊 (回覆對方的詢問)
だいじょうぶ (大丈夫)
daijobu

行前準備
Preparation

出發前，該做哪些準備？

準備充足才能安心上路！旅行之前，要準備好相
關證件、購買機票、日幣換匯，還需收拾行李，
這些事前準備可一點也馬虎不得！

證件準備

護照

　　護照是旅人在海外時的身分證明，非常重要。申請護照請洽外交部領事事務局，初次申請時得親自到場驗證為本人，或透過各地戶政事務所驗證再轉交代辦。旅外時，護照正本應隨身帶著，我自己習慣另於雲端硬碟存一份加密掃描圖檔，以備不時之需。

申請護照所需文件

- 身分證正本與正反面影本。
- 2張大頭照(近6個月拍攝，彩色正面、脫帽、五官清晰、白色背景，建議請照相館拍攝)。
- 護照申請表1份(現場填或網路下載先填好)。
- 需繳1,300元規費。

注意事項

- 領務局會依拼音辦法擇定姓名的英文字母。若有急用，在取得護照前可依此拼音字母先訂機票或其他預約。
- 待退軍人亦可申辦護照，無需等待退伍令。
- 申請時若無排隊人龍，應可於15分鐘內完成。
- 疫後申辦數量暴增，製發護照時間延長為10個工作天；急件加900元可於次工作天取件。

護照這裡辦

外交部領事事務局

　　外交部除了台北市的本部，在中、南、東、雲嘉地區亦有辦事處。
- ✉ 台北辦事處：台北市濟南路1段2-2號3〜5樓
- 🕐 週一〜五08:30〜17:00(週三延長至20:00)
- http www.boca.gov.tw(護照→申辦護照→國內申請護照相關資訊)

＊資料時有異動，請以官方公布的最新資料為主

簽證

　　憑中華民國護照目前得以觀光、考察、洽商等短期滯在目的入境，享90天免簽證待遇(即不用事先辦簽證)。但要注意90天不等於3個月，有逾期紀錄日後入境會有困難。該簽證身分不准在日本工作獲得薪酬。

▲ 免簽待遇准許90天的「短期滯在」，一定要準時離境

日文譯本駕照

　　若規畫在日本開車或騎機車，請先向全國各監理單位(監理所或監理站)申辦駕照的日文譯本。要留意這是「我國駕照的日文譯本」而非「國際

駕照」（我國的國際駕照在日本無法使用）。申請當場核發，必要時可委託代辦。

　　另外，我國駕照改為駕駛人年滿75歲以前不需定期換發，效期會直到75歲生日為止。而日文譯本上的效期是參照原駕照的記載（畢竟是翻譯本），辦譯本前不妨先更新駕照至最長期限，這樣日文譯本就可以用很久啦！

日文駕照譯本這裡辦

- ✉ 請洽各地監理單位
　台北市區監理所：台北市八德路4段21號
- 💲 100元
- ℹ 所需證件：身分證、駕照正本
- http www.thb.gov.tw（**查詢相關辦法**：首頁→監理服務→駕照→國外駕照→臺日駕照互惠；**查詢各地監理單位**：首頁→本局資訊→本局機關→監理機關）

＊資料時有異動，請以官方公布的最新資料為主

國際學生證與YH卡

　　國際學生證與YH國際青年旅舍卡在歐美算風行，但在日本卻幾乎沒有上場機會。

　　相關經驗是持有「學生證」3個漢字的我國證件，對方也接受；或學生折扣僅限日本學生，或有年齡限制，憑國際學生證也沒轍（沒折）。而YH卡受制HI體系的青年旅舍數量偏少，功能受限。經驗供讀者參考，有需要者仍可申辦。

▲ 加入HI體系的青年旅舍在日本算少，免證件的類似選擇卻很多

規畫行程

選擇旅行的方式

　　「要自助旅行還是跟團旅行？」是困擾許多人的問題。常有迷思認為自助比較省錢！其實不一定，因為旅行社有時能取得驚奇的機票或飯店團體價，一般背包客難以望其項背。所以，如果期待吃喝有一定水準、住在叫得出名號的大飯店，那麼團體行可能較划算。

　　相反地，若本身就習慣粗茶淡飯與簡單的落腳處，或基於預算考量必須節省，那麼在不刻意講究的前提下，自助確實有機會省下大筆盤纏！

自助

　　自由度高，適合喜歡自己安排行程，並付諸實踐者。雖在行前規畫的過程會耗費許多時間與精神，但成果多半也相當甜美。

　　即使日語程度不是太好（或根本趨近於零），但多半仍可靠漢字傳達意思，且日本有方便的大眾交通工具與相對安全的環境，對台港民眾自助行算是很容易上手之處。即便沒自助經驗，只要願意做功課，也能玩得安全又盡興。

跟團

對規畫行程沒把握，甚至根本沒時間著手的人，可能較適合跟團，將大小事務交給旅行社與領隊打理，自己只要記得準時集合就可以了！

機加酒(半自助)

「機加酒」可說是自助旅行與跟團旅行的折衷方式。可先請旅行社代訂「來回機票加住宿酒店」，但在日本當地的所有行程都自己打點，因此也稱為「半自助」的玩法。讀者若想保有自助行的自由度，又願意付點手續費省下跟航空公司與飯店斡旋的精力，可考慮用機加酒的方式出國。

▲ 熟悉漢字這點，讓日本自助旅行的難度降低許多

▲ 「機加酒」企劃合作的旅館，應該都有一定水準

▲ 自助旅行的自由度高，可依喜好安排定點停留時間

定點旅行或遠距長征

規畫自助行，常面臨一個抉擇難題：該選擇在一個城市與區域多待幾天的「定點旅行」，還是要善用各種交通工具進行「遠距長征」，一次搶玩幾個地方？

這是一個互有利弊、沒有標準答案的考驗！在相同的天數條件下，想玩的地方如果多，自然就沒辦法在各個地點待太久。相較之下，用定點旅行的方式，往往可以玩得比較深入，有不同層次的收穫。

由於跟團旅行，仍然偏向以走馬看花遠距產品為主，所以會選擇當自助背包客者，往往是期待定點旅行的好品質，以便在喜歡的地方久留。

自助旅行的特性是「自由度很高」。你可以自行適度安排部分天數定點旅行、部分天數為遠距旅行的搭配。

▲ 要定點玩還是遠距長征？得由自己考慮後決定

旅伴徵集令

年長者與身障者隨行　定點旅行

日本是全球數一數二的高齡國家，無障礙環境與通用設計相對周全，適合年長者與身障者造訪。為此，牛奶杰建議：行程內容與轉車時間都要拿捏得寬鬆些，預留上洗手間的機會，且要避免頻繁地遠距離移動。若同行者有特殊飲食習慣，要預先查詢適合的用餐場所。

日本較早興建的車站或地鐵站，僅少數出入口有電梯。官網應有車站構內圖(駅構内図)與無障礙環境(バリアフリー)的相關資訊。

另外，日本很多景點都占地頗大(尤其是神社寺院)，通常從下

▲ 日本的無障礙設施(通用設計)相對完整，年長者與身障者出門較為方便

車的出入口到主要景點仍有段距離。長者的行動能力與景點距離的考量，也會影響行程規畫。

▲ 知名的神社寺院面積通常不小，從下車入口到主要景點可能還有一大段路

小孩或嬰孩隨行

定點旅行

無障礙環境不僅有助於身障者出遊，對於推嬰兒車的爸媽也是福音。由於小朋友的行李與道具往往會比爸媽多，因此建議以定點旅行為主。

搭機時，可多準備幾種小朋友喜歡的玩具，以免短時間玩膩了會坐不住。避免選擇紅眼航班，即便日間班機不完全是小朋友的睡眠時段，但總比搭上紅眼航班卻因不適飛行環境與噪音，而難過吵鬧來得好。

日本社會環境對於帶小朋友出門的爸媽，通常是包容的，但別忘了這裡也有「不為其他人造成困擾」的風氣，因此還是要避免放任孩子哭鬧。

▲ 日本公共場所的哺乳室皆有一定水準，減低家長帶小小孩出門的不便

選擇旅行季節

四季皆適合出遊

造訪日本基本上四季皆宜，且四時景致大相逕庭。只是冬季大雪期間可能會導致些許交通不便，要有心理準備。

避開隱藏性旺季

訪日若無特別目的，建議避開幾個明顯的旺季，如櫻花季、楓葉季、5月黃金週、8月于蘭盆節、歲末跨年，以及各地的代表性大型祭典等。而台灣所有3天以上的連續假期，對台灣出發者也算某種程度的旺季。

日本還有些「隱藏性旺季」得留意，如各地的馬拉松路跑賽、大型演唱會、全球性會展與各種政經高峰會等。這時旅館可能一房難求，得住遠一些或增加預算。且因反恐需求，除了交通管制，車站的投幣式置物櫃與垃圾桶常全面停用！

▲ 遇政經高峰會舉辦時，各處的置物櫃可能都暫停使用

▲ 玩日本四時皆宜，只是冬天的交通挑戰性高

路上觀察 一個人也能好好玩

原規畫兩人成行，但其中一人得取消，另一人還能自己去嗎？答案當然是可以的。每天都有無數背包客單獨出發去日本。自己出門有極高彈性與自由度，原定行程想全盤推翻也無妨！甚至有玩家享受過「單飛」感覺後，就不太願意再結伴同行。

然而，自己單獨出門更要有警覺性，防人之心不可少，隨身物品也要看緊喔！

準備機票

決定出遊後建議盡快完成訂票。每個航班的座位有限，早訂票較有機會選擇便宜的票種喔(但不代表一定最省錢)。

如何購買機票

訂位開票可於航空公司官網一起搞定。點選起訖點、日期與人數，再篩選可接受的票種和價格。接著輸入乘客資料，刷信用卡付費(通稱「開票」)，就會在指定信箱收到電子機票。確認電子機票裡包含「訂位代號」，整個流程就完成了。一切順利的話，約需5分鐘。

訂位時，務必輸入正確的姓名英文拼音與性別，一個字母都不能錯，「姓」與「名」的欄位別顛倒。一旦有誤，得付手續費請人工訂正，差異過大還可能無法修改。

若自己沒有把握，或多段飛行太過複雜，不妨請信賴的旅行社處理。

▲ 機票訂位開票現在多由旅人自行透過網路進行，幾分鐘便可解決

行家祕技 幫自己挑個機上好位置

航空公司讓乘客在訂票時預選座位(開放與否跟票種有關；部分業者列為付費項目)。選位時可參考機艙平面圖，或上seatguru查看其他乘客對該機型有哪些好評或負評座位。但要提醒，該選位並未保證屆時就一定按此入座，即便付費選位也有免保但書。

http www.seatguru.com

▲ 想預先挑個好座位？不想被機翼擋到視野？可參考座艙平面圖或網路評論

廉價航空

近幾年，搭廉價航空(LCC，Low Cost Carrier，又稱為「低成本航空」)的風潮在台灣市場崛起，跟傳統航空搶生意，競爭相對激烈。到底應該選廉價航空還是傳統航空呢？

認清選購內容

無論搭傳統航空或廉航，都要先搞清楚機票有

哪些內容或限制，同時得承擔那些條款的風險（有些傳統航空的低階票，價格便宜但限制也多）。

請注意 廉航多半直接在官網訂位購票，操作頁面常自動帶入某些產品，例如將「保險」或「選機上座位」預設為選購項目，操作時若未取消勾選就結帳，等同加購這些項目喔！

廉價航空特色

■**幾乎不能退票**：訂票時，要有不退票、不改期的決心，否則還是考慮傳統航空可退票或改期的票種為宜。廉航願意退票款的場合，常是乘客本人或家人因重大事件致無法成行，這不是大家樂於使用的條款。

■**改期付鉅額**：改時間可能要付鉅額差價。有些

豆知識
什麼是廉航？安全嗎？

　廉價航空的經營方式，是將傳統航空業者提供的「套餐」服務，拆成多個可供選購的「單點」項目，所以能以低於市場原有的價格載客飛往目的地。目前台日之間有台灣虎航、樂桃、捷星，與酷航等業者飛行。

　但就主管機關而言，航空公司就是航空公司，沒有「傳統」或「廉價」之分。所有業者皆需通過各國民航單位、國際組織，與保險業者的嚴格規範才能營運，更沒有可打折的第二套飛安標準。

▲廉價航空與傳統航空適用一致的飛安標準，各作業要求嚴謹

較貴的票種允許改期，但須負擔新舊機位的價差（少補多不退）與手續費，能不改期還是盡量別改。

■**各服務單獨計價**：餐點、飲料、娛樂、毛毯、選座位、優先登機、託運行李、轉機服務，這些項目都需另計費。免費手提行李若超過限制（常為7公斤），就得掏錢託運。在意這些機上與機場服務的讀者，建議選擇傳統航空。

■**手續費**：各種人工處理的手續常要手續費，能用網路解決的事就盡量別動用人工。

■**價格便宜**：促銷時很便宜、不促銷不算貴。越早買越有機會買到便宜機票；但業者有時還會以各種名目在各種時間進行促銷，可能還比早買便宜，可留意其官網、FB或X（Twitter）等訊息管道掌握搶票機會。平時，雖沒有不到1,000元台幣飛日本的好康，但牛奶杰的經驗是即便隨時買，也常有相當於傳統航空6折的機位。

▲許多人對空廚餐點敬而遠之，廉航提供了免付錢買餐的可能性

▲廉航會管控免付費的手提行李，秤過重量、有標籤才能提上機

▲在機場不接空橋，也是廉航常見的省成本方法

蒐羅機票價格的網站

　Funtime可一站比較多家傳統航空與廉價航空業者的機票價格，相當省時便捷。
http www.funtime.com.tw

＊資料時有異動，請以官方公布的最新資料為主

特別餐與特別需求

　　由於機艙內空間有限，航空業者對每公斤的重量更是錙銖必較，因此各種特殊準備都得先預告。乘客若有需求請事先告知航空公司以利安排，太晚聯繫可能無法受理。

一般最常見的特殊需求

■ **特殊餐點**：由於宗教或健康考量不能吃一般餐（包含必須吃素者），需另外安排餐點。

■ **輪椅服務**：年長者或身障者在登機前、搭機時與落地後若需要輪椅，需事先聯繫（有些機場會對輪椅服務收費）。

■ **導盲犬搭機**：服務性動物通常可免費搭機且進入機艙，得事先聯繫並備妥相關文件。

■ **嬰兒或身障者同行**：若有嬰兒或輪椅使用者要搭機，由於航班有限制其人數，因此在訂票時就需明確表示。

▲ 如果要帶嬰兒搭機，在訂票時就得一併提出

▲ 各航空業者皆針對顧客需求提供不同的特別餐

貼心 小提醒

訂妥機票後就要開始忙碌了！

　　機票訂好後，其他籌備作業也正式展開。不妨盡早訂旅館(詳見P.100)，與一些預約難度較高，或此行絕不想放棄的行程，以免慢人一步囉。

保險

　　以信用卡刷卡支付機票，費用達一定比例(通常為80%)，常會自動送旅行保險。

　　請檢視保險內容是否符合需求，有些民眾會再向壽險或產險業者購買「旅遊不便險」(或含不便險的其他產品)，一旦遇航班延誤、行李遺失與轉降他處等狀況，且符合理賠條件，能獲得更多補償解決問題。

　　投保作業需於行程開始前辦理。若已知風險提高(如發布颱風警報)才投保，並不道德，業者也可能拒保。

▲ 投保應於啟程前辦理，也可以在機場向業者現場投保

行家 祕技 ### 甲進乙出的機票

　　從台灣出發，可進出日本的航點相當多，對旅人是一大利多！以前搭機出國，通常習慣由甲地入境，就從甲地出境。但讀者其實可考慮「甲進乙出」的機票組合，節省行程折返的時間。廉價航空的機票均可單程獨立購買，為旅客訂票增添很大的彈性；傳統航空如今也跟進在網站加入「不同點進出」的選項。

匯兌預算

人到國外,一定要有足夠的盤纏支付各項費用,但旅費該怎麼帶,又該如何支付呢?

現金

日本目前鮮少有只收塑膠貨幣、完全拒絕現金的場合,因此付現仍是簡潔有力的方法。

若總天數短於一週、總旅費不高的行程,全部帶現金也無妨。日幣紙鈔面額大,幾萬元日幣依然很容易攜帶。現金請嚴加看管,返國往機場的車票錢與周轉金,不能全花光喔!

信用卡

日本許多店家可刷卡結帳,不妨JCB、Visa與MasterCard卡片各備一張,以防萬一;但規模較小的旅館與青年旅社能否刷卡,請務必先確認!

刷卡結算的匯率較好,但常得負擔一筆國外交易手續費(多半是1.5%),建議挑選免手續費或境外刷卡現金回饋率較高的卡片。近年常被推薦者有聯邦吉鶴卡、富邦J卡,與國泰Cube卡等。

刷卡結帳時,有時店員會請顧客輸入密碼,未設定者可選略過,改採國人較熟悉的簽名方式認證。店員有時會另詢問「要分幾期付款?」此外,刷卡時若被詢問要用台幣或日幣計價,建議選擇日幣。選非當地貨幣計價通常是透過DCC機制進行,匯率與手續費可能會多3%到5%。

兌換日幣

在台灣,合法的換錢方式是向金融機構辦理「結匯」。貨幣交易的「匯率」數字有好幾個,銀行「賣」日幣現鈔給旅人時是依「現金賣匯」計算(通常是最差的一項)。銀行僅供應日幣紙鈔,¥1,000、¥5,000、¥10,000的面額。日本店家一般都收¥10,000鈔票,不用換太多小額紙鈔。

交易匯率的零頭由新台幣補扣。例如:當現金賣匯是0.3210時,每張10,000日圓的鈔票,旅人得付3,210元台幣來「買」。別出難題說「我有3,000元台幣,幫我看能換多少日幣」,銀行無法提供含硬幣的9345.8日圓喔!

銀行結匯

台灣的主要商業銀行皆可辦理結匯,部分郵局也有該業務,不便跑銀行者亦可詢問鄰近郵局。

機場換匯

機場的銀行櫃檯也可結匯,匯率相同,但會收100元台幣手續費,非優先建議的選項。

▲ 台灣的主要商銀與部分郵局有結匯業務,可就近辦理

▲ 機場的銀行櫃檯亦可匯兌,但得負擔一筆手續費

網路線上結匯

除了直接到銀行臨櫃換錢，先上銀行官網辦理「網路結匯」，再到自己挑的分行取現，匯率會好一些。若想在機場櫃檯取款，得指定正確的航廈，並注意銀行櫃檯營業時段（搭紅眼航班者需特別留意）。

外幣提款機

兆豐銀行與幾家銀行，在國際機場或部分縣市的分行設外幣提款機，讓使用者從ATM直接領日圓現鈔，24小時皆可取得外幣，亦能跨行提領，免手續費。

對忙碌的玩家而言，外幣 ▶ 提款機是方便的換錢取現管道

跨國提款

金融卡上若有跨國服務（有JCB、MasterCard、PLUS、Cirrus或VISA等字樣），且已開啟國外提款功能，可在日本各銀行ATM直接提領日幣。其中以SEVEN銀行（セブン銀行，常見於7-ELEVEn門市，有中文介面）或郵便局銀行（ゆうちょ銀行，JP BANK）最為方便。跨國提款有一組專屬密碼，中華郵政的帳戶為6位數，其他銀行則多為4位數。

請注意 該密碼跟平時提款的晶片金融卡密碼，以及pin code需分別設定，申設方法請洽各金融機構，建議在出國前先完成設定。

跨國提款會立即從帳戶扣款，每筆交易多從¥10,000起跳，因此戶頭得有足夠餘額。ATM業者與本國銀行各有機會從中收手續費。例：中國信託商銀為70元+提取費用的1.0%（若提取10,000日圓，約100元新台幣）。SEVEN銀行的ATM免收當地手續費。

貼有跨國合作系統標誌的 ▶ ATM，提款卡若有對應便可操作

▲ SEVEN銀行與郵便局銀行的提款機，對外國遊客相對方便

行家祕技 日本「兩替」外幣兌換點

銀行、機場、金券屋、百貨公司，或飯店櫃檯常可「外貨兩替」，用外幣換日幣。

▲ 若看到「外貨兩替」字樣，就是能用外幣現鈔換日幣的意思　▲ 日本機場安裝的自動匯兌機，讓換錢更加方便了

路上觀察 使用旅行支票

旅行支票在日本不太通行，若非必要，建議以現金和刷卡為宜。有些店家會提供多元付費管道，但一般仍以現金最為方便。

預算準備

這個問題很難有標準答案，畢竟每個人去的地方有別，消費習慣與價值觀、喜好、玩法皆不同。我想經驗老道的行家，以下表預算的一半，也能玩透一整天。以下預估提供參考。

城市定點1天花費預估		
餐費	¥2,500	若以節儉小資族估算，不計購物花費，有¥10,500的預算，應該能玩得很愜意了！
住宿費	¥4,500	
交通費	¥1,750	
門票	¥1,750	

＊製表／牛奶杰

基本消費

日本物價約為台灣的2～3倍，但各種類落差很大，倍數不盡相同。由於勞動成本高，凡是涉及「人工」的消費通常會偏高，例如「食材」本身價格可能跟台灣很接近，但做成「餐點」讓人在餐廳享用，物價落差就會變明顯。但旅館住宿的開銷算是反例，相對較台灣低。

建議出外時請放開心胸，把1,000日圓的鈔票當台幣100元看待，才不會玩得綁手綁腳。

項目	金額
三角飯團	¥180
速食店單點漢堡	¥480
便利商店現磨咖啡	¥110～180
咖啡廳點美式咖啡	¥500
單人套房住宿	¥4,800
500cc瓶裝飲料	¥170
拉麵、烏龍麵、蕎麥麵	¥700
博物館門票	¥400～1,800
電車(最短距離)	¥170
路線巴士(最短距離)	¥200

＊價格依餐廳類型及實際商品不同而異　＊製表／牛奶杰

貼心 小提醒

餐廳飲料定價偏高

由於速食店常被視為「約人碰面」之處，因此飲料定價偏高。點套餐時，副餐的價格可能還高於主餐。

▲ 販賣機銷售常見品牌的500cc飲料，價格約為¥170　▲ 速食店漢堡約¥480，但加飲料的套餐就要翻倍囉

行動支付

各種電子マネー

日本的「無現金支付」管道，大致分成信用卡、條碼付款、與電子貨幣三大類。信用卡的付款方法國際通用，訪日玩家不需特別惡補；而條碼付款與電子貨幣皆屬「行動支付」範疇。

▲ 見到右上角的Q+標誌，便可用iPhone+吉鶴卡透過QUICPay+機制完成Apple Pay付款

條碼付款

市場上目前最多店家接受的行動支付方法，為條碼付款的PayPay（ペイペイ，約410萬間店鋪）與LINE Pay等。台灣玩家若已使用街口支付、全支付（pxpay plus），或玉山Wallet，依業者建置速度，應可自2023年10月份起，初期透過上述APP先掃描店家的PayPay條碼，接著輸入支付金額進行結帳（由店家掃消費者手機條碼的方式會較晚啟用）。

在iPhone手機裡加入▶一張Suica或ICOCA，便可以憑手機搭車或行動支付。同在錢包APP內的信用卡可隨時手動刷卡為Suica或ICOCA加值（需網路連線）

該管道無論Android或iPhone手機用戶皆可使用，且業者在推廣期間不收取跨國交易的1.5%手續費。但其後端可能得設定由銀行帳戶而非信用卡扣款，考量匯率與回饋率不一定理想。另外，至截稿為止，尚未開放台灣LINE Pay用戶在日本付款。

在有PayPay標示的店家，可使用對應的APP付款。玩家若有支付寶或微信支付，亦可在日本使用
▼

電子貨幣

電子貨幣方面，iPhone手機用戶不妨在「錢包」APP中免費加入一張Suica或ICOCA小額付款。若允許，更建議辦一張聯邦銀行吉鶴卡加入其中，便可透過QUICPay+機制進行Apple Pay支付，但結帳時務必告訴店家是以QUICPay付款（唸英語可）；若說Apple Pay僅少數案例能應對。在所有接受行動支付的店家中，吉鶴卡加Suica的組合大約可通行其中的九成。

各種バーコード決済

可以不使用行動支付嗎？

日本由於信用卡發卡率高，且早一步推智慧票

卡附電子錢包階段就相當成功，民眾甚至住旅館也用Suica結帳，反而使後來手機行動支付的發展空間受限，現金也仍非常好用。如果對行動支付完全不熟悉，或不想讓手機成破財風險的玩家，想憑現金遊透日本，大致上仍不會有太大問題。

實用APP

Yahoo! 乘換案內
`android` `ios` `日文`

　　查詢車班組合(由A點去B點該搭什麼車、哪裡轉車、要多少錢)可能是最常碰到的問題。雖然在規畫行程前已進行查詢，但實際上總有提早出發、錯過原定車班，甚至是更換行程目的地等情況，這時就要靠「乘換案內」APP即時幫忙啦！市面上有多種「乘換案內」APP，Yahoo!的產品為其中之一。

Step 1 以「目的地」搜尋
由於出發地點已經預設為使用者位置，因此只要輸入「目的地」，再點「檢索」，就可以查詢。

Step 2 指定時段搜尋
除了可以查詢當下所處位置的交通方式，使用者也可以指定要查詢的時段。

Step 3 檢索條件設定
在「檢索條件」方面可選擇納入考慮的交通工具，以及要不要搭指定席、要顯示單程票還是智慧票卡價格等。

Step 4 檢索結果
APP通常會列出多種適合的組合，讓使用者挑選要搭哪班車。可從「時間順」(省時間)、「回數順」(省轉車次數)與「料金順」(省車資)等條件篩選最符合需求的選擇。

Step 5 各組合的細節內容
點入各組合的內容，可以看到更詳盡的車班資料。列車會由哪個番線月台出發與到達，或是應於列車的前、中、後搭乘較省步行距離，這些都有提示。新幹線還會標出該車班的預定車型。

實用APP

JAPAN

換乘路線圖

`android` `ios` `中文`

　　雖然乘換案內可協助旅人安排好搭車組合，但旅人還是常需要知道各車站與路線的位置，沿途又會經過哪些地方。這個APP幾乎網羅了全日本所有的鐵道路線與車站，無論是對鐵道迷或一般遊客，都能很輕易地操作。

Step 1
離線可用
APP內的路線圖可以依照行程的需求分區下載，離線依然可使用。

Step 2
路線標示清楚，一目了然
JR路線以粗線、私鐵以中等粗細線、地鐵則以細線表示，各路線以符合官方設定的不同顏色區別，一目了然。

東京←→有樂町間有多條路線並行，各線皆以不同的顏色呈現。

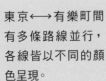 

Step 3
圖可放大
路線圖可放大縮小顯示。放大時，能看見各路線代碼。

Step 4
可直接搜尋車站
輸入第一個字便會出現選單。

Step 5
查看列車運行狀況
點選車站後，可以查詢行經該站各路線的列車運行概況(連結官網頁面)、時刻表、Google Maps與周邊旅館，甚至是即時的天氣預報等訊息。

Dケスマ ROKESUMA
(Location smart)

`android` `ios` `日文`

這是牛奶杰最常使用的APP。它蒐集了各領域主要品牌的店面分布位置，僅需點一下招牌，便會在地圖上落下大頭針，顯示哪裡有分店。簡單好用的程度，勝過多數商家官網的找分店功能！也有網頁版：www.locationsmart.org。

提醒：該APP容易上癮，令人想尋找已知品牌的其他分店；但同時會降低自己探索其他新品牌，或在街頭挖寶發現意外驚喜的機會！

1 Step
提供各類型店家
橘色是餐廳類，藍色是商店類，紅色是服務類(如郵便局、ATM位置等)。點選「便利商店」(コンビニ)群組的bar，就會跳出20種便利商店品牌的分店位置。

2 Step
店家分布位置
以目前所在位置為中心，在Google Maps上以大頭針標示剛剛所選項目的分店分布位置。地圖可依需求任意放大縮小。大頭針由上落下的小動畫非常可愛。

3 Step
單一品牌位置
如果先前在「便利商店」群組的bar，點後半段「20」的位置，可進一步從20個品牌中，挑選只要顯示單一品牌的門市位置即可。

4 Step
外連至店家官網
長按大頭針圖案，會跳出店家的營業資訊；若再長按資訊框，會開啟對方官網的相關頁面(前提是該店家有設網頁)。

5 Step
收錄最愛名單
將自己喜歡的品牌或群組加入最愛名單，要使用時便非常好找。

實用APP

食べログ
Tabelog

`android` `ios` `日文`

日本名氣最響亮的美食彙整APP(限於日本下載)，從日式傳統的高級料理，到街頭巷尾的咖啡廳都已納入資料庫，提供各式用餐的選擇，並開放網友評比店家的分數。儘管其評選方式有被質疑，但想知道「附近有什麼好吃的店」，APP的資料依然可以參考。

Step 1

選擇目前所在地
根據區域、車站或自己的所在位置，來限縮查詢範圍。

Step 2

輸入條件篩選
可以指定區域範圍，接著以餐點種類、車站距離、一般用餐預算與營業時段等條件，篩選出最合適的餐廳。

Step 3

種類選擇多元
餐廳種類非常多元，單是「和食」類別底下，還有壽司、海鮮料理、串燒與丼飯等多種選擇。「丼飯」下一層再分牛丼、豬丼、親子丼等7種，分類非常仔細，方便使用者鎖定精準條件找到適合餐廳。

Step 4

以得分高低顯示附近店家
舉例：選好「咖喱飯」的條件，APP會依序列出附近得分由高到低的店家。

Step 5

餐廳介紹清楚
點選店家的資訊，除了基本的營業時間外，還有菜單、網友分享的餐點圖片、評論內容，甚至彙整餐廳內各桌的空間照片。選好店家後，跟著地圖找路即可，不用擔心找不到！

VoiceTra

android | ios | 中文

VoiceTra這個由日本情報通信研究機構(NICT)開發的App,介面簡單明瞭。使用者可直接對手機說國語、讓手機翻為日語,而且翻譯結果會有真人發音,可以直接講給對方聽。輸入文字查詢當然也沒問題。

VoiceTra同時支援日翻中的功能,如果不明白日方工作人員的詢問或提醒,也可以請他對手機說話,讓VoiceTra譯為中文供自己了解,相當實用喔!

 語音翻譯
Step 透過App,對著手機說中文,就會自動翻譯出日文。

 輸入翻譯
Step 輸入中文(用寫的也行)查日語,同時再提供日翻中以供確認。

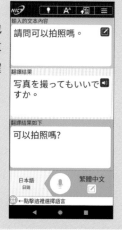

貼心 小提醒

好用的「LINE中日翻譯」

把「LINE中日翻譯」加入聊天對象,就能使用其中的中日翻譯功能,輸入中文字詞馬上能翻譯成日文,迅速又好用(需連線)。

 Google 翻譯

android | ios | 中文

除了VoiceTra,也可以用Google翻譯,處理一般詞彙也沒問題。以「Google翻譯」查詢後橫放手機,會放大秀出查詢結果,方便對方觀看。

 ALKOO

android | ios | 日文

ALKOO本身是協助使用者外出步行的APP,整合了計步器、地圖,與建議主題路徑(如:烏龍派出所的散步道、尋找小丸子人孔蓋的路徑)等工具,可作為規畫旅程的參考。其地圖有「日陰」功能,整合空間、時間、太陽角度,與建築物高度等資料,讓使用者知道「怎麼走比較不會曬太陽」;想拍好照片的玩家可能也會用到該情報。

行李打包

重量規定

　　乘客的「免費行李額度」有多少，跟購入的機票條件有關，請參閱機票說明。此外，航空公司對手提行李與託運行李均定有重量上限，手提行李通常是7或10公斤，託運則為每件32公斤以內（這點也為避免航勤人員受傷）。

▶ **關西機場先前飽受旅客私自棄置行李箱之苦，遂推出登記措施，依程序辦理可免收處理費用**

💗 貼心 小提醒

一定要用硬殼行李箱裝行李嗎？

　　有些人以為出國一定得用金屬或塑膠材質的硬殼行李箱，甚至還特地破費買專屬的箱子。其實航空公司或機場都沒有相關規定，也常有人託運紙箱或麻布袋。旅客會選硬殼箱，多為自身的防盜與防摔考量。無論如何，切記行李在機場託運前絕不能離身，以免少了貴重物品，或多了不該有的東西。

行李箱損壞不能隨意丟

　　行李箱在旅途中若不慎損壞，由於其體積屬大型廢棄物，不能故意留在旅館房間內不帶走，或任意丟棄於機場。這時請洽旅館櫃檯或機場服務台處理(可能得付費)。

衣物穿著

　　可參考天氣預報準備衣服。日本多數地方濕度比台灣低，冬天雖然看來只有N度，但體感可能有N+4度，不會真的感覺那麼冷。然而，日夜溫差的變化量也要留意，必要時仍需有件薄外套。

　　多數青年旅社與商務旅館皆有投幣式洗衣機與烘乾機，支出一點費用就能換得行李減量。另外，日本U牌與G牌速乾材質的衣服，當晚手洗隔日便可繼續穿，也是精簡行李的方法。

行家祕技　衣服收納小技巧

1 Step　收行李時，一天份的衣物與襪子先整理出來。

2 Step　接著將衣物捲起來處理。

3 Step　用襪子反套，猶如一個膠囊，就是一天份的換洗衣物，如此收納可節省空間，在Hostel或溫泉浴場等也很方便。

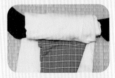
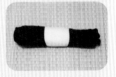

攜帶品規定

搭飛機這件事，說穿了是將上百人鎖進一個密封的大鋁罐，拋到天空好幾個小時，過程中還有大量燃油為伴！任何一點差錯，都可能危及彼此安全，所以有些東西不適合上機帶到另一個國度，請務必遵守。

違禁品

易燃的汽油、瓦斯、高壓空氣瓶，以及具有攻擊性的物品等等。

打火機

打火機以1件為限，要隨身攜帶，而且不能是防風型的打火機。無論其型式、數量皆不能放進行李託運。

雨傘

一般傘允許登機（託運後很難回來），日本有些景點會賣武士刀造型傘，這在登機時得花些時間檢查，建議避免。

帶液體或膏狀物上飛機

搭國際線航班檢查隨身行李時，液體容量需低於100ml（100cc），且要裝在100ml以下的透明容器、再裝進1L以內的透明夾鍊袋。因此，一般瓶裝水或飲料無法過關。讀者可改帶空瓶或保溫杯，過安檢點後再以候機室飲水機裝水。

請注意 日本MUJI等業者熱銷的涼感頸圈內含液體或膏狀物，亦必須託運。而行程中有安排轉機者，需格外留意中途站再次安檢的程序。

本規範適用於國際航班，但搭日本的國內線航班目前沒有相關要求，所以允許帶水或飲料登機。安檢時，應主動將容器取出，讓安檢員以儀器或鼻聞檢查，必要時會請乘客現場喝一小口。

飛航危險物品這裡查

有關危險物品或對某東西能不能帶有疑慮，請查詢相關單位或航空公司網頁：

http 民航局 www.caa.gov.tw (航空安全→危險物品)

http 桃園機場 www.taoyuan-airport.com (機場服務→常見問題→違禁品)

http 長榮航空 www.evaair.com (飛行準備→行李資訊→行李注意事項)

＊資料時有異動，請以官方公布的最新資料為主

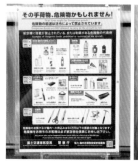 

▲ 有些東西得託運、有些得隨身、有些就是不能搭機，無論如何不得馬虎

▲ 鋰電池、行動電源與打火機等物品都禁止放在託運行李

密封噴霧罐

噴霧罐的攜帶與否跟用途有關，用於人身上的，如髮膠、防曬乳或止汗劑等，比照液態物品需低於100ml。但非人身使用的，如殺蟲劑或已標明禁高溫、禁火氣的高壓噴罐，則不得手提也不能託運。

行動電源與備用鋰電池

行動電源與備用鋰電池需隨身攜帶、嚴禁託運，且鋰電池應以電池盒保護避免短路。有些乘客回國時會覺得既然已經沒電，就乾脆丟箱子託運，這會嚴重威脅飛航安全，務必取出！

運動相機3way手把

收折後長度在60公分內的腳架、自拍棒，與運動相機3way手把可手提登機；超過須託運。

行前準備檢查清單

＊製表／牛奶杰、林孟儒

檢查	項目
	機票、護照(有效期6個月)
	駕照、日文駕照譯本(日本租車，開車必備)
	錢包、日幣、台幣
	信用卡與預借現金密碼、金融卡與國外提款密碼
	住宿資料、保險資料、緊急聯絡資料
	某些需預約的車班、餐廳、景點門票
	限定於海外先購買的企劃票券
	無線分享器、SIM卡
	個人藥物(任何需定時服用的藥物請務必攜帶，多帶幾天份以備突發狀況)
	眼鏡、隱形眼鏡、保養液(若為拋棄式隱形眼鏡可多準備幾天份，以備突發狀況)
	生活清潔用品
	衣物用品／上衣：　　件／褲子：　　件／內衣褲：　　件／襪子：　　雙／其他：
	薄外套、保暖外套、圍巾、手套
	雨衣、雨傘
	耳塞、充氣枕頭
	防曬油、護唇膏、護手霜、乳液
	洗衣粉、衣架
	相機：電池(不可託運)、充電線、腳架、記憶卡
	手機：行動電源(不可託運)、充電線、自拍棒
	筆電：電池(不可託運)、充電器、讀卡機
	攜帶型行李秤
	待購物品明細與數量清單
	筆(放隨身行李，填資料卡用)
	其他：

常用日文指指點點

我想去銀行
銀行に行きたいのですが
ginko ni ikitaidesu

請問自動提款機在哪裡？
ATM はどこですか?
A-T-M wa doko desuka

我想換錢
両替をしたいのですが
ryougaewo onegaishimasu

可以用信用卡結帳嗎？
クレジットカードで支払えますか?
kurejitto ka-do wa tsukaemasuka

機場篇
A i r p o r t

抵達機場後，如何順利入出境？

這篇主要介紹旅客完成報到手續、搭上赴日航班後，在日本入境與未來出境的事宜，初次出國者也不用擔心！

入境日本程序

從飛機上看到日本陸地,應該很快就會降落了,隨後的入境流程會如何進行呢?步驟4～7均禁止攝影,切莫拍照留念。

Step 1 降落、抵達停機坪、打開機艙門

在機長決定熄滅安全帶燈號前,請坐在原位繫好安全帶,嚴禁起身拿行李。若違反,將會立即見識空服員不親切和藹的認真態度!

Step 2 走空橋、走地面,或搭接駁車

班機停妥後,依停機坪位置會讓乘客經空橋、地面,或搭接駁巴士進入航廈,請依現場引導指示。

Step 3 進入航廈

航廈內的入境動線,請照指標或跟著人走就可以了。

Step 4 體溫檢查

工作人員會以熱感儀監測,旅客步行通過即可。

Step 5 移民官檢查

交給移民官護照(取下護照套)與外國人入境記錄卡(或出示VJW的QR code),接著要對機器按指紋(雙手食指)與拍照,移民官會在護照貼上入境許可的貼紙。該關卡原則上是一對一查驗,移民官鮮少會詢問旅客。若有幼童或年長者,可協助通過。

貼心 小提醒

1. 排隊時常有工作人員引導,並檢查入境卡是否完整填答。
2. 為紓解人潮,部分機場於排隊過程先按指紋與拍照,最後才過移民官的流程。

Step 6 領取託運行李

■行李大廳會有螢幕顯示該航班號碼的行李,由哪一座行李轉盤領取。
■拿行李時務必要確實核對行李條碼,別只看到「跟自己的行李很像」就直接取走。
■別讓手推車超過界線。
■若苦候不見自己的行李,請聯繫航空公司。

海關檢查

領取行李後，要經海關檢查並繳交黃色的海關申告書（或VJW的海關QR code）。海關常會詢問入境目的與停留天數並開箱檢查，照實回應即可。家人同行可一起過關。

貼心 小提醒

移民官有核准登陸與否的權利

即便持中華民國護照者可享免簽證待遇，但日本移民官保有核准登陸與否的權限，可依任何理由拒絕入境，且無需解釋。

出關抵達入境大廳

抵達入境大廳後，便可盡情暢遊日本了（到此才能拍照喔）！

▲ 到達大廳後，算是正式登陸日本啦

各大機場的交通方式這裡查

行家祕技 搭飛機注意事項

颱風、大雪與異常氣候

颱風與大雪皆會影響交通，遊客在外旅行時還是要留意天氣預報，尤其是即將搭機離境前夕，更要主動關心航空公司公布在官網或FB的異動消息。

▲ 夏季颱風、冬季暴風雪，都可能對航班產生影響

飛機延誤

天氣因素除外，航班有時會有其他原因導致延誤。若自覺權益受損，有必要向航空公司爭取，不妨心底先有個可接受的合理具體條件(例如要多少金額的餐券、要住宿)，再理性地提出訴求。

有投保旅行不便險者，在符合出險的條件下，能在合理範圍內獲得理賠，但記得要向航空公司索取延誤證明，支出也要有單據。

提早前往機場

倘若颱風與大雪的侵襲時段，跟離境班機的起飛時間接近，可能得考慮放棄最後一天的行程，提早前往機場，以免因交通狀況導致時間耽擱。

大阪關西機場與名古屋中部機場建於海上的人工島，風勢太大時跨海大橋會封閉，電車與巴士停開。若天氣預報提到有強風的可能(無論是否遇颱風)，建議提早動身往機場。若電車中途停駛，必要時要盡早「搶」搭計程車。

填寫入境卡與海關卡

■ 在去程班機上，空服員通常會發送入境卡與海關卡。或者可在下機後、過關前取得。

■ 入境卡每個人都要填一張，海關卡則同一家人填一張即可。

■ 每個欄位都要盡可能填寫，尤其是在日連絡的地址與電話，請填第一天下榻的旅館名稱與聯絡資料，不能只寫自己的手機號碼。

■ 兩張卡都請照實填寫，並且簽名以示負責。

■ 雖然空服員會發這兩張卡，但筆要自備，請別跟他們借筆。

入境記錄卡填寫範例

入境卡正面。入境卡曾於2016年改版過，旅客若拿到較複雜的版本應為舊款，兩者皆可使用。新版入境卡背面無需填寫任何欄位。

外國人入國記錄 DISEMBARKATION CARD FOR FOREIGNER 外國人入境記錄

氏 名 Name 姓名	Family Name 姓[氏英文] MILK		Given Names 名[英文] STARBUCKSER
生年月日 出生年月日	Day 日 日期 Month 月 月份 22 11 2008 Year 年 年份	現 住 所 Home Address 家庭住址	國家名 Country name 國家名 Taiwan R.O.C	都市名 City name 城市名 Taipei
渡航目的 Purpose of visit 入國目的	☑觀光 Tourism □商用 Business □親屬探訪 Visiting relatives □其他 Others (	航空機便名·船名 Last flight No./Vessel 航班號或船名 BR777		
		日本預定停留時間 Intended length of stay in Japan 預定停留期間 5 days		
日本的連絡處 Intended address in Japan 在日本的聯絡處	Ivy Hotel 東京都港區白金台5-20-2	TEL 電話號碼 03-3280-7811		

1. 日本での退去強制歴・上陸拒否歴の有無 Any history of receiving a deportation order or refusal of entry into Japan 在日本有無被強制遣返和拒絕入境的經歷	□ はい Yes 有 ☑ いいえ No 無
2. 有罪判決の有無（日本での判決に限らない） Any history of being convicted of a crime (not only in Japan) 有無被判決有罪的紀錄（不僅限於在日本的判決）	□ はい Yes 有 ☑ いいえ No 無
3. 規制藥物・銃砲・刀剣類・火藥類の所持 Possession of controlled substances, guns, bladed weapons, or gunpowder 持有違禁藥物、槍枝、刀劍類、火藥類	□ はい Yes 有 ☑ いいえ No 無

以上の記載内容は事実と相違ありません。I hereby declare that the statement given above is true and accurate. 以上填寫内容屬實。絕無虛假。

署名 Signature 簽名　　Starbuckser Milk

通關也可電子申報

疫情解封後，可於Visit Japan Web網頁填入境卡與海關卡資料，現場掃護照與兩關卡各自的QR code快速通關。若為多名家人同行，海關卡同樣登錄一筆資料即可。

海關申告書填寫範例

海關卡正面，請記得底下要簽名；海關卡背面，一般情況無需填寫任何欄位。

(A面)　　　　　　　　日本國税關
海關樣式C第5360－E號

攜帶品・另外寄送的物品 申告書

請填寫下列與背面表格，並提交海關人員。
家族同時過關時只需要由代表者填寫一份申告書。

| 搭乘班機（船舶）名 | BR777 | 出　發　地 | TPE |
| 入 國 日 | 2019 年 07 月 01 日 | | |

英 文 名	
姓　　名	Starbuckser Milk
現在日本住宿地點	Ivy Hotel 東京都港區白金台5-20-2
電　話	03 (3280) 7811
國　籍	TW	職　業	Writer
出生年月日	2008 年 11 月 22 日
護照號碼	1 3 5 7 9 2 4 6 8
同行家人	20歲以上 1 人	6歲以上20歲未滿 0 人	6歲未滿 1 人

※　回答以下問題，請在□内打"✓"記號。

1. 您持有以下物品嗎？　　　　　　　　　　　　　　是　　否
① 禁止或限制攜入日本的物品(參照B面)　　　　　　　□　☑
② 超過免税範圍(參照B面)的購買品、名產或禮品等　□　☑
③ 商業貨物、商品樣本　　　　　　　　　　　　　　　□　☑
④ 他人託帶物品　　　　　　　　　　　　　　　　　　□　☑
＊上述問題中，有選擇「是」者，請在B面填寫您入國時攜帶的物品。

2. 您現在攜帶超過100萬日圓價值的現金或有價證券嗎？　　　　　　　　是　　否
　　　　　　　　　　　　　　　　　　　　　　　　　　□　☑
＊選擇「是」者，請另外提交「支付方式等攜帶進口申告書」。

3. 另外寄送的物品　您是否有入國時未隨身攜帶、但以郵寄等方式，另外送達日本的行李(包括搬家用品)？
　　　　　　　　　　□ 是 (　個) ☑ 否

＊選擇「是」者，請把入國時攜帶入境的物品記載於B面，並向海關提出此申告書2份，由海關確認。(限入國後六個月内之輸入物品)
　另外寄送的物品通關時，需要海關確認過的申告書。

《注意事項》
在國外購買的物品、受人託帶的物品等，要帶進我國時，依據法令，須向海關申告且接受必要檢查，敬請合作。
另外，漏申告者或是虛偽申告等行為，可能受到處罰，敬請多加留意。

茲聲明以上申告均屬正確無誤。

旅客簽名 Starbuckser Milk

出境日本程序

Step ① 找對機場與航廈

　　東京與大阪等主要城市有兩座以上機場，各機場又有多座航廈，請確認自己的航班是在哪座機場的哪一航廈報到。若搭code share航班，得向實際飛行的業者報到。一般建議班機起飛前2小時抵達機場；若加上陸上交通與安全緩衝時間，最遲在起飛前3～4小時得開始動身前往機場。

Step ② 找對櫃檯

　　航廈內的電子看板會顯示各航班報到櫃檯。櫃檯前可能有多條排隊動線，適用於不同身分者，請排在正確的隊伍。部分航空公司或機場會另設自助報到機。

起飛時間		航空公司	目前情形	報到櫃檯
定刻	變更	目的地	航班編號	チェックインカ
00:55		バンコク JL 727	出國手續中	F13-19
		THAI TG 6935	出國手續中	F13-18
		PG 4170	出國手續中	F13-18
		UL 3345	出國手續中	F13-18
02:35		台北 JW 179	搭乘手續中	E1-5
07:50		ソウル peach MM 1	第2ターミナルより出発	
08:00		重慶 9C 8778	搭乘手續開始 06:00	D1-10

▲ 先從航班訊息看板中，找到自己的航班與報到櫃檯訊息

Step ③ Check in與託運行李

　　報到時請提供護照與其他必要文件。要託運行李的乘客，可在報到時將行李交給地勤人員，或操作自助設備。接回護照、登機證與行李託運憑單後，請盡速確認上面的姓名、目的地

與航班資料都正確，若有誤得立即更正。通常地勤人員會請旅客等行李檢查完送走再離開，但日本部分機場會省略這點。

▲ 有些機場或航空公司會設置自助報到機，查驗證照也沒問題

▲ 櫃檯前可能有多條排隊動線，請確認自己排在正確的隊伍

貼心 小提醒

託運行李的檢查順序

　　多數機場的流程是乘客於報到櫃檯交付託運行李後，再進行X光掃描。不過日本有些機場會先進行安檢，確認沒問題後貼上標籤當封條，才能將行李帶到櫃檯辦託運。若行李被開啟或標籤脫落，則得重新檢查。

▲ 在那霸機場的國際航廈，乘客的託運行李得先過X光機檢查，才能帶到櫃檯

Step 4 進入管制區

出示登機證與護照，進入工作人員把關的管制區。

Step 5 安全檢查

外套、包包，與提袋均得放在安檢箱過X光機掃描（部分機場已免將筆記型與平板電腦取出獨自過X光機）；乘客步行通過金屬探測儀或全身掃描。特別提醒，日本規定空拍機不得放隨身行李搭機（其他違禁品請參考P.55）。

Step 6 出境證照檢查

出示護照供移民官或自助設備查驗。

Step 7 海關稅務檢查

若於境內免稅店購物達免稅額，請在此將稅單撕下繳回。海關有權檢查商品是否完整未拆封。

Step 8 稅店購物

若有東西沒買足，可把握登機前的最後機會。想在上飛機前吃點東西，請特別留意用餐時間。

Step 9 候機室等候登機

在起飛前20～30分鐘，依地勤人員廣播的順序開始登機（嬰兒、身障者、長者、高級艙等、會員、機艙後半部、靠窗座位的乘客等優先），這時會再次檢查護照與登機證。起飛前約15分鐘就會截止登機（時間以各業者為準）。

行家祕技 把握加購行李的機會

建議玩家回程抵達機場前先掌握好行李重量。以台灣虎航為例，預購託運行李折算每公斤約￥300；但機場臨櫃超重每公斤是8倍的￥2,400。虎航在起飛前4小時仍可上網改訂單加購額度，請務必把握。

交通篇
Transportation

日本自助，該搭什麼交通工具？

日本的交通十分發達，準時方便。火車與地鐵是不可或缺的工具。本篇解析購票劃位、搭乘方式，以及如何善用Pass與智慧票卡。另外還有路面電車、巴士、計程車、開車自駕等介紹。

火車、地鐵

日本的鐵道與軌道運輸路網，大致可分成新幹線、JR在來線、私鐵，以及地下鐵等4個部分來介紹。交通上會遇到JR、私鐵與地下鐵混搭的情況，本篇介紹讓大家對鐵道服務有個概念。重點是知道自己搭車當下，該路線是由誰經營，且自己持有有效車票即可！

▲ 行駛於在來線的JR特急列車

▲ JR的普通列車，在各地的在來線上提供基層服務

新幹線、JR在來線

新幹線是日本的高速鐵路系統，由於路線規格和日本既往的所有鐵道完全不同，因此以「新」的「幹線」稱呼；而既有路線便通稱為「在來線」。在旅途中，常有先靠新幹線長距離跨區移動，再轉搭在來線列車的機會。

過去，負責鐵道營運的是日本國鐵（JNR），1987年解散後依照地域由6家旅客鐵道會社接手客運服務，稱為「JR」，分別是JR東日本、JR東

▲ 指標上的「JR線」時常特指JR經營的在來線，不包括新幹線

▲ 搭新幹線通常得再經過一次專屬的改札口

海、JR西日本、JR北海道、JR四國與JR九州。

各JR同時經營新幹線與在來線，基本運賃是通用的，但由於新幹線車資較高（新幹線特急費），所以搭車前通常還得再經過新幹線專屬的改札口（檢票口）驗票。多數車站的動線設計，會讓乘客先從在來線的改札口進站、再過新幹線的專屬改札口；部分車站則有直接進出新幹線的改札口，驗票通過改札口即可前往新幹線搭車月台。

▲ 新幹線是日本的高速鐵路，目前路網可由北海道搭到九州；新幹線與在來線都由各家JR負責經營，基本運賃兩者通用

☕ 豆知識

JR線=JR負責經營的在來線

「JR線」廣義上包括新幹線與在來線；但讀者在蒐集行程資料或實地走訪時，若看到「JR線」的標示，通常是狹義的用法，指「JR負責經營的在來線」。該定義方便在生活上與口語上區別私鐵或地鐵。

新幹線路線圖

＊各家JR的分界點車站，請再進一步查詢。
＊金澤←→敦賀於2024年3月16日通車

JR北海道

北海道新幹線
新函館北斗
札幌

新青森・八戶
秋田新幹線
秋田・盛岡
山形新幹線
新庄
山形・仙台
東北新幹線
上越新幹線
新潟・福島
北陸新幹線
JR東日本

金澤・高崎
長野・大宮
JR西日本・東京
敦賀・名古屋・新橫濱
山陽新幹線
廣島・京都・東京
博多・新大阪
武雄溫泉・新鳥栖
東海道新幹線
長崎
JR四國
JR東海
九州新幹線(鹿兒島線)
鹿兒島中央
JR九州

▲ 偏遠地區僅存一些地方性私鐵

▲ 都市地區的私鐵以大量通勤客為主力，競爭力不輸JR

私鐵

「私鐵」是由私人公司經營的鐵道路線，都會區的大型私鐵公司，路線常從市中心往郊區或觀光勝地發展，且與當地的JR處於短兵相接的競爭關係，不過私人業者的吸客功力可能更勝JR。

都會地區的私鐵路網相當廣泛，以利於接觸更多消費者，且班次密集，服務可靠性不輸地鐵。

而在偏遠地區的鄉間，也有一些小型的私鐵業者，靠著單一路線慘澹經營，維持地方服務。

地鐵

地下鐵是在都市計畫中為快速運輸都會區的大量乘客而建，定位跟台灣的捷運相同，列車班次頻繁且市區車站的彼此站距較短（往往不到1公里）。地下鐵的路線並非皆處於地表之下，也可能在地面，甚至以高架方式鋪設。

目前在東京、大阪、札幌、名古屋、京都、神戶、福岡等主要大城有地下鐵。此外，各地有些名為「某某高速鐵道」的路線，乍看之下貌似私鐵，但從適用法規而言，相當於私營的地鐵。

地鐵均採自動化的票務系統，依路程遠近的區

▲ 地鐵的出入口，通常會有明顯的標示

▲ 部分地鐵站已增設月台門，強化服務安全

段計算車資（非依實際里程）。地鐵起跳價通常會比同區間的JR路線高，因此乘客在短程移動時，若相同起訖點也有JR可代步，那麼搭JR應該會省一點車資。

搭火車、地鐵步驟 Step by Step

搭火車、地鐵的步驟，基本上跟在台灣相同。來到車站後請先買票，接著通過改札口（檢票口），確認列車停靠的月台，候車、搭車、下車，過票通過改札口，再由最接近目的地的出口離開車站。除了一般搭車情形，也可能碰到在無人車站上下車、搭到1人服務的列車、出站時發現車票不足額度得補票（精算車資）等狀況，那就依情況遵守規定囉！

STEP 1 車站窗口或售票機買票

STEP 2 進閘口

STEP 3 找到月台，候車

STEP 6 找適合的出口離站

STEP 5 出閘口（必要時補車資）

STEP 4 上車、下車

直通運轉

　　「直通運轉」是指原本行駛於a路線的A業者列車，經過某處後直通進入B業者的b路線，且繼續載客。而乘客待在車廂內不用任何動作，就自然完成由a轉到b路線了！

　　搭直通運轉列車由A業者的車站，抵達B業者的車站時，總車資要合計雙方的費用。若是購買單程票，A車站的自動售票機，通常能直接跨界買抵達B車站費用的車票。若憑Suica等智慧票卡搭車，系統會自動扣款。

　　要是沒有把握該買多少費用的車票，可先買A業者的部分，搭到B業者的車站出改札口前，再補票。如果企劃車票（如1日券）只包含A業者的範圍，離開B業者的車站時也得補票喔！

　　其實只要知道自己搭車的當下，路線由誰經營，且持有該業者的足額車票即可（或做好補票的準備）。補票（精算車資）說明與精算機的介紹，請見P.88。

豆知識
直通運轉的原因

　　日本鐵道直通運轉的狀況相當複雜，甚至有橫跨5、6家業者的情形。這種跨鐵道業者的服務模式，台灣目前沒有實例，在日本卻廣泛存在。直通的緣由可能是因為路廊空間已被占滿，沒辦法再鋪一條新的軌道，或是透過減少轉車次數增加競爭力，於是便和其他同業合作，一同提供服務。另外，鋪軌政策與經費也是考量的因素。

列車車種

　　最基本者為普通列車或各停列車，往上有快速、急行、特急（特別急行）等，各鐵道業者的分法或稱呼不一。

▲ 列車車種多會在車頭端面與車身側面明顯標示，避免旅客誤乘

▲ 日本的列車車種名稱相當多元，各鐵道業者的用法不太一樣

▲ 阪神與山陽電鐵合開「直通特急」，讓旗下列車在大阪梅田與姬路間直接往來

▲ 透過三方直通運轉，讓東急的車輛經地鐵副都心線，運行於西武鐵道的路線

▲ 直通運轉可減少旅客轉車的不便（圖中的副都心線在頭、尾，與中途分歧處分別直通不同路線）

▲ 電子看板多半會顯示車種，引導乘客搭車

票價計算

火車票價的計算方式是將運賃、特急費與指定席費等3項基本要素合計。

請注意 在估算搭特急列車的所需費用時，若只納入運賃而忽略了特急費，會使得總車資乍看之下約便宜一半喔！

運賃+(特急費+指定席費) = 車資

運賃

運賃是最基本的費用，根據車程距離長短計費。搭普通、各停或快速列車時通常僅需付運賃。若以智慧票卡搭車，就是扣取這筆費用。

▲一般自動售票機發售的小張車票(左)，是單純的乘車券(僅含運賃)，必要時可另搭配特急券使用(右)

特急費

若搭特急列車，要加一筆特急費(新幹線為新幹線特急費)，依里程級距計費。搭乘特急列車，購票時常會取得1張乘車券與1張自由席特急券或指定席特急券，共2張票。不過也有乘車券與特急券二合一的方式。

指定席費

若想劃位入座指定席車廂，得再付一筆指定席費(搭自由席免收)，金額與乘坐距離無關，各家JR的指定席費在¥330～930之間(旺季等繁忙期會比平時貴¥600)。想坐綠色車廂(Green Car，類似商務艙)也需支付綠色車廂的費用。

豆知識
並非特急列車都要收費

並非所有鐵道業者的特急列車都要加收費用，偏通勤取向者，像阪急、阪神、京阪、京成、京急、山陽電鐵是免收的。有收的公司多為有長距離路線者，如各家JR、近鐵、名鐵與小田急電鐵等。

少數特急列車是因同時為指定席而收費，如南海電鐵往來大阪和關西機場的「特急rapi:t」為全車指定席，所有乘客都要付特急費。而往來和歌山方向的「特急南方」同時有指定席與自由席，搭自由席僅需基本運賃無需特急費。

交通查詢網站推薦

想查詢車班時間與費用，可於專門的時刻表網站查詢，也可進各業者的官網查詢。順便一提，傳統紙本全國時刻表厚度有如電話簿，堪稱另類特產。

▲乘車券與特急券可以合打在一張票上

▲乘車券與特急券有時會分別打在兩張票

▲車站大都有小型或單張的時刻表，供民眾索取

交通篇

Jourdan

牛奶杰目前最常用的時刻表網站為Jourdan（ジョルダン），輸入起點、終點與時間，就能查找適合的乘車組合及費用，主要景點甚至填名稱就能找。部分地點的日文漢字和中文不同（如淺草和關西空港），在此輸入中文也沒問題。行程若涉及多家交通業者，也都能一次查好。

讀者可依總時間、總車資，或轉車次數等原則，挑選最符合需求的乘車組合。另有「青春18模式」，可以只呈現青春18車票適用的組合（詳P.73）。

其他常見的查找網站還有日本「Yahoo!路線情報」與「換乘指南VISIT」等。

http Jourdan：www.jorudan.co.jp
http Yahoo!路線情報：transit.yahoo.co.jp
http 換乘指南 VISIT：visit.jorudan.co.jp

▲「換乘指南VISIT」並非主流的時刻表網站，但可全中文操作的環境對新手玩家可能相對友善些

JR西日本網頁

JR西日本的查詢網頁，在新幹線部分，考量外國玩家憑JR Pass全國版搭Nozomi與Mizuho列車得另付費，因此有剔除這兩種班次的查詢功能。

http www.westjr.co.jp/global/tc

從APP查詢

Yahoo!與NAVITIME的「乘換案內」為常用的程式（詳P.49）。但要提醒，即時查詢需在有網路連線的情況下進行。APP會記下近期查過的起訖組合，便於日後操作或在離線狀況提供訊息。

貼心 小提醒

前後列車間隔時間短，來得及轉車嗎？

時刻表的查詢結果，在偏遠地區或鐵道業者的邊際站，常會出現轉車時間不到5分鐘的組合。該間隔其實就是為轉車者所留，已考量一般人的腳程。

另外，轉乘新幹線通常會比較費時，因此JR有整理官方建議的各站新幹線與在來線轉乘時間，時刻表網站遂依此安排。

▲ 有停靠新幹線列車的車站，通常樓板面積較廣，轉乘也比較費時　▲ 通常遇有極短的轉車時間時，前後列車往往會停在隔壁月台

異名同站、同名同站、同名異站的情形

時刻表網站的乘車組合，常會請乘客在不同名稱的車站間步行轉車，乃因鄰近的車站常會有不同的名字。如大阪的JR大阪站，外頭便是地鐵幾座相關的梅田站；JR東京站的轉乘規畫則常納入地鐵大手町站。

此外，附近地點若有多家鐵道業者設站，可能採用相同站名，或在站名前冠上公司名，如京成電鐵的京成上野站，離JR的上野站不遠。

反過來說，不同業者的同名車站，卻可能隔得老遠，如JR與阪神電鐵位於大阪至神戶間的尼崎站，彼此同名但若步行大概得花半小時以上。

這些異名同站、同名同站或同名異站的情況，沒有準則可判斷，端看旅客的經驗或做功課深度。當然，時刻表網站會列出不同車站轉車時需步行的時間，藉此避免距離太遙遠的轉乘組合。

Pass與企劃票

網路討論區常會見到有關「去某處該用哪張Pass」這類的討論，日本有非常多的Pass與企劃票，皆為業者巧手包裝的旅遊產品。

何謂Pass與企劃票

日本的觀光業相關廠商，無論是交通、景點、住宿，甚至是餐飲店，常會推出各種企劃產品。企劃票考量到顧客的需求，由業者整合相關消費機會，並給予些許折讓優惠，因此大多數企劃票不僅能省旅費，也有助於遊客迅速掌握當地有哪些熱門的亮點。

單純交通的Pass

遊客最常提到的企劃票，應該非交通類的「N日券」莫屬，亦即在N日內可不限次數搭乘規定範圍內的列車，常稱為「某某Pass」，如大名鼎鼎的JR Pass全國版或東京的地鐵1日券等等。企劃票有時不限於單一業者使用，如關西的KTP幾乎網羅京阪神地區所有鐵道與巴士業者。

▶ 交通性質的Pass，是遊客最常認識的企劃票券產品

交通＋景點組合的企劃票

交通性質的Pass，僅是所有企劃產品中的一部分，還有更多的企劃票，會跳脫單純的運輸領域，並與觀光景點或溫泉的門票結合，推出來回車資＋入場券的套票。同地區的博物館也會合推能參觀多館的「共通入場券」，亦為一種企劃票。

▲ 十勝川溫泉的企劃票，是由泡湯券、去回巴士票、本地小範圍的自由乘車Pass，以及購物優待券等5張所組成

貼心 小提醒

確認票券的使用限制

每個人的行程不盡相同，各企劃票也可能有發行或適用的期限，因此參考二手資料僅是權宜之計，最終應到業者的官方管道確認。說不定在官網上，還能看到新增的優惠方案呢！同理，即便出國前已查好票券，到了現場不妨留意業者的宣傳海報，可能會有隱藏的驚喜喔！

企劃票哪裡找

大家最常問的問題之一，是「某某行程用什麼Pass比較好？」該問題涉及兩個層面：
■到底有哪些企劃車票適合自己的行程？
■用哪張企劃票最為划算？

正確且周全的方法，是先到各交通業者的官方網站，查詢目前推出哪些企劃產品，以及它們的使用方式和銷售管道。部分票券甚至能在抵日前購得「實體券」，可以直接使用，省去再找窗口排隊兌換的時間。幾乎所有業者的官網，都會設一個醒目好找的專區，彙整現行的產品介紹，常用「お得な乘車券」或「お得なチケット」字樣，或乾脆用「得」的圖案標示。

若該企劃措施涉及多家交通業者，或涵蓋景點、周邊商店、旅館等觀光設施，在各涉及對象的網頁上均會有線索。

此外，牛奶杰在各城市篇，也列了一些遊客在各地區常用的票券，而在網路搜尋網友分享文時，多半也會提及用了哪張套票。

▶江之電的官網上，可找到有「得」字樣的企劃票專區

▶在東京Metro官網的乘車券部分，也有「お得な乘車券」的專區

行家祕技 如何確認企劃票划不划算？

先知道有哪些票券可用後，接著再來討論「哪張企劃車票最划算？」由於每個人規畫的行程內容、前後順序、交通手段與停留長短各有差異，唯有套入自己的行程來計算，結果才準確。

方法非常簡單，就是把行程表攤開，將當天的相關費用加總起來，再套用已篩選出來的企劃票，便知道使用這張票券的效果如何。

例如在東京都內的行程，當天預計會搭3趟東京Metro的電車，分別是￥180、￥210與￥180，合計￥570，還不到1日券售價的￥600，那買1日券反而浪費。

而多日券的評估就更簡單了，只要某幾天累計超過售價，就值得考慮購買！例如JR Pass全國版要價￥50,000，而東京到函館，再去秋田，最後回東京的一趟行程搭新幹線就要至少￥53,300，那即便行程中有好幾天完全沒碰JR，但當中有一趟東京到函館再去秋田，單憑這趟來回就值得購買JR Pass。

同理再多比幾張票券，哪張最划算的結果便呼之欲出了。經驗豐富者想省旅費也得按部就班，沒有偷吃步的捷徑。

▲長距離新幹線的車資很高，常常一趟來回就足以買JR Pass全國版

這裡介紹幾張規畫日本「跨區域行程」時，可能會用到的票券。可從各種管道尋找、比對適合自己行程的企劃票券。

JR Pass全國版

「日本鐵路通票」(Japan Rail Pass)有個通俗的稱呼為「JR Pass全國版」，也有人稱「日本國鐵券」。海外遊客憑券可在7天／14天／21天的有效期限內，不限次數劃指定席位以及搭乘6家JR旅客鐵道會社的大部分列車，可說是功能最強大的票券。普通車廂的價格為¥50,000／¥80,000／¥100,000，適合訪日期間有跨區域長距離移動的玩家。

http www.japanrailpass.net

JR Pass注意事項

■JR Pass以往無法在日本境內購得，目前已開放全國16座主要車站發售，但價格較高（約為前述價格再加10%）。

■可先在台灣向代理旅行社購買兌換券，入境日本後憑兌換券與護照上的短期滯在身分，向JR換成實體Pass再開始使用。常見的代理業者如東南、雄獅、KKday、Klook，以及創造等。

■搭乘東海道新幹線、山陽新幹線，與九州新幹線的希望號(Nozomi)、瑞穗號(Mizuho)列車得另加價購票，相當於一張新幹線特急自由席的費用。

▲JR Pass全國版得先於台灣購買像機票的兌換券，入境日本後，再兌換為實體Pass使用

搭Green Car須另付費用

JR東日本在東海道線、東北本線、上野東京Line、湘南新宿Line、總武線與橫須賀線等處的列車，會安插兩節雙層Green Car車廂，座椅比照特急列車配置，讓乘客享有較好的搭乘品質。由於遊客通常是買普通車等級的Pass，想搭Green Car得再另外負擔Green Car費用。

▲憑普通車等級的JR Pass全國版，想搭Green Car車廂也得另外付費

行家祕技　將票券價值極大化

前面提到先列好行程，再來檢查用哪張票券。但反過來說，排行程的省錢訣竅，一來是將鄰近的景點擺在一起，避免來回拉車浪費時間與車資，二來最好能選用同業者的交通工具，以利將企劃票發揮最大用途。

例如第一個行程是從淺草站到上野站，只有東京Metro的電車可以搭，接下來的行程要從上野站去新宿站時，儘管有JR、都營地鐵與東京Metro等3種業者的交通工具可以選，在不浪費太多時間的前提下，盡量多仰賴東京Metro，提高靠東京Metro的企劃車票省下總體車資的可能性。

▲在有多種交通工具可選之處，同一天盡量搭單一業者的車班，集中用票券的效益

青春18車票

青春18車票（青春18きっぷ）適用於全國JR路線的普通等級列車（包含普通、快速、新快速等車種），但不能用於搭特急列車與新幹線，適合省錢背包客，或搭慢車旅行的愛好者。

儘管名字強調青春，但沒有年齡限制，如果旅人造訪的目的地完全沒有特急班次，也可以考慮「青春」一下。JR目前有幾個區間，完全沒有任何普通等級列車的班次，遂專案開放免費或以加購方式搭乘特急或新幹線列車。

http www.jreast.co.jp/tc/pass

▲青春18車票只能搭普通車，也不能另買特急券後當基本的乘車券抵用

▲青春18車票不限使用者的年齡，是否「青春」自行認定

票價與使用方式

青春18車票每張售價¥12,050，票面有5個空格，使用原則是「每一個人有搭車的1天」會用掉1格。因此每張票可供1個人搭5天車。也可多人使用同一張，但須在車站同進同出。

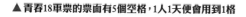

▲青春18車票的票面有5個空格，1人1天便會用到1格

發售時間與限制

只在每年春、夏、冬3個學生有長假的期間發售與使用，當年度的確切日期請上官網查詢。前一季沒用完的票券自動作廢，不能留到隔季使用，有些使用者會將還有空格的車票賣給二手金券行（只要少數幾格的乘客，也可至金券行碰碰運氣）。

與青春18非常相似的還有一張「北海道＆東日本パス」，範圍縮為JR東日本與JR北海道兩家的路線，連續7天有效，售價¥11,330。

北陸拱形車票、三星路新宿車票

JR東日本與JR西日本合推的北陸拱形車票，讓遊客從東京搭JR北陸新幹線，經過日本海側玩到大阪的企劃票（反向亦可）。與之相似的還有京王版的三星路新宿車票，可由新宿搭高速巴士經松本、平湯溫泉、高山、白川鄉，一路玩到金澤。詳見「東海北陸」的章節（P.224）。

▲拱形車票可搭乘北陸新幹線，是另一種往來關東與關西的選項

買票與劃位

日本的自動售票機操作相當簡易，許多車站也有站務員親切服務，藉由這部分的介紹，相信應該能解決不少疑問。

自動售票機

旅日期間，一定會接觸到各交通業者的自動售票機，售票機的種類款式繁多，操作概念與方式大同小異，應能融會貫通。

A IC卡標誌。表示本機對應智慧票卡相關服務

B 本機對應的鈔票與硬幣面額

C 本機對應的智慧票卡種類

D 全票／半票組合、車票張數

E 主要選單。提供單程票、回數票、企劃票、聯程票或智慧票卡等項目

F 次要選單。單程票的額度選擇icon會顯示在此

G 站務員呼叫鍵

H 取消鍵。按下取消鍵便會結束目前的作業，回到初始頁面

I 信用卡與智慧票卡投入與取出口

J 紙幣投入口

K 硬幣投入口

L 車票取出口

M 找錢時的紙幣與硬幣取出口

N 螢幕英文介面的切換鍵

O 切換繁體中文

P Japan Rail Pass專屬icon(劃位時會用到)

乘車券自動售票機(JR東日本)

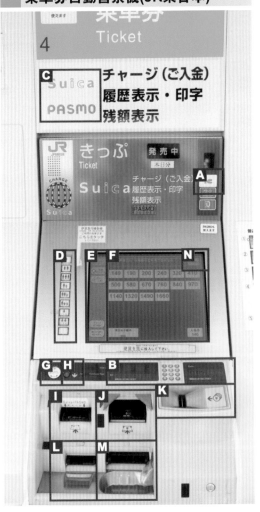

Q QR code掃描位置

R 護照掃描位置

交通篇

指定席自動售票機
(JR西日本，可讀護照款)

大阪地鐵的自動售票機

購買一般單程車票步驟
Step by Step

請注意 有些機種得先投錢(Step 4)，才能選車票與組合張數(Step 2與Step 3)。

Step 1 查詢票價

跟在台灣搭火車時不同，在台灣買車票是買「由本站到某某站」的票，但在日本用自動售票機買近距離的一般車票(非指定席、非劃位的車票)時，通常是買「由本站起多少面額」的車票，不會秀出目的地站名。

在售票機上緣或附近牆面，會貼出由本站到各站的票價圖，請先查詢得知自己該買多少錢的車票(例如：要搭去伊東站，就是買¥320的票)。

票價表

售票機

從本站出發

▲ 票價圖的特寫，到伊東站是¥320，到小田原站是¥410

Step 2 選擇面額

點螢幕選擇需要的車票面額(舊款的售票機是以固定按鈕對應多少錢)。

Step 3 選擇票種與張數

點選要買幾個人的票(如果只買1張全票,可略過本步驟。部分機種的該步驟跟Step 2順序是顛倒的)。

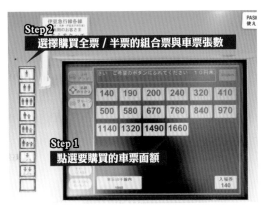

Step 5 取票與找零

售票機會打好車票,並退還零錢。超過¥1,000的退款會找紙鈔。

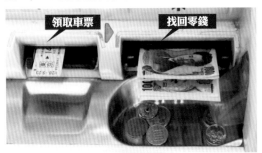

購買企劃票步驟
Step by Step

由於企劃車票種類繁多,通常沒辦法全部顯示在觸控螢幕上,得先在觸控螢幕上點一個「企劃車票」的icon(或在機台的面板有專用按鍵),進入各企劃票的選單畫面,再點選購買。這邊以購買JR「東京都市地區通票」(都区内パス)為例。

Step 4 付費

依螢幕顯示的金額付費。售票機接受紙鈔與硬幣,亦可將智慧票卡插入插槽,由儲值餘額扣款。硬幣只接受¥10以上的面額,少數售票機不接受¥10,000的紙鈔。

Step 1 點選「企劃票」的選項

螢幕上的初始畫面,為各種額度車票的icon。側邊有一個「得」字樣的icon,點選前往該頁面。

交通篇

Step 2 選擇想購買的企劃車票

進入「得」的頁面後，才有「都区内パス」的icon可以點。有些業者推出多種企劃票，螢幕畫面沒辦法在一頁呈現完，需再翻頁。

Step 3 選擇票種與張數

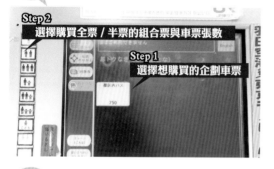

Step 2
選擇購買全票／半票的組合票與車票張數

Step 1
選擇想購買的企劃車票

Step 4 付費→取票→找零

貼心 小提醒

特大行李也得劃位？

欲攜帶長寬高三邊和大於160公分的特大行李(相當於28吋以上)搭JR東海道、山陽，或九州新幹線列車，請於劃位時告知售票員(操作售票機時亦可預約)，會安排在適當座位，並可免費利用末排椅背後的空間或行李櫃。若未預約又想利用那些空間放行李會在車上加收¥1,000。其他列車或自由席免預約。

◀帶特大行李搭新幹線指定席得先預約

人工櫃檯售票與劃位

一般的自動售票機通常只發售由本站出發，到鄰近範圍的運賃券。有指定席發售功能的售票機雖然可購買範圍較廣，但玩家可能得用日文平假名或英文來輸入目的地，不一定方便操作。

若有以下幾種情況，建議向人工窗口辦理：1.目的地較遠，超出了一般售票機的價格選項；2.購買指定席券；3.要以刷卡付費(即便有信用卡密碼，售票機還是有可能會擋海外發行的卡片)。

JR Pass等企劃車票要劃位時，可透過操作自助售票機或洽人工櫃檯辦理。部分企劃車票甚至能在鐵道業者自設的旅行服務中心，或有合作關係的旅行社辦理，省去排車站窗口的時間，請詳閱各企劃票的官方說明。

▲JR將車站的人工服務窗口統稱為綠窗口(みどりの窓口)，導引標誌為綠底加上一位白人坐在白座椅上。多半接受信用卡付費

▲JR東日本部分主要車站設有旅行服務中心「JR EAST Travel Service Center」，亦可服務持Pass的遊客

自助劃位

在一般的售票機之外，有些車站會設置指定席售票機讓乘客自行操作，可以新購運賃券、特急

指定席券、特急自由席券，或是憑企劃票券進行劃位。操作時，可以先將售票機的畫面切換爲繁體中文，接著依照畫面指示操作即可。

企劃票券劃位的介面略有不同，以下舉最常用的Japan Rail Pass、JR東日本，與JR西日本等三種劃位介面，從主畫面開始的幾個步驟，後續依畫面指示即可，順利的話不用1分鐘便可取得車票。細節亦可參考官網發布的說明。

■ **Japan Rail Pass**：點主畫面左下角的「JAPAN RAIL PASS」＞繁體中文＞現在選擇即將乘坐的列車＞張數＞讓售票機掃描Pass上的QR code＞輸入護照號碼並確認，後續便依畫面指示點要搭乘的列車與座位。

■ **JR東日本的票券**：選繁體中文後，主畫面點「指定座席」＞「使用優惠車票・回數票預訂指定座席」，接著依畫面指示插入周遊券，並進行操作。

🔗 www.jreast.co.jp/tc/downloads/pdf/mv_operation_tc.pdf

■ **JR西日本的票券**：選繁體中文，將周遊券插入售票機＞點「指定席座票」，接著依畫面指示操作。

🔗 www.westjr.co.jp/global/tc/howto/ticket-vending-machine

▲ 已持有Pass就不用再特地找能掃護照的售票機，每部指定席售票機皆可劃位

◀ 憑JR Pass全國版者請點「JAPAN RAIL PASS」開始劃位。只有該票券劃位時需輸入護照號碼進行確認

貼心 小提醒

自助劃位注意事項

■ 建議先查好要搭的班次，與起訖站的英文(羅馬拼音)，輸入會比較快。

■ 如果想特別指定靠左邊或右邊的車窗，請預先查好。

■ 如果同時段已有劃好其他座位，或同起訖站在當日有不同時段的劃位(想換時間搭車的情況)，都沒辦法再劃位喔。

■ 已取得指定席券想取消得由人工綠窗口處理，若已打烊則沒辦法取消。

貼心 小提醒

綠窗口購票須留意

■ 窗口營業時間跟車站營業時間是兩回事！尤其是要兌換隔天啟用的Pass或劃位時得格外注意，避免撲空卡關。

■ 大型車站常有多個改札口，而綠窗口可能僅設於某改札口附近。

■ 窗口的招牌不一定是綠的，但JR車站沒有其他顏色的窗口，不用擔心搞錯，認明標誌就對了。(其他私鐵業者就不一定了，例如近鐵的人工窗口標誌便爲紅色。)

網路訂票

6家JR旅客鐵道會社均提供網路訂位服務，各家系統的操作細節與規範不盡相同，使用前請再查閱官方說明。使用上有幾點得特別留意：

■ **需信用卡**：各家JR的訂位系統規則略有不同，但都要信用卡(領票也需要)。JR西日本的網頁(www.westjr.co.jp/global/tc/ticket/overview)是專

交通篇

為外國旅客設計。部分業者亦可訂其他JR座位。

■ **開放訂位的時間：**一般是乘車日前1個月的上午10:00整（台灣時間09:00）。部分系統有先掛單、待開放時自動預訂的功能。

■ **並非每班列車的指定席都開放網路預訂：**開放網路預訂者，多是新幹線與主要路線的特急列車，由海外事先預約的必要性通常較低。至於各地的觀光列車，有時僅受理現場窗口購票或電話預約（尤其是包裝為旅遊商品企劃案時）。

■ **留意取票的時間與地點：**一般僅能在各會社自家營業範圍的車站領票，且有時間限制。例如JR東日本的票券，在乘車前一天的23:00若還沒領票，便會由信用卡自動扣款；換句話說，遊客入境當天的車票，除非是要付費搭乘而非用企劃票兌換，否則不建議從網路預訂。

■ **注意車票形式：**JR西日本與東日本的系統受理「先預定指定席，再憑企劃票將指定席券領出來」的操作模式，但務必要注意領到的是預約車票，而非現場新劃位的車票。

■ **不要投機取巧：**各業者基本上不樂意提供「國外遊客先從網路系統購買指定席券，領票後旋即辦理退票，同時要求以遊客持有的企劃票劃出先前座位」之服務。因此即便樂意支付退票手續費，對工作人員也非常為難。

網路預訂JR列車這裡查

- http **JR東日本：** www.jreast.co.jp
  （繁體中文→JR東日本網路訂票系統）
- http **JR東海道：** jr-central.co.jp/ex
- http **JR西日本：** www.jr-odekake.net/goyoyaku
- http **JR北海道：** www.jrhokkaido.co.jp
  （繁體中文→JR北海道網路訂票系統）
- http **JR四國：** www.jr-shikoku.co.jp/e5489
- http **JR九州：** www.jrkyushu.co.jp
  （點選「インターネット列車予約」）

＊資料時有異動，請以官方公布的最新資料為主

IC智慧票卡

日本近年來積極推廣用IC智慧票卡乘車，取代先前的背磁式車票，並可用於合作商家的小額付費。智慧票卡不必接觸就能讓改札機感應，幾乎不用減速即可通過改札口。而且不用每次搭車前，都得先查詢票價再排售票機購票，遇有直通運轉的場合也可直接感應付款。

此外，牛奶杰有時不會刻意安排目的地，覺得沿途有喜歡的風景就下車，這種「事先沒有決定目的地」的搭車情況，用智慧票卡付款更是方便（前提是不能超出票卡的服務範圍）。

票卡種類

日本全國市面上以交通功能為主的IC智慧票卡至少有35張。常見的包括：JR東日本的Suica（通稱西瓜卡）、關東私營業者的PASMO、JR西日本的ICOCA、關西私營業者的PiTaPa、JR東海的TOICA、JR北海道的Kitaca、JR九州的SUGO-CA，以及由九州私營業者主導的nimoca等。

這些主流卡片從2013年3月起開放互相搭車流通，東京居民拿慣用的Suica，到北海道能讓Kitaca的設備感應、到九州用於nimoca的改札機也沒問題。假如第一次玩京阪神買了ICOCA，下次到東京、九州或北海道搭車時，也能繼續用喔！

▲ 日本目前至少有10張主要的交通類智慧票卡

不過離開了卡片的自家主力區域到其他互通區域時，遇到的自動售票機可能並非每部都開放對應讀取，必要時得人工儲值，這點需多留意！

購買票卡

各種智慧票卡，可在發行業者的自動售票機購買。有些特殊卡片會採人工發售，如JR西日本限外國人買的ICOCA特別版，有風神與雷神，或Hello Kitty兩種票面主題可挑選，僅於JR關西機場站的綠窗口銷售。以下以新購一般ICOCA為例介紹：

1 Step **點選購買新卡**
點擊螢幕左上角有「ICOCA」與「買」字樣的icon，就是購買新卡。

2 Step **確認金額**
購買新卡得付押金與儲值金，多半為¥2,000起跳。

3 Step **付款**
將鈔票或零錢放入自動售票機，再點選要不要附收據。

4 Step **取卡**
售票機會把新卡、找零，以及收據一起吐出來，即可開始使用。

票卡儲值

買新票卡得付至少¥2,000，卡片內含押金¥500與儲值金¥1,500起。可於自動售票機、出改札口前的精算機、人工櫃檯或小額付款的商店進行儲值，每次以¥1,000為一單位，Suica的儲值上限為¥20,000。

儲值時，先點螢幕右側有「入金」字樣的icon再插卡，或直接將卡片插入售票機，接著放入金額，再點選要儲值多少錢

使用票卡

憑智慧票卡搭電車時，只要讓改札機感應卡片，閘門擋板維持開啟，即可通過。出站時務必要再感應一次，計算扣款。

■**無法負值出站：**若餘額扣到¥0仍不夠付當次車資，得先到精算機結清或加值再離開付費區（無法從¥500票卡押金扣除）。

■**服務區外須先購票：**終點站若在智慧票卡的服務區域外，須事先購買單程票搭車，以免智慧票卡無法寫入出站紀錄，造成彼此困擾。要搭特急列車或新幹線時，請以紙本車票搭乘。

■**票卡不能跨區進出：**如Suica的使用範圍包括首

通過改札機時，請將智慧票卡輕輕揮過感應位置上方，免刻意接觸，且幾乎不用停留。切記勿將智慧票卡放入底下背磁票的投入口

都圈周圍，以及完全分隔的新潟市周邊，雖然兩地都是Suica的服務範圍，但不能從首都圈感應進站，搭到新潟再感應出站。由Suica領土進站、ICOCA領土出站更不可行。

■**票卡可用於小額付款：**在便利商店、列車上的行動販賣車、置物櫃與自動販賣機等場所均可用智慧票卡小額付款。但需注意，有些卡片雖然開放互通乘車，但電子錢包的功能未通。例如，接受PiTaPa小額付款的商店，不一定會接受Suica等票卡，反之亦然。若小額付款時，卡內餘額不足時，可用零錢補足差額 。

▲ 小額消費時，將票卡置於有「IC」字樣的感應處即可

▲ 在JR東日本車站有僅接受智慧票卡付款的自動販賣機，每罐飲料減價¥5

行家祕技 免押金、免退卡的遊客Suica

　為避免機場車站擠滿退押金的遊客，JR另推出外國遊客才能買的「Welcome Suica」。其特點是不需要押金，購買時選擇¥1,000～5,000等千元面額的卡片，就是¥1,000～5,000能用盡，且可再儲值。但要提醒：每張Welcome Suica只有28天效期，且一律不退費(新舊餘額過期就充公)。PASMO設計給遊客的「PASMO PASSPORT」產品亦不退費，但須¥500發行手續費(特惠期間免收)。

退卡

　卡片用完可向發行單位的車站窗口退卡，卡內餘額加上¥500押金，得先扣¥220手續費再歸還乘客。餘額在¥0～220時，則僅歸還¥500押金。一般建議使用者退卡前先花完儲值金，如此退卡免扣手續費，會歸還剩下押金。

■**餘額￥1,000時：**500+(1,000-220)=1,280，退1,280。

■**餘額￥100時：**500+(100-220)=380，退500。

■**餘額￥0時：**500+(0-220)=280，退500。

行家祕技 把智慧型手機當智慧票卡

　Suica、ICOCA與PASMO推出把卡片存進手機，或直接在手機內建一張虛擬票卡的功能。以iPhone來說，在「錢包」APP中點「+」便可選擇加入交通卡，並從日本的卡片們當中找到Suica、ICOCA與PASMO，依指示完成操作即可使用。

　設為「快速交通卡」的虛擬票卡，在未解鎖、未連線，甚至未開機的情況下均可用來搭車(小額付款則需啟動且解鎖，可離線)。

　虛擬票卡可用APP綁定的信用卡手動加值，但需網路連線；也可於售票機或便利商店等處加值。截稿時，Visa信用卡仍未開放為手機中的Suica與PASMO加值；ICOCA的APP部分曾短暫開放，但後來又取消。

　非日本地區購買的Android手機(即便是日本品牌)，能加入智慧票卡者非常稀少(相同型號的手機在海外可能亦非日本版，或軟體不同)，有需要的玩家請再查詢。

搭車與轉乘

進站搭車步驟

Step 1 從改札口進站

　　相當於台鐵的「剪票口」,是進出付費區的關卡。大型車站常有多處改札口,一般都可互通往不同的月台。改札口有站務員把關,都會區車站常設有自動改札機,請憑單程票、企劃票或智慧票卡通過改札口。在改札口內外會有電子看板顯示列車的搭乘月台等訊息。

▲ 找到改札口　　▲ 通過改札口

Step 2 尋找乘車月台

　　在通過改札口進入付費區後,以電子看板與指標為主、構內圖為輔,幾乎都能順利找到正確的搭車月台。改札口附近的電子看板,可由搭乘路線著手,尋找要搭的車班(請留意上、下行的不同方向),每面看板會以開車時刻的先後次序,由上往下排列,所以第一行的列車,就是發車時間最接近者。

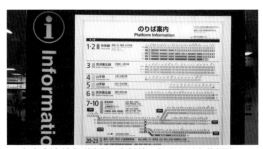

▲ 在東京這種大型車站,會彙整一份所有月台的訊息

路上觀察 遇上簡易改札機

　　有些車站的改札機為簡易裝置,閘門沒有擋板(或乾脆省略閘門),憑智慧票卡搭車者仍務必要感應卡片,紙質票則由站務員檢查。部分車站會分別設置進站與出站的感應機,請留意「入場」與「出場」字樣,別感應錯囉!

▲ 未設置擋板的改札機,需乘客發揮道德心誠實搭車

▲ 有些小站的改札機相當簡易,供君子感應票卡

▲ 若感應機有分入場或出場專用,請別感應錯誤,免得未寫入紀錄

電子看板訊息解析

以20:50的列車為例，主要訊息包括：車種是「通勤快速」，目的地為小田原站，於10番線搭乘。其他次要訊息則為列車有15節車廂、由本站擔任起站、設有Green Car。

搭乘路線

種別 Type	番号 Train No.	時刻 Time	行先 Destination	番線 Track
特急	10両	20:44	品川	⊗ 9番線
快速	15両	20:48	品川	9番線
通勤快速	15両 始発	20:50	小田原	⊗ 10番線
普通	15両	20:53	平塚	10番線
湘南ライナー	10両 始発	21:00	小田原	⊗ 9番線
普通	15両	21:02	伊東	⊗ 10番線

- 車廂節數
- 終點站
- 搭乘月台
- 車種(班號)
- 開車時刻
- 設有 Green Car

▲ 若該車站匯集多條路線，各路線常會分別設置電子看板

路上觀察 電扶梯靠哪邊站？

一般而言，日本習慣是靠左站(和台灣相反)，但關西圈反而是靠右站。最簡單的方法就是看前面的人站哪邊，就靠哪邊吧。搭電扶梯時要站穩踏階，避免行走。

Step 3 前往乘車月台

知道自己要去哪個月台後，接下來就順著站內指標前往月台。

▲ 知道自己要去哪個月台後，接下來就順著站內指標前往月台

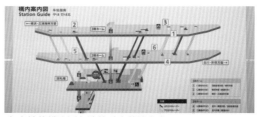

樓梯口有另一部電子看板供旅客確認最近會由此出發的列車

再次確認該階梯是否通往自己要去的月台

車站構內圖

在建築物構造複雜、出口眾多、月台數量更多的車站牆上，通常貼有構內圖(構內図)。對於攜帶大型行李(例如：滾輪行李箱)、嬰兒車，或輪椅的遊客幫助很大。業者官網多半會提供主要車站的構內圖，供乘客事先查詢。

▲ 車站的構內圖有助於乘客釐清方向

▲ 車站案內圖(平面圖)，也有釐清方向的功能

Step 4 再次確認列車資訊

抵達月台後,務必確認月台番線號碼無誤,別走到隔壁番線的月台囉!

月台番線

車班訊息

10

20:50 小田原 ◎15両

新橋、品川、大船、藤

動態內容還會羅列開車後的沿途停靠站

車種與停站案內圖

在都會區搭車時,同一條路線上往往有琳瑯滿目的車種,在基本的普通或各停之外,常見者還有快速、區間快速、通勤快速、急行、快急,或是特急等。在月台的時刻表看板、列車車門上的空間與業者的官網等處,可以找到該路線的停站案內圖,乘客可藉此確認自己要去的目的地,該搭哪種列車。

以網站或APP查詢乘車組合時,也會清楚列出該搭的車種。各車種的稱呼長得很像,但差一個字就會大不同喔!

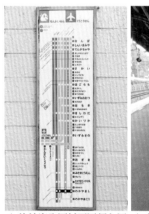

▲ 停站案內圖以不同顏色區分不同車種,一目了然

▲ 有些停站案內圖還會加上各車種所需的時間,供乘客參考

Step 5 找候車位置

來到正確的搭車月台後,需找候車位置。搭乘的列車若有指定席,月台上會有「乘車口案內」的指引,標示該位置會停靠第幾號車廂。此標示可能是會變動的LED燈號、告示牌,或地面油漆。若是要搭的列車同時有指定席與自由席車廂,且自己當下沒有劃位,則請留意哪幾節為自由席車廂(電子看板應該可查看),於就近位置排隊。

▲ 直接在月台地面漆列車名與車廂號碼,是很常見的作法

▲ 月台上常用燈號、吊牌、油漆標示等方式指引車廂位置

▲ 跟著人龍排隊,也是一種找候車位置的方法

Step 6 上車,找座位

搭指定席車廂時,請依票面劃位入座。日本鮮少會遇到已有其他人坐在自己位子上的情形,如有無法溝通的情況,可請車掌處理。

JR與多數業者的指定席座位,編號排列方式比照飛機,採用數字+英文的編法,如1A、1B與25E。少部分私鐵的編號方式跟台鐵相同,是以數字的奇數或偶數來排。

如果偏好靠窗席，可在劃位時告知站務員。若想坐行車方向的左邊或右邊（在觀光與濱海路線常見這類要求），請事先查好A席、D席（或E席）告訴對方。

自由席車廂雖可自己選位，但經車掌查票後請避免任意更換位子，因爲車掌會記下哪些乘客已經驗過票，且目的地是到哪裡。

貼心 小提醒

火車也會誤點或停駛

或許是服務形象太好了，讓很多人以爲日本的火車不會誤點呢！

事實上，當各種天災與人爲狀況發生時（如：人身事故），列車難免會延遲（遲延）。若狀況難以排除，會導致發車時間未定（運轉見合わせ），嚴重時甚至直接宣告停開（運休）！

最令人擔憂的是離境當天，若上車前就已知道往機場的鐵路有狀況，不妨即刻更換交通工具（建議事先查好兩種前往機場的途徑）。

這時需做好最壞的打算，研擬趕不上飛機的後續應變措施。如果當天必定得搭機，則看看能否改搭計程車趕赴機場。別怪牛奶杰沒提醒，當列車停擺時，中途車站外的計程車非常難搶喔！

另外，誤點狀況嚴重時，可能會暫停「直通運轉」，各業者僅行駛本身的區間，控制延誤衝擊效應。

行家祕技 圈圈、三角形是什麼意思？

在都會區搭通勤型態的列車時，月台上常有圓圈或三角形符號，那是車門位置的標示。不同車型的車門位置有異，請對照電子看板中關於該列車的訊息，確認自己要在圓圈或三角形的記號處候車。當然，參照地上的排隊線或其他排隊的旅客，也是個方法。

▲ 月台上的圓圈或三角符號與數字，指向列車停妥時的車門位置

▲ 車班訊息內標示著圓圈、三角或箭頭符號，是提醒車門位置。符號旁的數字（如3～6），跟列車的長度有關，乘客站對符號但超出數字，也會對不到車門喔

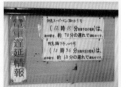 

▲ 列車可能因各種天災人禍狀況發生延誤　▲ 遇到「見合」字樣，要有「開車時間未定」的心理準備

▲ 都會區的路線牽一髮而動全身，延誤影響範圍很廣。首都圈的JR車站，會以LCD畫面顯示目前的突發情況。乘客也可上各業者官網或以APP查詢目前路網概況

搭車禮儀

- **排隊**：上車前與下車時都要記得排隊喔！請留意，有些月台會細分出下班車與下下班車不同的排隊線。
- **往車廂內移動**：上車時盡量往車廂中間移動，以利後方旅客乘車。
- **背包避免後背**：背後背包的乘客，建議將背包背在前面或放置物架。
- **勿喧嘩、勿講電話**：車廂客室內避免接聽電話(含通訊軟體語音功能)，若必須接聽，請到車廂間的門廊。遊客們彼此交談也請降低音量。
- **避免使用手機**：若在優先席附近，應避免使用手機，以免干擾有使用心律調整器的乘客。
- **讓座**：在優先席之外，日本社會較沒有讓位習慣。若自己讓了位卻被別人婉拒，請別介意。不過牛奶杰也有讓位給孕婦後，對方在下車時特地再來致謝的經驗。
- **使用耳機**：若要欣賞音樂或影片，請使用耳機。音量太大而從耳機「音漏」，曾是乘客們票選名列前茅的不禮貌行為。
- **可否飲食**：日本多數交通工具沒有明文禁止在車內飲食，但一般搭長條椅的通勤型列車時，很難見到日本人吃東西。
- **禁菸**：絕大多數的列車目前都已禁菸，且不設置吸菸室。在車站也要在指定空間才可抽菸。

▲ 乘車時，後背包盡量改採前背的方式，或乾脆放在置物架上

▲ 排隊上下車是基本的乘車禮節

▲ 列車上的優先席，請禮讓年長者、身障者(含器官障礙者)、孕婦，以及帶著幼童的乘客

行家祕技　能講電話的車廂

　　JR近年推廣在搭車的階段也能辦公，因此車站內陸續設置計時的工作亭「STATION WORK」等；而JR東日本的新幹線則推出「TRAIN DESK」，設於東北與北海道新幹線的第7車、上越與北陸新幹線的第9車。

　　旅客在該車廂內的座位上允許講電話，甚至能進行視訊會議(建議戴耳機)。該服務不限商務客使用，遊客若有需要亦可指定劃位在此，費用與一般指定席費相同。憑JR東日本的Pass亦可直接劃位，但全國版的Japan Rail Pass沒辦法選該車廂座位。

　　JR東海與JR西日本多數的新幹線上，在第7車有類似功能的S Work車廂。但一般是由EX-IC的會員管道劃位，玩家使用的機會應該比較少。

轉乘

■ 轉搭同一業者的路線或班車，通常免經改札口。例外情形如JR的新幹線與在來線互轉，幾乎都得再次改札。又如東京Metro在少部分車站轉乘不同路線時，得先經改札口到非付費區，至另一線的車站再進付費區；憑單程票搭車者遇到該情形，請記得以橘色改札機出站，否則車票會收回。

■ 相反地，跨業者轉車又非「直通運轉」的場合，則多半得通過改札口。

■ 所持的車票若非背磁票或智慧票卡，無法經自動改札機查驗，請走人工通道讓站務員檢查。

■ 有些車站設了轉車專用的樓梯、地下道或改札口，不會通到站外。經由轉車專用改札口，要從A業者的付費區直入B業者付費區時，需感應票卡或連續放入前後兩段的車票，就不會被攔下了。

▲ 月台上的標示提醒出站轉乘者要走橘色改札機

▲ 想要直接進出不同業者的付費區時，請將2張車票一起放入改札機

▲ 憑單程票搭東京的地下鐵得離開付費區轉乘時，請走橘色的改札機

抵達、出站

■ **留意看板與廣播：**搭車途中請留意車廂內的看板與廣播，會提醒即將抵達的車站。車站的出口指引標誌，統一以黃色標示，可循指標方向出站。車站若有多個出入口，指標會標明出口的名稱或編號。

■ **找到正確出口位置：**讀者做功課時記下的資料，若提到要從該站的某指定出口離開，該名稱或編號要明確記牢，如「2」出口與「A2」出口為不同地方，「東口」與「中央東口」也不一樣。

▲ 看到黃色指標，就知道與離開車站的出口方向有關

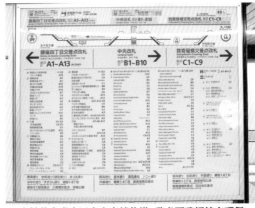
▲ 車站的多處出口方向南轅北轍，務必要確認該走哪個

車資精算(補票)

　　若是通過自動改札機時被攔下，八成是因爲車資不足，得補票後才能離開。「補票」在日文中屬於「精算」的一部分，可解讀爲「精確計算費用」。補付車資的管道，可自行操作精算機(多設於離開付費區的改札口內)，或者請站務員人工精算。

　　乘車過程若有直通運轉也不用擔心，精算機或站務員也知道該如何補車資，不會因跨業者搭乘的情況就導致卡關。操作精算機時，會有以下4種情境。

A 結算該次乘車費用
B 智慧票卡加值
C 單程票智慧票卡插入口
D 紙鈔插入口
E 零錢投入口
F 收據出口
G 找零出口

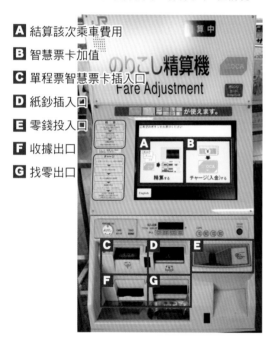

憑單程票搭車時

■在精算機投入現金補繳差額，以精算券過改札機。
■在精算機插入智慧票卡補繳差額，以精算券過改札機。

▶ 補足票款後精算機會吐出精算券，請憑券通過改札機

憑智慧票卡搭車時

■在精算機投入現金補繳差額，以智慧票卡過改札機出站。
■在精算機用現金爲智慧票卡加值，以智慧票卡過改札機。

▲ 插入單程票或智慧票卡後，精算機會秀出該次乘車的車資，並減去單程票或智慧票卡負擔的額度，顯示該補多少費用(此例爲車資¥1,540，票卡餘額¥1,100，不足¥440)。可選擇僅需車滿這次車資的額度，或是爲票卡加值固定額度(最小單位爲¥500)

貼心 小提醒

企劃票超出使用範圍怎麼辦？

　　如果使用企劃車票，但起訖區間超出企劃票的有效範圍，亦可在精算時搭配使用企劃票。向站務員出示企劃票券，對方就會知道該怎麼計費了(少數精算機也懂得爲企劃票乘客補車資，但多數會顯示請找人工處理)。

單程票超出搭乘範圍怎麼辦？

　　在日本，若持A→B的單程票進付費區，實際搭了A→B→C區間，精算後要補的車資，僅需A→C減掉A→B的差額，而非讓乘客新買一張B→C單程票的車資。如此可免付基本里程費，也不會有任何罰款，這點跟台灣不太一樣。

　　但如果A→B區間是用企劃票，在C站離開，得視不同業者的規定，多半需付B→C的車資，而非彼此差額囉！

1人服務車

偏遠地區的JR與私鐵路線，常會派「1人服務車」（ワンマン運転）上陣，亦即列車上只有駕駛員1人，沒有車掌一同執勤，這是經營者降低成本的方法。1人服務車在車頭端面或側面的行先板（顯示開往目的地的牌子）附近，會有綠底白字的「ワンマン」標誌，取自英文的one man。

■**乘車方式**：在無人站上、下車，若無法先買票或感應票卡，搭乘流程會跟巴士或路電雷同：上車抽整理券，下車時依整理券的號碼付車資，有企劃票則出示票券（搭巴士步驟請見P.91）。

■**留意候車位置**：由於乘客上車得抽取整理券，所以要格外注意候車標示，從指定的車門上車。如果該列車有多節車廂，可能只開其中一扇車門讓乘客上車（通常是行駛方向最前端第一節車廂的最後一扇門。請留意月台上標示的乘車位置，不同方向的乘車位置不一樣）。

■**建議坐前端車廂**：上車後可到其他車廂乘坐，但下車地點若也是無人站，則得由最前端車廂的最前門付費下車。若無法確定下車地點是否有站務員，坐最前端車廂比較妥當。

▲1人服務車會在列車端面與側面出現綠底白字的「ワンマン」標示

▲ 搭1人服務列車時，找候車位置還要確認行車方向　▲ 搭1人服務車時，通常是由最前方的車門付費下車

路上觀察 *4種常見的座位型態*

日本的列車常見4種座位，各有不同乘坐感受。

長條椅

兩排座位彼此相望，又稱「相親座」，常用於通勤型電車。

非字椅

像中文的「非」字，座位方向跟鐵軌呈垂直，常見於近郊型電車。

Box Seat

部分座位朝後方且不能轉向，形成類似包廂的小空間，都會區少見。

特急椅

非字椅的高階版，可調整傾斜角度，是特急車或Green Car才有的待遇。

火車以外的交通方法

飛機

在境內長距離移動時,可考慮搭廉價航空或傳統航空的航班。日本國內的廉航從2013年起蓬勃成長,航線網目前還不算密集,航班集中由東京成田機場或大阪關西機場出發往來各地,但二線城市間互飛的航線非常稀少。

外國人境內飛行優惠

外國遊客在日本除了靠各種JR Pass以優惠價搭火車外,搭傳統航空的國內線也有機會比日本人便宜。

日航(JAL)針對外國人提供「Japan Explorer Pass」與「Welcome to Japan Airpass」方案,每趟國內線可優待至¥5,000～13,000(未稅)。預訂時先備有入出境的機票,再到日航官網訂購。日航的航點遠較廉航廣,甚至在二線、三線機場間仍有班次,可善加利用。

全日空(ANA)以往也有類似方案,但在疫情期間暫停。期待他們重新推出。

▲搭日本的國內線航班可快速進行長距離移動,外國人優惠方案有助節省國內線飛行旅費

路線巴士、路面電車

巴士與路面電車(簡稱路電)雖為不同交通工具,但彼此的搭乘方式非常相似。

▲中型城市常可見到路電,為市民仰賴的交通工具

▲路線巴士是最基層的大眾交通工具,深入城市與偏鄉

▲巴士也是方便且舒適的旅行工具

交通篇

搭乘步驟 Step by Step

Step 1 尋找站牌

站牌通常有站名、行駛方向與車班時間表等訊息，車班準時，鮮少延誤。

Step 2 從後門上車，抽整理券或感應票卡

巴士與路電幾乎都從後門上車、前門下車，且於下車時依搭乘區間付費。上車的車門內會有智慧票卡感應器與「整理券機」（通常是醒目的橘色），請記得感應票卡或抽一張整理券。若從起站開始搭，或該路線採用單一固定車資，則可省略這步驟。

▲ 整理券的形式並非統一，通常有明顯的數字表示段號（左圖是16，右圖是1）

Step 3 入座並留意看板訊息

上車後請找空位就座（優先席也可坐，必要時禮讓需要者）。車內前方通常有螢幕看板會秀出下一站是哪裡，偏遠地區的巴士可能會省略本系統。若有需要仍可請駕駛員或其他乘客提醒下車站。

Step 4 車門開啟再起身

下車前請先按「下一站停車」鈕，待停穩且車門開啟再從座位起身移動。螢幕會顯示持各號碼的整理券，在此下車得付多少車資。請將整理券與足額車資的硬幣一同投入運賃箱；憑票卡搭車者則在運賃箱再感應一次票卡。

▲ 持4號整理券者要付¥320(兒童半價)

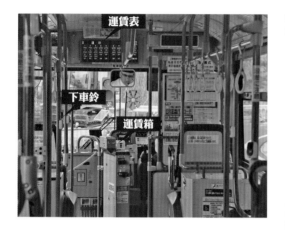

運賃表

下車鈴

運賃箱

付費下車注意事項

■ 整理券需收好，若無法出示整理券，可能
得付起站至此的車資。

■ 如有使用事先購買的票或回數券，也是投
入運賃箱。

■ 使用智慧票卡搭車，請直接在運賃箱上感
應扣款。

■ 憑企劃票下車時請主動出示，並露出日期
欄位。

如何查詢車班路線、時間、車資？

想知道從A點到B點有哪些路線的巴士或路
電可抵達，除了從路線圖著手，部分業者的
官網已建置查詢系統，可同時查詢車班路
線、班次時間，以及車資等重要訊息。路電
的時間與車資亦可在時刻表網站查詢(P.68)。

行家祕技 運賃箱還有換零錢的功能！

運賃箱具備換錢功能，換錢的投入口跟付
車資投入口是不同的，可將￥1,000鈔票換成
零錢，或將￥500與￥100硬幣換成￥50與
￥10面額，通常不接受￥1,000以上面額的紙
鈔。現已有新型運賃箱問世，可直接放入鈔
票或大額硬幣付車資，並自動找零。

船舶

日本國內有長短距離渡輪船班，適合時間較
悠閒的旅客。可查詢日本長距離渡輪協會的官網
(jlc-ferry.jp/index.html)，提供許多定期載客船班
的資訊(包括夜船)。

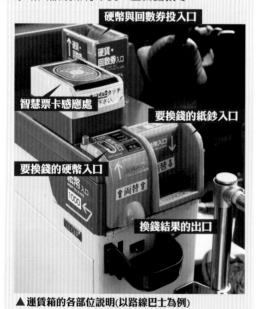

硬幣與回數券投入口

智慧票卡感應處

要換錢的紙鈔入口

要換錢的硬幣入口

換錢結果的出口

▲ 運賃箱的各部位說明(以路線巴士為例)

▲ 陸路到不了的地方，咱們就搭船吧

高速巴士

　　日本的主要大城間也有高速巴士運行，車資通常低於火車，在城市或鄉村則有路線巴士。若是大眾運輸條件欠佳的景點，可能會有接駁巴士或專門的觀光巴士行程。

　　高速巴士多由各地方業者提供服務，缺少像國光或統聯客運這類足跡遍布全國大部分區域的業者。但各會社透過彼此路線聯營，依然可為旅客提供便捷服務。

　　在有高速公路連結之處，尤其是大城市之間，高速巴士提供一種方便的交通選擇，甚至還對外國遊客推出了類似JR Pass、可不限距離與次數隨意搭車的企劃車票「JBL PASS」。

　　長途路線有夜行班次，讓乘客睡一覺後於清晨抵達目的地。行車時間長的班次會有2位駕駛輪替。某些路程稍短的夜行巴士，會特地在休息站或道之驛暫停不動，讓乘客有充分休息時間。

　　有些交通迷會特別搭巴士旅行，造訪公路上各個別具特色的休息站呢！

▲ 乘坐巴士旅行也相當方便

▲ 搭巴士旅行，沿途能欣賞的風景跟火車又不太一樣

購票方式

　　若上車處有人工櫃檯或自動售票機，可於上車前先購票，售票機的操作方法與火車相似。若無法事先購票，則車上繳費亦可。有些路線的車班提供預約，有些為非預約制，得現場排隊。

如果站牌有售票機，不妨►先買好票再上車

▲ 大城市中的巴士總站，候車品質可與機場相比

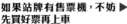

路上觀察 高速公路上的巴士站牌

　　日本有位於高速公路上的巴士站牌，在車道外緣設置停車灣，讓乘客安全上下車，再以專屬通道聯絡平面。對某些偏遠鄉間而言，這是很重要的對外交通方式呢！

▲ 在偏遠地區不難見到設於高速公路路肩的巴士站牌

高速巴士這裡查

整合全國49家業者、54條路線的網站。

JAPAN BUS LINES

http japanbuslines.com/tw

＊資料時有異動，請以官方公布的最新資料為主

計程車

日本計程車給人的印象以「車資昂貴」著稱，但若有需要時還是得靠它代步。3人以上一同搭車，花費不見得會比搭地鐵或路線巴士貴太多。

計程車不像台灣統一為「小黃」，各車行有各自的塗裝。這些車行常為地方私鐵或巴士公司的關係企業。計程車會分中型車或小型車，車內空間大小與車資略有不同。通常在車站、機場、飯店或居酒屋附近駐點，所在之處如果久候不到車輛，不妨請店家幫忙叫車。

▲ 大型車站外，常會有一片計程車海

▲ 計程車會分成中型與小型，車資自然會不一樣

計程車車資查詢網站

taxisite可讓使用者從Google地圖點起、訖點，自動計算距離、車資與行車時間，準確度一般來說滿高的。另可調整是否經過付費道路，及深夜加成與否等選項。

http www.taxisite.com/far

＊資料時有異動，請以官方公布的最新資料為主

貼心 小提醒

搭計程車須注意

■ 上下車時切記別用手開、關車門，車門已安裝自動開關門功能，手動反而有可能會弄壞喔！

■ 日本的地址不太容易尋找，若能明確提供目的地或建築物名稱，將有助於司機找路。直接以手機秀目的地地圖也是方法。

▲ 在日本搭計程車時，請記得車門是會自動開關的

貼心 小提醒

在日本騎腳踏車與電動滑板車

■ 許多城市有人工租腳踏車服務。

■ 日本有多套共享單車系統，全國性者如HELLO CYCLING與DOCOMO BIKE-SHARE等(後者暫封鎖外國用戶下載APP)地方性系統繁多，註冊與使用方法請各自查詢。

■ 修法後騎腳踏車需戴安全帽(初期無罰則)。

■ 騎腳踏車應騎在車道，或有開放允許的人行道。騎腳踏車不能載客(幼兒除外)。

■ 騎電動滑板車以往需機車駕照，已修法放寬，正式實施日請再查詢。

開車自駕

　日本開放我國旅客以駕照譯本在日開車後，租車自駕者越來越多，尤其是地廣人稀的北海道、那霸、石垣島等地，租車的便利性遠高於仰賴大眾交通工具，很受歡迎，但請格外注意安全。

租車資訊這裡查

　租車資訊可上網查詢，此為整合全國多家業者的第三方中文租車平台。

http tc.tabirai.net/car/　　http www2.tocoo.jp/cn

＊資料時有異動，請以官方公布的最新資料為主

網路下單，現場取車

　想租車出遊，可先透過租車業者的網站預約，輸入租車與還車的時間地點，再挑適當的車款（同行者人數與行李數都要納入考量）。

▲日本的租車地點很多，幾乎每座機場都可取車

特殊需求，請先聲明

　如有兒童安全座椅等特殊需求，在預約時就要提出。最後選擇要購買哪些保險（牛奶杰建議選盡量周全的保護）。訂單完成後，只要在約定時間地點取車付款即可。

備妥台灣與日譯本駕照

　取車時會登記我國駕照正本，與駕照日文譯本（請在國內先辦好，可網路受理），兩者務必要

▲每款車操作方式略有差異，取車時請先熟悉（例：曾有玩家疑似在行進時誤踩腳踏式手煞車，導致翻車）

帶。若有多人輪流開車，則每位都要登記；遇車損時若非登錄者駕車，保險可能拒絕理賠。

GPS導航設備

　車內通常有導航設備，若需中文介面請於訂車時告知。搜尋目的地時無法打中文，可憑店家電話或map code查找。為免駕駛分心，有些導航器在行進時無法輸入新目的地，須停妥拉手煞車才可操作。

租車時幾乎都會附衛星▶導航，方便顧客尋找目的地

右駕慢慢來

　行車時請注意安全，遵守路權的先後次序原則，適時禮讓。駕駛座在左或在右，對一般人不是太大問題，但請留意轉彎後勿駛於對向車道。另外，雨刷和方向燈的操作位置也是左右顛倒，需要花一點時間來適應。

租車給外國人時，業▶者常常在車體附上「外國人駕車」或「新手駕駛」的標誌

還車加滿油

在日租車，出車時油箱是滿的，還車時則得加滿，否則除了補油資還得付一筆手續費。加油時告知工作人員「Regular, Full」即可。租車公司常有還車時的建議加油站，可能有合作優惠，對方也熟悉服務外國顧客。

停車需付費

日本的都會區基本上沒有「免費路邊停車」，要有到哪都得付停車費的心理準備。停車場的計費方式五花八門，需詳閱各場說明。「月極」為包月長租的車位，外車勿停。

有料道路付費方式

行駛於付費道路時，若無ETC卡，人工收費的方式跟進出停車場很像，進入收費道路時取票卡或代幣，離開時繳費。如同火車有Pass票券，道路管理當局也推出了限外國遊客使用的周遊券（如北海道的HEP），可不限里程使用付費道路。詳情可於租車時洽購。

▲ 停車場的收費模式相當多元，駕駛人在停車前可多留意比較

▲ 停車場常會見到「月極」字樣，那是指長租車格，臨停的人請別占用

▲ 停車場收費機操作相當簡單，輸入車位編號便會結算費用

遭遇事故請坦然面對

若遇行車事故，請先保持冷靜，檢查有無人員受傷，絕對不能肇事逃逸！無論有無傷亡，或造成公物損毀，盡可能保持現場原狀，且報警處理，並告知租車公司。若無警方紀錄，保險公司難以理賠。

常用日文指指點點

從幾號線月台發車？

何番線から発車ですか?

nanbansen kara hassha desuka

下一班車是幾點？

次の電車 / バスは何時ですか?

tsugi no (densha / basu) wa itsudesuka

這班車會開往 _____ 嗎？

この電車 / バスは _____ に行きますか?

kono (densha / basu) wa _____ ni ikimasuka

可以用這張車票搭乘這班車嗎？

この電車 / バスはこの切符で乗れますか?

kono (densha / basu) wa kono kippu de noremasuka

寄物櫃

對於不得不帶著大行李出門的旅人來說，有不少機會用到投幣式寄物櫃(コインロッカー，coin locker)。目前常見的投幣式寄物櫃，可大略分為真正的「投幣式」寄物櫃，以及可透過智慧票卡付款的進階版。寄物櫃的空間有大有小，請選擇適合自己的櫃子，車站的置物櫃收費一般在￥300~1,200間(每天)。

営業案内		
■ 使用料金		
小型ロッカー	6時間まで 200円	※ 6時間超~ 300円／24時間
中型ロッカー	6時間まで 300円	※ 6時間超~ 400円／24時間
大型ロッカー	6時間まで 400円	※ 6時間超~ 500円／24時間
■ 使用期間　使用開始を含めて 8 日以内		
※ご使用の際には、使用約款をお読みください。		

▲ 置物櫃附近會有收費方式的規則說明

傳統投幣式

操作簡單，找到空櫃、擺好行李、投入足額硬幣，最後轉鑰匙就可離開了。取物時自然得用鑰匙開鎖。

▲ 傳統的投幣式寄物櫃，得用鑰匙開鎖

智慧票卡式

操作上會有些許不同。儘管多數電子置物櫃已有中文介面，在此還是以日文介面操作示範：

 找空櫃置物
Step
智慧票卡式的寄物櫃，特徵是有個小螢幕，且門把旁有燈號顯示。亮著紅燈，表示櫃子使用中，請找未亮燈的空櫃置物。

 按下卡榫
Step
放好物品，關上門板後，請把門旁的灰色卡榫往下按，紅燈便會亮起(有些型號的櫃子省略此步驟)。

3 **點選置物**
Step
接著回到小螢幕操作，點選螢幕左邊「荷物存入」字樣的icon。

4 **確認存放位置**
Step
螢幕會標出剛關上的櫃子，請確認標示是否正確。

寄物櫃

 5
Step
點選付費方式

請選擇付費方式,可用IC智慧票卡或現金,接著會進入付款畫面。

6
Step
進行付款

付款畫面會顯示櫃子號碼與金額。用智慧票卡者請在感應區感應卡片完成扣款。現金者請放入硬幣或鈔票(通常僅收¥100硬幣,部分機種收¥1,000紙鈔),完成便會領到一張有密碼的感熱紙,請務必保存好並遠離熱源(建議立即拍照)。

請確認有沒有東西還沒放進櫃子(或誤放了該帶的東西,如:Wi-Fi分享器),在付清款項前還有反悔機會,按下「中止」即可結束操作。

7
Step
取物方式

■ **使用智慧票卡者:**請先按螢幕上有「荷物取出」字樣的icon,接著感應智慧票卡,門板就會自動跳開了(智慧票卡請勿遺失)。

■ **付現者:**在螢幕輸入開櫃密碼,門板就會彈開。

貼心 小提醒

向咖啡店預約寄物空間

「ecbo cloak」提供一種嶄新的寄物方式。進入官網(cloak.ecbo.io)註冊後,可向目的地附近的合作店家預約寄物數量,並依照約定時間寄物,費用由註冊的信用卡支付。收費方式為每日每件¥500或¥800(3邊長合計超過45公分),目前已在東京、大阪、京都、福岡等城市開辦服務。

使用置物櫃小提醒

■ 置物櫃附近通常會標示一個使用期限的單位(通常是1天或4小時),超過後會自動重新累計,取件時須結清費用才能領取。

■ 熱門地點或車站的置物櫃得先搶先贏。部分地點亦提供人工寄物服務,有可能比寄物櫃划算。

■ 設於室內空間的置物櫃,需格外留意時間,若該區有門禁,太晚會無法取件。

■ 若存放天數太長,會被移到集中保管處存放(「太長」的定義請參閱現場說明)。

■ 有些購物中心、博物館、遊樂區,會設免費置物櫃。使用時先投¥100硬幣才能上鎖,開鎖後可取回押金。

■ 有些購物中心有冷藏、冷凍,甚至是直接保管整輛購物推車的特殊置物櫃。

■ 宅派業者在車站等處會設自助取物櫃,外形跟置物櫃有些相像,別找錯對象囉!

住宿篇
Accommodation

在日本旅行，有哪些住宿選擇？

日本住宿種類多元，價格從高檔的五星級飯店到低廉的青年旅社皆有，可依照自己的預算與期待，決定下榻的地點，再善用訂房網站，找到合適自己的住所！

住宿種類

從高檔的五星級酒店到便宜的青年旅社，或是頗具日本寸土寸金特色的膠囊旅館，都可以選擇。隨著台日之間的紅眼航班增加，也有玩家乾脆睡在飛機上，甚至是來去機場住一晚呢！

五星級酒店與觀光飯店

日本是高所得已開發國家，許多西方連鎖酒店集團登陸插旗，日本本身亦有多家傳統高級飯店，溫泉區更有純正日式的溫泉飯店接待貴賓，集合各種品牌與奢華程度的飯店任君挑選。

直接從酒店的官網訂房，通常是較高價的入住方案，從各主要訂房網站多方比較，或許會發現較合宜的方案（但也有相反情形，優惠方案僅限酒店官網預訂）。另外，由航空公司或旅行社推出的機加酒套裝行程，也可能以優惠價格入住高檔酒店。

▲日本有許多高級酒店與觀光飯店，不怕沒得挑選

五星級酒店與觀光飯店推薦

- http 帝國飯店：www.imperialhotel.co.jp
- http 加賀屋：www.kagaya.co.jp

＊資料時有異動，請以官方公布的最新資料為主

商務旅館

商務旅館是日本最常見的旅館型態，沒有太奢華的房間裝潢與宴會廳，在大小城市多半能見到。雖然稱為「商務」，但不會拒絕出遊的旅

▲機加酒方案有機會以較便宜的條件入住星級酒店

客。常見的連鎖商務旅館品牌，如APA Hotel、東橫INN、Super Hotel、dormy Inn、Richmond Hotels、Smile Hotel，以及法華俱樂部等，其中dormy Inn常有溫泉或大浴場設施。

連鎖商務旅館的單人房基本房價，多在每人每晚¥4,000以上；非連鎖的商務旅館則有機會低於¥4,000。和觀光飯店不同的是，有些商務旅館在週末假日的房價，反而會比週間便宜。

▲ 非連鎖性的商務旅館，價格常會比連鎖店低一些

▲ 商務旅館的房間相對較小，但供旅人過夜也綽綽有餘

商務旅館推薦

- http APA Hotel：www.apahotel.com
- http 東橫INN：www.toyoko-inn.com
- http Super Hotel：www.superhotel.co.jp
- http dormy Inn：www.hotespa.net/dormyinn/
- http Richmond Hotels：richmondhotel.jp
- http Smile Hotel：www.smile-hotels.com
- http Comfort HOTEL：www.choice-hotels.jp
- http 法華俱樂部：www.hokke.co.jp

＊資料時有異動，請以官方公布的最新資料為主

短租公寓酒店

如果有至少2人同行、又在同一處待多天數，不妨考慮挑一間短租公寓酒店，價位約與商務旅館相當，但享有專屬的起居室與廚房空間，會讓人有「住在日本」的難得體驗。牛奶杰曾住過價格是1人或2人也可輕鬆負擔的合法短租公寓，不過類似產品在市場上較罕見。

短租公寓的服務不比飯店或旅館，入住期間前後要寄放行李，可能會有困難。且Check-in的時間得配合管理者的出勤時段，或許沒辦法玩到夜間、吃完晚飯了才從容入住。順帶一提，Airbnb相當風行，但合法性有疑慮，被臨時取消預約的案例不罕見，有意者得多考量。

▲ 廚房是短租公寓的要件，想開伙也沒問題

▲ 入住短租公寓，讓人有「真的住在日本」的錯覺

短租公寓推薦

- http TOKYU STAY：www.tokyustay.co.jp
- http HOTEL MYSTAYS：www.mystays.com

＊資料時有異動，請以官方公布的最新資料為主

HI青年旅舍

HI是指加入「國際青年之家」（Hostelling International）體系的青年旅舍（Youth Hostel），在歐美較爲普遍，但在日本則沒那麼流行。他們主要提供上下鋪的通鋪團體房（dormroom），以「床位」爲計費單位，每床每晚約¥3,200～4,200，若持他們發行的「YH國際青年旅舍卡」可享優惠價。

有些YH坐落於偏遠處，交通較爲不便；反過來看，有些YH則是當地唯一的落腳處。以往的YH有「客人晚間在公共空間分享旅遊見聞情報」的交流功能，不過這點在網路與通訊軟體盛行的世代已逐漸式微。

▲ HI是國際性的青年旅舍組織

▲ 憑會員卡入住青年旅舍，可享會員優惠價

HI青年旅舍看這裡

http www.jyh.or.jp

＊資料時有異動，請以官方公布的最新資料爲主

非HI的青年旅社與背包客棧

除了HI，日本還有更多未加入該系統的青年旅社，又稱爲Guest House、Hostel或Backpacker，常坐落於市區中，提供玩家滿足基本住宿條件的更多選擇。其費用一般會比HI低，床數多的大團體房甚至會低於¥2,000，有些也提供單人、雙人或4人套房等選擇。

青年旅社的開業門檻較低，業界競爭相當激烈，提供無線網路、個人床簾、床頭燈與多組插座，且富有設計感的Hostel，已蔚爲業界主流（但入住較陽春的Hostel仍會面臨插座不足的困擾）。愛熱鬧的玩家可投宿附有Bar的Hostel，夜間的節目活動很豐富呢！

▲ 具有設計感的空間，已是青年旅社業界的生存要件

▲ 多床房的寢室，床位價格常低於¥2,000

非HI的青年旅社與背包客棧推薦

http J-Hoppers：j-hoppers.com
http K's House：kshouse.jp

＊資料時有異動，請以官方公布的最新資料爲主

膠囊旅館

這種源起於日本的住宿型態，原先是讓應酬錯過末班電車的上班族棲身，但因為太有特色，吸引許多外國遊客嘗試，遂衍生出專供遊客過夜的膠囊旅館。

傳統膠囊旅館的浴室多為大浴池，新競爭者開始設置個人淋浴間。其價位通常介於商務旅館與青年旅社間，好地段者甚至不遜於商務旅館。

若以「體驗」為目的，建議住個1、2天就好。膠囊旅館易見的缺點，有隔音欠佳、寄放行李不便與插座數量有限。若想連住多晚膠囊旅館，有些得每日Check-out後再重新Check-in喔！

▲ 膠囊旅館的空間有限，若以「體驗」為目的，嘗試即可

▲ 膠囊旅館原是讓錯過末班車的上班族入住，現已發展出主題個性

膠囊旅館推薦

http FIRST CABIN：first-cabin.jp
http 秋葉原BAY HOTEL(女性專用)：
　　www.bay-hotel.jp/akihabara

＊資料時有異動，請以官方公布的最新資料為主

民宿與家庭旅館

這裡提的民宿與家庭旅館，是指跟屋主同住的型態，而非台灣「微型飯店」的風貌。

這種日本民宿與家庭旅館，多半坐落於住宅區，適合想要體驗在地文化的遊客。若有基本的日語程度，且住在日本屋主經營之處，應該有很多交流機會，能獲得一般旅行以外的見聞。牛奶杰會建議在住宿費之外再準備一點具有台灣味的小禮物，讓主人驚喜一下，當作國民外交。

隨著民泊法通過，在日本用Airbnb等網站訂私宅的安全性較以往高，有意願的讀者衡量風險後或可試試。

▲ 民宿與家庭旅館的價位，有些會比青年旅社還低

▲ 入住民宿與家庭旅館，也許會獲得意想不到的收穫

路上觀察 **加濕器的使用**

日本的環境通常濕度較台灣低(尤其冬季開暖氣的室內)，部分玩家可能會出現口乾舌燥、乾咳，或皮膚乾癢等情形。有些旅館會提供加濕器，讓房客住得較舒適。

在交通工具上過夜

寝台列車讓乘客在火車臥鋪睡一夜，隔天到了目的地再開始活動。不過JR走親民路線的寝台列車，僅存行駛東京往返山陰或四國的「Sunrise出雲」與「Sunrise瀨戶」。某些港口或城市之間的夜間船舶或高速夜行巴士，也是一種選擇。

▲ 搭夜間航班在船上過夜，也是一種選擇

▲ 在寝台列車上過夜，天亮到達目的地又可開始行程

在機場過夜

隨著越來越多航空業者增加在深夜或清晨起降的「紅眼航班」，許多必須一早趕往機場搭機，或是天亮前才降落的玩家，乾脆就不投宿旅館了，直接選在機場過夜。有些旅客會選擇在羽田機場、成田機場、關西機場與新千歲機場過夜。

▲ 近年來有較多的玩家，乾脆選擇在機場過夜

▲ 機場能否過夜要看規定，有些航站並非24小時開放

挑選旅館的訣竅

鄰近車站

車站附近的生活機能一般較便利，牛奶杰習慣鎖定車站周圍步行15分鐘內，並且避開還得轉乘巴士的選擇。

▲ 鄰近車站的旅館不但省路程，生活機能通常也較便利

住宿篇

注意車站電梯位置

在此同時，不妨查一下車站構內圖，確認自己的旅館是否位在有電梯或電扶梯的出入口附近。儘管多數車站皆有無障礙設施，但可能僅限某一出口，而非各處皆方便帶行李箱通行。

▲ 旅館若鄰近車站，卻位處不利出入的方向，反而可能得多繞路

詳閱住宿方案

訂房時務必再次確認選擇的住宿方案（プラン）內容，有含哪些東西。房間設備有什麼、沒什麼？含幾餐？旅館是否能接送？倘若是生日或資深公民特惠，要符合條件才能入住喔！

▲ 旅館常有推多種住宿方案，即便是相同房型實際入住也可能南轅北轍

▲ 落腳偏遠地區的旅館，若住宿方案不含交通接送，可能會很麻煩喔

最晚的Check-in時間

若行程比較滿，得留意住宿地點的最晚Check-in時間。除大型飯店或膠囊旅館，有些住宿地點並非24小時有櫃檯人員。而青年旅社在「有事先預告」的前提下，常接受客人先入住隔天再補辦手續。

▲ 入住時若碰到櫃檯打烊，那就麻煩了

注意semi-double的床幅

旅館房型除單人房（single）、單床雙人房（double）、雙床雙人房（twin），日本還流行「セミダブル」，房內有一張折衷大小的雙人床，床寬約為120～140公分（網頁裡應會標明），甘願省錢就別嫌人家床窄喔！

▲ semi-double的床幅，介於單人床於雙人床之間

日本主要訂房網站

日本有幾個專門的訂房網站，市占率最高者應該是Jalan與樂天。若能善用這兩大網站，每筆訂房應可在5分鐘內解決，不用假手他人，非常方便。除了這兩個日系網站，幾個國際間的訂房網，如Agoda、Trivago、Booking.com、HostelWorld，以及各旅館的官方網站，亦為預訂日本住房的管道。

訂房網站推薦

http **Jalan**：www.jalan.net
http **樂天**：travel.rakuten.co.jp

＊資料時有異動，請以官方公布的最新資料為主

貼心 小提醒

Jalan、樂天的中文網頁選擇較少

其實Jalan有繁體中文版的網站，不過其登錄的旅館或住宿方案，會少於日文網站，部分房價可能稍有不同，因此仍建議學習操作日文網站。另外，樂天亦為大型的日本訂房網站，彼此可交互使用(樂天同樣有中文版的網站)。

▲ Jalan也提供繁體中文版的網站　▲ 樂天也是日本主要的訂房網站

註冊Jalan新帳號

Step 1 **點選「新規會員登錄」**

從首頁點選「新規會員登錄」註冊新帳號。

Step 2 **輸入E-mail、收信**

需先輸入E-mail信箱，建議選用可完整支援日文顯示的信箱(如Gmail)。從收到的確認信中點選連結，進入註冊頁面。

Step 3 輸入基本資料

據實輸入基本資料，其中較容易出現問題的是「カナ」欄位，要以全形的日文「平假名」或「片假名」輸入姓名發音。若不知如何為自己的姓名拼音，可由網路搜尋中文與片假名的轉換工具。

帳號	6～20個半形英數字元
密碼	再次確認密碼
姓名	輸入平假名或片假名
生日	
性別	
別稱	往後發表評論時的稱呼

A 填入選項、入住日期、住宿夜數

B 人數的欄位只有預設大人，同行者如有小孩或嬰幼兒，可點「子供」跳出詳細的對話框。在設定條件時就要決定「幼兒是否占床」。

C 填入住宿行政區。若不知道某景點位於何行政區(如：箱根在哪個縣?)，請先查明基本資料。

D 選擇「期望住宿地區」，以東京而言，就是看想住在東京都的哪個區塊。Jalan目前無法跳過第二層直接查整個都府道縣。

E 最後點底下的藍色的「檢索」。

Step 2 進階篩選

根據設定的條件，會跳出合適選項。若結果太多(像此例有135個選擇)，可設定更進一步的篩選條件，例如預算的上、下限，進行「再檢索」。如果原有條件的結果都不滿意，也可藉此重新篩選。

這裡亦提供地點的第三層篩選工具，必要時可以使用。但要提醒，如果地點範圍圈得太小，能住宿的選項會變很少喔!

開始訂房

Step 1 搜尋住宿

註冊好新帳號，接著便能回到首頁開始訂房。填入日期、夜數、房數、人數、地點等資料。

Step ③ 選擇心儀飯店

預設會以「人氣由高到低」排列，人氣最高的飯店擺最上面。讀者如果是以預算為考量，可點「料金が安い順」按鍵，由最便宜的開始排。

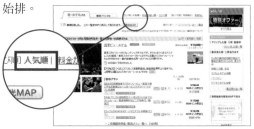

「料金が安い順」的排列方式果然不同了。讀者可點旅館的連結（綠框），瀏覽這間旅館的基本資料，或直接點底下的「宿泊プラン」（藍框），看它提供的各種住宿方案。

Step ④ 詳閱說明

每個「宿泊プラン」基本上會有若干附圖，原則上跟現場相符（偶有例外）。讀者請詳閱此頁的說明，留意房型、禁菸或非禁菸、空間大小、床寬、Check-in或 Check-out時間限制、有沒有餐點、有沒有浴室或洗手間（這兩者不完全相同），以及有哪些室內設備等，評估是否符合需求。

Step ⑤ 點選預約鍵

若無問題，點底下的「予約」按鍵便可開始訂房。請務必確認該住宿方案的費用規定，例如是否需要預約金，以及取消規定等（有些優惠方案不得取消）。

Step ⑥ 請輸入帳號密碼

Step ⑦ 輸入入住資料

有些欄位是必填的。「チェックイン予定時間」是預定Check-in時間，請留意旅館最晚能接受幾點入住，若自己無法在截止前抵達，請直接放棄改訂其他旅館。

住宿篇

Step ⑧ 輸入完後至下頁

點底下的「次」到下一頁。

Step ⑨ 確認住宿費與付款方式

以Jalan訂房可以累積點數，往後若要用點數折抵住房費，就是在此頁選擇。

Step ⑩ 再次確認訂房資料

資料無誤後，點頁面底下的「次」。

Step ⑪ 完成訂房

到此看到「予約番號」，就是完成訂房了，在事先留下的電子信箱也會收到訂房資料的mail（旅館偶爾會以電子信箱另外跟訂房者聯繫）。若有其他訂房需求，可如法炮製重新操作。

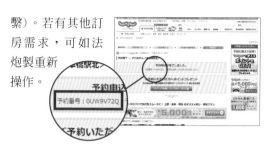

取消訂房

若行程有改變，或有其他住宿安排，請盡速回到Jalan取消原本的訂房。

Step ① 進入取消頁面

若要調整或取消已完成的訂房紀錄，請從首頁點「予約の照会・変更・キャンセル」字樣，進入此頁，接著點「予約の照会・変更・取消」按鍵，並輸入帳號與密碼，登入會員頁面。

Step ② 點選取消

找到訂房資料，可重看詳細的預約內容，變更，或取消（キャンセル）。如果「キャンセル」的按鍵不開放點選，表示該訂房已無法由系統取消。

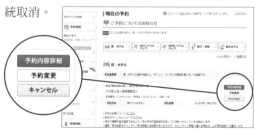

路上觀察 行李保管與代收問題

住宿前後的行李寄放

住宿地點一般會提供入住當天Check-in前，以及退房Check-out後寄放行李，大多為免費。旅館若有行李牌當憑證，務必妥善保管；若無，不妨在交付時先以手機或相機拍一張照，方便之後取件。

代收網購商品

住宿地點能否代收網購的宅配包裹，需事先洽詢對方。多數飯店與旅館可接受一般代收；至於「貨到付款」或「收件者負擔郵資」等要墊錢者，基本上都不會同意。請務必讓收件者與入住者的姓名漢字、英文拼字「完全符合」；且加註Check-in日期，否則旅館很難確認這位是否為入住客人。

常用日文指指點點

我是＿＿＿＿＿，有預約。我想 Check-in。
予約してあります＿＿＿＿＿＿＿＿＿ です, チェックインをお願いします。
yoyaku shite arimasu ＿＿＿＿＿ desu. Chekkuin o onegaishimasu

請問有禁菸的房間嗎？
禁煙ルームはありますか?
kinen rumu wa arimasuka

請給我 ＿＿ 號房間的鑰匙。
＿＿＿＿ 番室の鍵をください。
＿＿ banshitsu no kagi o kudasai

我把鑰匙留在房間裡了！
鍵を部屋の中に忘れました。
kagi o heya no naka ni wasuremashita

房間沒有熱水！
お湯が出ません!
oyu ga demasen

我能把行李留在旅館嗎？我大概 ＿＿＿＿＿ 回來拿。
荷物を預かってもらえますか?＿＿＿＿＿＿ 取りに来ます。
nimotsu o azukatte moraemasuka? ＿＿＿＿ tori ni kimasu

購 物 篇
S h o p p i n g

在日本，哪裡最好買？

告訴你必買哪些富日本氣息的特色商品，還有必逛的店家類型，像百元店、傳統市場、市集等，最重要的是了解免稅須知、退稅等注意事項，讓你購物不吃虧。

必BUY特色商品

在地限定產品

「在地限定」始終是日本商人令遊客又愛又恨的原因！許多特色商品或特殊的產品口味，一定得到當地才能買到。讓人每每見到包裝上有「某處限定」字樣，都不禁多留意兩眼，一不小心就「手滑」拾回家啦。

「在地限定」有時是塑造獨特性的銷售手法；有時則因應當地特殊的風土民情，存在特別的市場需求，因而製造銷售；另外也有產品受限於原物料或製程影響，無法大量生產到全國鋪貨的程度，因此限當地販售。

▲ 「某處限定」可說是最能打動觀光客的宣傳策略

▲ 在地限定的口味，得到了此處才吃得到

▲ 郵便局開發的紙膠帶，也玩「在地限定」增加蒐集難度

特殊明信片

日本郵便局從2009年起，一連推出好幾代的都府道縣特色明信片，選擇各地名景或名產為構圖主題，外觀造型非一般長方形，而有各種圖案形狀。當然，這些明信片是在地限定，想要京都的明信片，就得到京都才能購得！郵便局在明信片之外也有開發自家的周邊商品，搶占多元商機。

▲ 京都龍安寺的造型明信片，限於京都府境內的郵便局購買

▲ 郵便局出品的周邊商品，僅在各地的郵便局發售

▲ 祝福考試合格的明信片，請出有諧音關係的章魚來當主角

▲ 情人節的兔子明信片，是不是很可愛呢？

電器產品

日本家電向來受海外顧客喜愛，小從負離子吹風機、吸塵器與吸頂燈，大至水波爐、和式暖桌與液晶電視等產品，即便本體含包裝的重量超過20公斤，但因海內外售價懸殊，因此仍吸引不少買家特地遠從日本空運回台！各電器連鎖店有自家的優惠、集點、免稅與運送規定，出手前可稍微研究一下。

▲ 日本電器可說是品質與功能的保證，讓不少人不畏重量空運回台

繪馬

到神社寺院參拜後，一般多會見到各家的御守與繪馬，也是相當有日本特色的紀念物。不過繪馬應該是寫好祈願內容後懸掛於寺內，而非買好後收進包包帶回家。

▲ 繪馬很有日本風味，但傳統上並非用來當禮物贈與他人

藥妝產品

藥妝店深受長輩與女性顧客喜愛，每次訪日幾乎都會列一串採購清單或代買清單，網路上對各產品的功效與價格情報，討論也很熱烈呢！

請注意 藥品攜帶回國有數量限制，請向衛福部食藥署查詢。

www.fda.gov.tw

▲ 購買藥妝產品，要留意使用須知

▲ 日本藥妝深受歡迎，不少人有指定商品的採購清單

御守

御守的本意是讓人隨身帶著，但若要轉贈別人，應該在購買前心裡就已預設「這是為某某人求的」；若是買了一整批御守後再隨意分送，這在傳統風俗中是褻瀆神祇的行為喔！

圖片提供／許志忠 ▶

▲ 買御守送人有一些小規矩，別讓神明不高興

好用文具與療癒小物

據說一般上班族辦公桌上現役的文具用品，半數跟日本發明有關。而且業者持續檢討創新，開發出更多實用又有趣的產品。同時，為撫平上班族乾涸的心靈，許多療癒小物品也源於日本，可看看有沒有哪些小物能讓自己心情更開朗呢！

▶ 嫌一般的封箱膠帶太樸素，也許可試試紙膠帶概念的款式

各種主題特色的紙膠帶，令人愛不釋手 ▼

▶「愛」的橡皮擦雖然會逐漸耗損，但拭去的污點會獲得滿滿包容

▲ 數獨捲筒衛生紙，終於找到霸占洗手間的元兇了

▶ 具有特色的小文具，在100元商店就能挖寶

◀ 各種逗趣的和風貓咪貼紙

◀ 乍看貌似火車紙膠帶，但若將火車從鐵軌撕離，就能讓封口開封

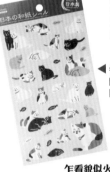

▲ 像修正帶一樣輕輕滑過就有滿滿的御飯團圖案

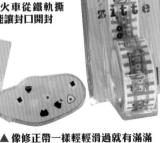

和紙一筆箋

日本的傳統和紙質地佳，製成「一筆箋」的印刷圖案也很漂亮，雖然自己不會寫俳句，但拿來當便條紙也很適合，牛奶杰有時會買來送禮或自用，算是重量輕、空間薄、富日本味且價位易負擔的小禮物。

▲ 傳統紋樣的一筆箋或小信封，送禮自用兩相宜

▲ 隨季節使用不同的一筆箋，讓日常生活多點變化

▲ 不能休假的時候，想去哪裡就在登機證造型的一筆箋為自己填上目的地吧

在這裡逛街很有趣

百元商店

百元商店（100円ショップ）店內除非特別標示，不然每件商品無論尺寸、大小、功能繁簡均為¥100（稅後¥110）。

常見品牌如台灣也有的大創（Daiso），或牛奶杰力推有較多文創商品的Seria（セリア）。Can Do與Watts（ワッツ）等其他連鎖體系也常可發現許多新奇有趣的生活小物。便利商店品牌LAWSON經營的「ローソンストア100」，則讓人24小時都有百元店能逛！

▲ 日本的百元店物美價廉，即便大肆採購亦能負擔

▲ Standard Products的產品外觀受好評，有挑戰無印的企圖

近年受通膨、匯率，與消費者對質感要求提升等因素影響，300元店也一一崛起，知名品牌如3COINS與來自大創體系的Standard Products，後者更獲得產品媲美無印良品的評價，令無印推出¥500專區應戰。

貼心 小提醒

日本幾乎不殺價

日本店家的價格通常已清楚明示，基本上皆為不二價，不用也不宜再殺價了。

行家祕技 | 在日本訂美食外送

日本最常用的美食外送平台有Uber Eats與出前館等。Uber Eats以連鎖店居多，還可送生鮮、電子用品，甚至是藥品等，訂購時延用台灣的APP即可。出前館可透過官網訂餐，免註冊，不過訂餐前需填入郵遞區號。以上皆可信用卡或現金結帳。訂餐時記得輸入當時的地址，若為旅館通常只能送到大廳，收到抵達訊息時請前往會面取餐。

在台灣市場的另一主力業者foodpanda，曾在2020年進軍日本市場，不過2022年初便宣告退出。

http 出前館：demae-can.com
（限於日本登入）

Uber Eats外送員常以單車送 ▶ 餐，方便停車

便利商店

連鎖便利商店常見於市區或公路上,主要品牌如台灣人很熟悉的7-ELEVEn與FamilyMart;而未將據點拓展台灣與港澳的LAWSON,則是牛奶杰最感興趣的一家。

便利商店販售的商品種類,大致跟台灣現況相似,但烤肉串與炸雞塊等熱食,是台灣幾乎沒有的。現煮研磨咖啡多採自助式,價格完全不受物價差異影響,比台灣的便利商店更具親和力。部分門市已加入免稅銷售的行列,讓顧客隨時都有免稅店能逛!

有趣的是,有些便利商店品牌僅在日本部分區域拓點,例如將主力鎖定在北海道的Seicomart就是其中之一。他們在北海道的店鋪總數比7-ELEVEn還多,有些門市設有現做熱食廚房,誘人的金黃薯條就像剛從北海道土地上挖來現炸的呢!

▲ 7-ELEVEn的咖啡紙杯由名家設計,看起來格外有質感

▲ 「Seicomart」的門市多開在北海道,是在地居民最熟悉的便利商店品牌

▲ 便利商店也有免稅販售服務,搶荷包的攻勢毫不手軟

超級市場

在眾多超市中,三菱集團旗下的成城石井走高階精緻路線;分店多位於大阪的玉出超市則有許多低價即期品。

遊客在外若找不到地方用餐,超市的便當等熟食品值得考慮,接近打烊時間的折扣毫不手軟。

另外,有些占地廣闊的藥妝店,也同時兼賣食品、飲料與生活用品,且價格常比超市更有競爭力,也值得多方比較。

遊客近年也很風行前往批發性質的「業務超市」,以超值價格整箱掃貨帶回家。

▲ 業務超市適合不迷信大品牌的行家,價格約為批發價

▲ 「成城石井」走高價位路線,販售精緻生活用品

▲ 大型藥妝店的鋪貨商品多元,足以跟超級市場競爭

傳統市場與市集

想接觸最貼近在地民眾生活的角落,就要去當地的傳統市場!東京築地、大阪黑門、函館朝市、釧路和商市場、金澤的近江町市場,各有特

色，共通點皆爲好逛好買又好吃的去處！

除此之外，定時或不定時出現擺攤的市集，也很有韻味。例如高知街頭每個星期日天亮開始的「日曜市」便存在了3百多年，當地居民無人不曉。就連高知當地旅館，也以「鄰近日曜市場地」作爲吸客號召呢！

▲ 近釧路的和商市場以可以自己選海鮮配料的「勝手丼」聞名

▲ 每個禮拜日天亮開賣的高知「日曜市」，歷史相當悠久

跳蚤市場與手作市集

日本人通常很珍惜家中的物品，若有機會遇到跳蚤市場，喜歡懷舊挖寶的行家絕對不能錯過。跳蚤市場出沒的時間與地點，可上網查詢。

跟跳蚤市場很像的，還有藝術工作者自產自銷的手作創意市集，如東京的雜司谷創意市集，以及京都的百萬遍知恩寺手作市集都相當知名。

▲ 跳蚤市場常有固定的舉辦時間，有興趣的人可事先查詢

行家祕技 標價到底怎麼看？

在台灣各種零售通路與廣告中，除了機票以外幾乎都標含稅價。但日本的習慣並未統一，尤其是消費稅從5%分段漲到10%的過程，廠商爲澄清「不是我們亂漲」，而以未稅標價，此時結帳金額就必須再另加8%或10%的稅金。

購物時得仔細留意，金額數字旁若有「稅込」字樣是該價格已含稅；若標爲「本體」、「稅抜」或「稅別」，在一般商店就得另付稅金。尤其便利商店食品有內用10%、外帶8%的稅金差異，因此會標未稅價。

▲ 「稅抜」意指標價尚未含稅，結帳時得另外加成

▲ 「本體」也是未稅價，結帳時是付「稅込」金額

尋找跳蚤市場的網站看這裡

フリマ開催情報カレンダー
彙整日本各地的跳蚤市場舉辦時間與地點。
http fmfm.jp

TOKYO RECYCLE
專門整理東京跳蚤市場訊息的網站。
http trx.jp

▲ 跳蚤市場可能冒出各種二手商品，等待具慧眼的行家出價

*資料時有異動，請以官方公布的最新資料爲主

行家祕技　操作食券販賣機

為省人力成本，日本許多餐廳以食券販賣機點餐。顧客先在販賣機依文字或圖片點餐付款，入店內再將食券交給店員。有些餐廳（如連鎖牛丼店松屋）的販賣機可切換中文。若操作上有困難，可詢問店員以人工點餐。

▲ 遇食券販賣機請先投錢，再按品項，接著把食券給餐廳店員即可

行家祕技　伴手禮哪裡買？

牛奶杰的建議是到機場與車站的商店選購。一方面能在此上架的，應該多是當地的代表特產，已先篩選過一次，能幫旅人節省挑選時間。二來能省去在行程中帶來帶去的困擾，尤其餅乾類的東西，若碰碎就不好了。但要留意，某些名店的產品在自家通路就供不應求了，其他地方當然就買不到囉！

▲ 機場與車站的商店，是選購伴手禮的好地方

免稅、退稅措施

為鼓勵外國人消費，除了機場、海港的免稅店（Duty Free Shop），許多市內店家獲准為消費稅免稅店（Tax Free Shop），為外國顧客免除10%消費稅。

街邊的Tax Free Shop會在門口標示，但要留意並非每項商品都適用免稅措施

退稅條件

於Tax Free Shop同日消費適用商品達未稅價¥5,000的門檻（含稅價¥5,500），即享免稅待遇。免稅商品以前分為「消耗品」與「非消耗品」兩類，消費門檻分別計算，如今已簡化合一，只要同一日在同商店內購物滿額即可。但須留意有些商品不適用免稅措施。

購物篇

「非消耗品」的一般免稅商品，如衣物、鞋、包，與電器等免密封，可在日拆封使用或重新打包，但仍需在入境日起6個月內帶出境。

退稅方式

日本多採當日退稅或直接免稅的作法。百貨公司以當日退稅為主，離店前到專門櫃檯退還稅金。一般店家則在結帳時直接不計稅金，該流程跟含稅結帳比會稍微費時，有些商家為此設專門櫃檯。須留意的是，免稅結帳可能有較早的截止時間，不能拖到打烊了才開始結。另有部分店家的免稅結帳需手續費。

近來也有店家採事後退款，在APP登錄資料後於店內辦完退稅手續，數日後退款至信用卡帳戶。日本以往不需離境前還得在機場排隊辦退稅，但由於部分旅客被查獲未攜帶免稅品出境，正考慮改為機場退稅方式。

 貼心 小提醒

免稅品不得拆封

免稅品清單會暫貼於護照內頁，出境時由海關查驗。消耗品類免稅品會以專用密封袋包好，不得在境內拆封(拆過就無法重黏)。液體類免稅品建議當下請店家獨立一包來封存，以利搭機託運。

豆知識

Duty Free & Tax Free

在機場免稅區內的免稅店是Duty Free Shop，免課眾多名目的稅，若在其市區展示店購物亦需離境時才能取貨。市內一般商店則為Tax Free shop，只能免除消費稅，而商品能立即帶走。

▲ 機場管制區的免稅店為Duty Free Shop，不限金額都享免稅優惠

▲ 街邊的Tax Free Shop會在門口標示，但要留意並非每項商品都適用免稅措施

▲ 百貨公司常採用當日退稅的作法，得到免稅服務台領回退稅金

▲ 為免稅商品結帳時，常在獨立的櫃檯作業

▲ 有些店家雖非免稅店，但會給予外國顧客額外折扣

免稅商品離境問題

出境時，海關有權檢查免稅商品的情況，若無法出示商品、無法證明已事先運送出境，或被發現消耗品已拆封（無論有沒有使用），可以要求旅客補稅。

這裡有些盲點，對多數消費者來說甚至會出現矛盾：其一是不拆封不利於打包。其二是海關的查驗地點，是在機場的出境管制區內（如此才算是帶出境嘛）。

但旅客有非常高的比例，是在步入管制區之前，於航空公司櫃檯報到時遂將購物商品託運上飛機，而非手提進管制區。換句話說，如果真的

▲ 免稅品清單會貼於護照內頁，出境前不得任意取下

碰上官員查驗，將難以證明免稅品離境。

雖然實務經驗鮮少聽聞有旅客被核對免稅品，但若完全遵照遊戲規則，消耗類免稅品應手提過關（除明文排除的液體飲料與化妝品），而非託運出境喔！

常用日文指指點點

這個多少錢？
これはいくらですか？
korewa ikura desuka

可以算便宜一點嗎？
まけてください？
makete kudasai

有沒有其他花色？
ほかの色のはありますか？
hoka no iro no wa arimasuka

可以幫我包成禮物嗎？
ギフト用にラッピングしてもらえますか？
gifuto-yo ni rappingu shite moraemasuka

現在的價格已有含稅嗎？
税込みですか？
zeikomi desuka

可以免稅購買嗎？
免税になりますか？
menzei ni narimasuka

我想用信用卡支付，麻煩你了。
クレジットカードでお願いいたします
kurejitto ka-do de onegaiitashimasu

請問有販售 ＿＿＿＿＿ 產品嗎？
＿＿＿＿＿＿＿ ありますか？
＿＿＿＿ arimasuka

東京篇
Tokyo

首訪日本，不能錯過！

東京是日本首都，都會區人口約有3,500萬人，
各種華麗繽紛、無奇不有的觀光素材，吸引來自
全球的遊客前來。除東京本身，其位處的關東地
區還有橫濱、箱根、千葉等地，值得多待幾天！

東京國際機場(羽田機場)

羽田機場客運年流量達8,700萬名,全球第五、日本第一。由此到東京都心與橫濱都比成田機場近,因而受旅客歡迎,機票價格可能會稍微較高。羽田機場共有3座航廈,分別是第一航廈、第二航廈與第三航廈(原國際航廈在2020年3月改稱T3);國際線會運用T2與T3。不同航廈間移動可搭免費接駁巴士,不建議步行。3座航廈均可搭單軌電車、京急電鐵的電車,或靠巴士進出機場。

▲ 羽田機場離東京市區不遠,多數用地是填海而來　　▲ 視野良好時,從機場便可眺望富士山

▲ 羽田機場有3座航廈,每年由此進出東京的旅客不計其數

第三航廈(T3)入境

前往搭乘單軌電車、京急電鐵、巴士

　購票及搭乘步驟,單軌電車請見P.124、京急電鐵請見P.126。

1 Step　T3的到達層在2樓,一出關後朝正前方直走。

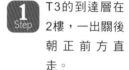

2 Step　左邊有巴士的人工票務櫃檯,巴士櫃檯隔壁的接機服務櫃檯,或許有些旅行者會用到。

3 Step　直走30公尺後,正前方是機場服務台,搭單軌電車(Monorail)請走左前方、搭京急電鐵請走右前方。

搭單軌電車　　　　　　搭京急電鐵

4 Step 經過機場服務台後，往左前方直走10公尺，可見到單軌電車的售票機與改札口；往右前方直走10公尺，可見到京急電鐵的售票機與櫃檯。

搭單軌電車

搭京急電鐵

前往搭乘航廈接駁巴士

若要搭接駁巴士往其他航廈，出關後右轉，左前方有「無料聯絡巴士」的指標。循著指標迴轉搭電扶梯到1樓，走出航廈便是接駁巴士的站牌。

轉搭國內線班機

T3的到達層設有國內線報到櫃檯，旅客可搭管制區接駁專車到T1或T2轉飛國內各地。

國內線安檢

路上觀察 **當下的交通概況**

航廈內的電子看板，會切換顯示各種大眾交通工具最近的發車時間，讓乘客不用再費心查時刻表。若有列車延誤或公路塞車等狀況，也會在此提醒。

第一(T1)、第二(T2)航廈介紹

羽田機場的旅客以國內線航班為主，國內乘客的旅運量在全球航空界名列前茅。

日本航空（JAL）集團的各家航空公司、天馬航空（SKYMARK），與星悅航空（STARFLYER）在羽田機場的國內航班，皆使用第一航廈。全日空（ANA）及其共掛班號的夥伴航空公司（如：AIR DO與Sloaseed，但不包含星悅航空）的國內航班主要使用第二航廈。ANA有少數國際航班（含台北松山機場航線），有機會由T2抵達或出發。

第一與第二航廈的餐廳、伴手禮商店與服務設施規模猶如一座購物中心，若時間充足可前來逛逛，但要小心別錯過登機時間囉！

▲ 機場的LAWSON便利商店，跟一般門市有些許不同

▲ 國內航廈裡有許多商店與餐廳

▲ 航廈屋頂的展望台吸引許多航空迷賞機

▲ 航廈屋頂的展望台，可看到飛機在停機坪的作業

▲ 羽田機場T1與T2每年服務大量國內線旅客，航廈的規模自然不能太小，乍看會以為是百貨公司呢

羽田機場→東京市區

從羽田機場進出東京市區的大眾交通工具，大致為鐵道與巴士兩種。鐵道由兩家業者提供服務，在此分別介紹。

東京單軌電車 (Monorail)

http www.tokyo-monorail.co.jp

東京單軌電車（モノレール，Monorail）於東京第一次辦奧運的1964年通車，已服務超過半個世紀，但看起來仍相當有未來感！

單軌路線會在玻璃帷幕大廈與京濱運河的堤岸邊行駛，景觀特別，適合作為初次到東京體驗的

▲ 單軌電車對國人來說，是一種很新奇的交通工具

▲ 單軌電車有部分朝外的座位，適合欣賞沿途景觀

▲ 單軌電車沿途都在高架的軌道上行駛，視野景觀相當好

第一款交通工具。尤其因台灣沒有載客營業的單軌電車，感受會更新奇！

運行區間

從羽田機場第二航廈出發，經第一航廈、第三航廈，朝東京市區的方向前進，終點為JR山手線上的濱松町站。

轉乘資訊

濱松町站能轉乘JR山手線，亦可轉搭都營地鐵的淺草線或大江戶線（大門站）。

費用說明

普通列車從第三航廈到濱松町耗時18分鐘，車資¥500；快速班次略過途中部分車站，約14分鐘，且車資相同。

T3搭乘步驟 Step by Step

Step 1 前往購票處

在Monorail的改札口旁的自動售票機購票。購票時先從票價圖查詢該買多少錢的車票。若要到首都圈的各JR車站，也可直接買單軌+JR的聯程票。

Step 2 購買票種

操作售票機，單純Monorail的票點左上角的「モノレール」。單軌+JR則點中左有「モノレール浜松町、JR線」等字樣的icon。也可直接購買Suica。

豆知識

Monorail並不是JR路線

單軌電車並非JR的路線，但營運者是JR東日本的子公司，所以部分企劃會將Monorail納入其中，不限次數免費搭乘。

JR東日本在T3設有服務中心，位於Monorail的改札口右側，可購買或兌換JR的企劃票券(需提醒其營業時間稍短)。改札口左側有一部售票機可兌換已從官網預購的企劃票。

Monorail另跟JR合推一張「單軌電車&山手線內優惠票」，週末假日搭單軌電車進城，經濱松町站轉山手線各站都只要￥500。

▲週末假日搭Monorail到山手線圈各站僅需￥500

Step 3 過票進站、月台候車

以單程票、Suica等智慧票卡，或JR Pass等企劃票通過改札機。往市區方向的列車在第二月台，請右轉上月台。車廂內有行李架，不劃位乘坐。

▲JR的旅客服務中心在Monorail的改札口右側

Step 4 抵達濱松町站

抵達濱松町站後請依指標導引出站。憑聯程票轉JR的乘客記得由改札機取回車票。

▲Monorail的人工服務窗口與改札口併設

京濱急行電鐵 (京急電鉄)

http www.haneda-access.com

京急（京濱急行電鐵）是羽田機場的第二套鐵道運輸系統，可透過與地鐵「直通運轉」進入東京都心！

運行區間

由第一、第二航廈出發（不分航廈），經第三航廈航站抵達京急蒲田站，接著匯入京急在東京與橫濱之間的「京急本線」，前往各目的地。

京急本線於泉岳寺站後，可直通運轉駛入都營地鐵淺草線，一路往北再直通京成電鐵。部分班車以成田機場為終點，是目前唯一往來東京兩大機場的直通列車。

除了京急本身，地鐵淺草線的大門、新橋、東銀座、日本橋、淺草橋、藏前、淺草、押上（東京晴空塔前）等熱門地點，以及京成電鐵沿線，都可以輕鬆抵達。

▲ 紅通通的車身，是京急的代表顏色

▲ 京急也有跟東京兩家地鐵業者合推企劃票

▲ 透過直通運轉，京急的路網可延伸到許多地方

此外，透過京急本線往南到橫濱、川崎或神奈川縣的其他地方，也會比Monorail順路許多。

轉乘資訊

京急本線至品川站可轉JR山手線、JR東海道本線與JR東海道新幹線等路線；進入淺草線區間後能轉乘的地鐵路線就更多了。

▲ 京急+都營淺草線+京成電鐵的列車，可由羽田機場直通成田機場

費用說明

能前往的目的地很多，至都心主要車站的票價，可參考P.128的整理。

貼心 小提醒

省時或省旅費的搭乘選擇

要轉乘JR東海道新幹線的旅客，其實搭京急到品川站轉比較方便，但考量到遊客應該多是憑JR Pass全國版搭新幹線，那麼使用Monorail與山手線可以省點車資。省時或省旅費，就看如何考量囉。

行家 祕技 京急本線的直通優待

在估算車資時可留意，從羽田機場搭京急直通到都營地鐵的車站下車，車資會比原價優待￥60；到京成電鐵的範圍則優待￥90。

搭乘步驟 Step by Step

Step 1 前往購票處

先查詢目的地車資,並購買車票。JR、都營地鐵與京成電鐵等路線可由自動售票機購買聯程票。京急的服務台,可購買企劃票。

Step 2 過票進站、月台候車

由售票機左側的改札口進站,往第二月台的方向前進(另一側的改札口會到第一月台,列車開往T1與T2)。往東京(品川、東銀座、淺草)、橫濱、成田機場方向,都由第二月台搭車。京急的軌道在機場一帶是地下化的,因此得由B2樓搭車。

▲ 於第二月台候車,列車有快特、特急、急行與普通等,快特的耗時最短

機場巴士

羽田機場對外的巴士服務,以利木津巴士(Airport Limousine)與京濱急行巴士兩家為主,路線保守計算超過50條,可前往相當多地方,除了東京與橫濱的主要車站或旅館,亦可直達東京迪士尼度假區、輕井澤、富士山、河口湖、箱根、御殿場、鎌倉等,範圍很廣。

▲ 旅客若攜帶大型行李,可直達旅館的機場巴士是不錯的選擇

▲ 機場巴士的上車站牌數目也不少,請確認候車位置

▲ 巴士車票可由人工櫃檯或售票機購買,由售票機上的車資圖可知路線非常多

機場巴士資訊這裡查

- http 利木津巴士:www.limousinebus.co.jp
- http 京急巴士:hnd-bus.hk

*資料時有異動,請以官方公布的最新資料為主

進市區交通工具比較

　　以下整理出從第三航廈出發到幾個主要節點的費用與時間,提供參考。讀者可事先查詢欲前往的目的地搭乘哪一種交通工具較省錢或省時,再決定適合的搭乘方式(道路狀況較難掌握,尖峰時段可能會堵車)。

目的地	單軌電車	京急電鐵	機場巴士
東京站	¥670(26分鐘)	¥480(28分鐘)	¥1,000(25～45分鐘)
新宿	¥720(39分鐘)	¥510(42分鐘)	¥1,300(65分鐘)
淺草	¥720(39分鐘)	¥530(42分鐘)	¥1,100(80分鐘)
澀谷	¥710(40分鐘)	¥480(36分鐘)	¥1,100(30～70分鐘)
池袋	¥780(49分鐘)	¥580(50分鐘)	¥1,300(70分鐘)
橫濱站	¥990(48分鐘)	¥340(23分鐘)	¥590(39分鐘)
適合對象	前往品川站以東的山手線圈	1.前往品川站以西的山手線圈 2.前往都營地鐵的沿線	1.目的地離巴士站牌近 2.攜帶大型行李者(包括嬰兒車) 3.不宜搭電車轉來轉去的人

＊「羽田機場國際線航站樓」與「羽田機場國內線航站樓」在2020年3月更名 ／ ＊資料時有異動,請以官方公布的最新資料為主

羽田機場往市區交通路線圖

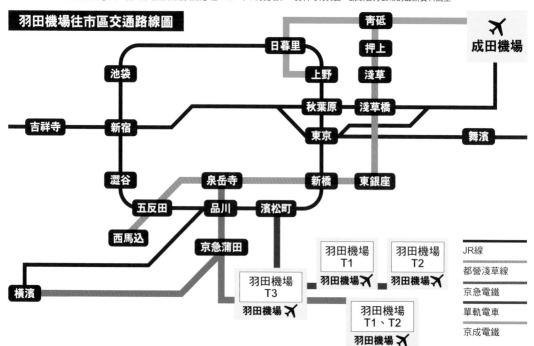

成田國際機場

位於千葉縣成田市，是東京除了羽田機場外的另一座航空口岸，1978年落成啟用，原名「新東京國際機場」。距離東京車站的直線距離長達57公里，幸好對外的鐵路交通服務還算爭氣(由JR東日本與京成電鐵兩家競爭)，減輕舟車勞頓的困擾。

目前有3座航廈，航廈間有免費巴士接駁，對外交通均可直接搭高速巴士。鐵路方面，第一航廈與第二航廈底部皆設有火車站，分別是成田機場站(成田空港駅)與機場第二候機樓站(空港第2ビル駅)。第三航廈專供廉航使用，得搭接駁巴士或步行至第二航廈，才能搭火車。

▲ 機場航廈間有免費的循環巴士可供旅客搭乘

▲ 成田機場3座航廈中，T1與T2皆設有鐵路車站

▲ 成田機場距離東京約60公里，現有3座航廈，T1與T2主要服務傳統航空業者

第一航廈(T1)入境

T1往來台灣的航空公司：長榮航空、全日空、酷航(SCOOT)(以上南翼)；樂桃(北翼)。另外，樂桃航空的國內航班則在T1(南翼)搭乘。

前往搭乘JR東日本、京成電鐵、機場巴士

1 Step 抵達大廳：完成入境手續，出關至1樓的抵達大廳。成田T1分為南北兩側，所以有南北兩個抵達大廳，國人多走南側。

▲ 北側大廳　　　　▲ 南側大廳，搭長榮與全日空應該會由此出關

2 Step 前往搭乘火車：無論南或北，從抵達大廳要往火車站，都是下樓至B1樓。1樓也有一些發售鐵路車票的櫃檯，但為原價車票。如果要使用外國人的企劃票券，請洽B1樓的櫃檯。

前往搭乘巴士：搭巴士的旅客請在1樓櫃檯購票，航廈外候車。

Step 3 **購買火車票再乘車**：T1設有JR東日本旅行服務中心，專職處理外國遊客的票券。搭京成電鐵的乘客，請向藍色的京成櫃檯購票。

▲JR旅行服務中心   ▲京成櫃檯

第二航廈(T2)入境

　　T2往來台灣的航空公司：中華航空、台灣虎航、星宇航空、日本航空，以及國泰航空。

前往搭乘JR東日本、京成電鐵、機場巴士

Step 1 **抵達大廳**：完成入境手續，出關至1樓的抵達大廳。T2是長方形的建築，抵達大廳分為A、B兩個，旅客步出A大廳後請右轉，B大廳則是左轉。

▲A大廳   ▲B大廳

Step 2 **前往搭乘火車**：T2的火車站也位於航廈B1樓，所以請由中央的電扶梯下樓。

前往搭乘巴士：高速巴士的乘車位置在航廈1樓外，請先購票再到戶外候車。

▲搭火車   ▲搭巴士

Step 3 **購買火車票再乘車**：JR的櫃檯同樣為紅色，T2也有為外國遊客設置旅行服務中心。京成的櫃檯在JR對面，呈藍色系，呼應Skyliner的列車塗裝。

▲JR櫃檯   ▲京成櫃檯

▲京成電鐵在T2設置了一個功能多元的服務中心

▲T2的旅行服務中心

第三航廈(T3)入境

T3由廉價航空(LCC)使用,目前往來台灣且於T3起降的廉航業者為捷星日本航空。

前往搭乘JR東日本、京成電鐵、機場巴士

▲ T3的商店與餐廳就在跑道旁,方便旅客消費。航廈以採用無印良品家具而聞名

先前往T2再轉乘

方法 1
搭接駁巴士至T2:T3本身沒有火車站,若想搭火車進城得先設法到T2,第一個方法是搭接駁巴士。離開入境管制區後,正面會有1樓往2樓的電扶梯,請忽略它。左轉後會看到北口1與北口2,兩者皆可離開室內,室外就有接駁巴士的站牌了。2號與3號站牌的巴士都可前往T2,車程約3分鐘,班距在7分鐘內。

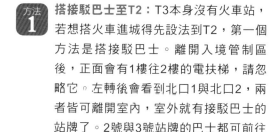

▲ 入境後除非馬上要在T3轉機,不然最先看到的電扶梯請忽略

附帶一提,要離開日本時,請由T2的1號站牌搭車往T3,車程6分鐘。在T2的8號或18號站牌亦有巴士經T1再到T3,但費時得24分鐘,需格外留意。

▲ 北口1與北口2外頭就可見到接駁巴士站牌

方法 2
步行至T2:T3與T2間有一條步道可通行,總距離約 630公尺。玩家沿紅色跑道,從巴士站牌旁的電扶梯上2樓,再持續沿著紅色跑道走即可。

▲ 沿著紅色跑道步行便可前往T2

直接搭巴士離開機場

T3有高速巴士站牌能往東京市區等處。

成田機場→東京市區

從成田機場到東京，有JR與京成電鐵兩家鐵道業者提供服務，選擇很多。此外，搭巴士也是進城的選項之一。

成田特快N'EX

http www.jreast.co.jp/multi/zh-CHT/nex

官方縮寫為N'EX的Narita Express，是JR東日本服務於成田機場與首都圈之間的主力特急列車，官方中譯為「成田特快」，從機場到JR東京站約需1小時。

▲N'EX專職成田機場到首都圈的任務，官方稱為「成田特快」

▲E259系列車以紅、黑、白配色，相當搶眼

▲E259系列車是專為N'EX任務開發的車種

運行區間

可直達東京、品川、澀谷、新宿、橫濱與大船等處，該列車會在東京站一分為二，前6節車廂開往橫濱與大船方向；後6節則往澀谷與新宿。查時刻表時，會見到兩套時間並列；反之，往機場方向的兩班N'EX，會在東京站二合一。

列車採全車指定席，搭乘前請於綠窗口或售票機劃位。系統會依目的地安排車廂，沒亂換座位就不會被載往錯誤方向。趕車的情況下，N'EX允許有特急券或企劃票，但未劃位的乘客上車找空位坐；這時請自行確認該車廂的目的地。

運行時間

大約每30分鐘從兩端對發一班車。多數的N'EX在機場與東京站之間，只會停靠千葉站（晨間與晚間時段可能會增停中途站，加減載一點通勤旅客）。

	首班車時間	末班車時間
從機場出發	07:37	21:44
從東京車站出發	06:18	20:03

＊資料時有異動，請以官方公布的最新資料為主

費用說明

原價搭乘N'EX列車從機場到東京站標準價格為¥3,070，車資越遠越高。不過外國人可購買專屬企劃票券「N'EX東京去回車票」，去程+回程僅需¥5,000。

如何購票

- **購買原價票：** 於各航廈抵達大廳的票務櫃檯、車站的綠窗口、自動售票機，或JR東日本旅行服務中心辦理。
- **購買「N'EX東京去回車票」：** 請洽JR東日本旅行服務中心，或可讀護照的指定席售票機。

企劃票使用

憑「N'EX東京去回車票」可在「東京電車特定區內」的任意車站結束旅程。例如住JR原宿站附近的旅客，雖然N'EX不停靠原宿站，但可先搭N'EX到澀谷站再轉山手線電車抵達。其後段轉JR的行程僅需在付費區內換月台搭車，不用另外付費。

同理，回程時也可在特定區內各站上車，搭到有停N'EX的車站再換車，前段由JR招待。且去程的目的地，跟回程的啓程地可爲不同處。

「N'EX東京去回車票」可於購入的同時一併指定回程票的日期、班次、劃位，亦可暫時留空，之後再向JR各車站的綠窗口或售票機劃位。

路上觀察 JR東日本旅行服務中心

- **所在位置：** 這是專門接待外國遊客的櫃檯，設在成田機場站與機場第二候機樓站B1樓的火車站內。
- **處理業務：** 「N'EX東京去回車票」之外，也發售或兌換JR Pass在內的各種企劃票券。
- **營業時間：** 08:30～19:00(T2延長到20:00) 各項業務在非營業時段，請洽詢該站的綠窗口(06:30～21:45)。
- **關於劃位：** 若當下太多人排隊，會限制只能先劃當日的各班次列車。

設備

車門內有放大型行李的空間，且有號碼鎖可用。鎖行李者務必要記牢自設的密碼，否則車掌依規定得到列車終點站才能解鎖。車廂的每個座位，在把手處均設電源插座，並提供免費Wi-Fi。

▲ E259系每節車廂前後均設置行李櫃，且有密碼鎖

▲ 每個座位均設有插座，可在乘車途中即時充電

▲ 搭車時請通過JR車站的改札口，再下到B2樓的月台即可乘車

行家祕技 JR成田線的快速列車

JR除了N'EX外，另有連結成田空港的快速列車，從機場出發經JR總武本線到JR東京站，接著走JR橫須賀線開往橫濱、鎌倉與橫須賀。但它在機場到東京間需1.5小時，車資與費時均不如京成電鐵的特急列車，除非是持JR的企劃票但沒有適合的N'EX班次，否則不建議選搭 JR成田線的快速列車。

京成Skyliner

http www.keisei.co.jp (點選「繁體中文」→Skyliner)

Skyliner是京成電鐵的招牌列車,行駛「成田Sky Access線」這條新路徑,從機場出發後直奔日暮里站,到上野僅需45分鐘,是從機場進城最快的地表交通工具(只輸給直昇機了)!

運行區間

Skyliner運行於成田機場與東京的上野之間,沿途各站為成田機場站、機場第二候機樓站、青砥(部分列車)、日暮里站,以及京成上野站。

運行時間

從成田機場到上野約需45分鐘(官方號稱最快41分鐘),班次間隔約40分鐘(間隔長短依不同時段有別)。

	首班車時間	末班車時間
從機場出發	07:23	23:00
從京成上野站出發	05:40	20:20

＊資料時有異動,請以官方公布的最新資料為主

▲ Skyliner是京成電鐵專門服務機場旅客的列車

▲ Skyliner的藍色調給人輕快飛馳的印象

▲ Skyliner是日本除新幹線以外,速度最快的列車

費用說明

從機場到上野或日暮里,需付運賃¥1,270+特急費¥1,300,合計為¥2,570。事先購買享優惠價¥2,300(見下面購票說明)。

另有「Skyliner+東京的地鐵」,或「Skyliner+東京的計程車」等企劃組合,若行程有需要,一起買也可省旅費喔!

如何購票

■ **購票或兌換票券:** 成田機場站或成田機場第二候機樓站的京成電鐵櫃檯。

■ **事先預購:** 可透過旅行社、廉價航空機上代銷,或從京成電鐵官網預購。

■ **其他企劃票券:** 不同方案可能有其他指定購票處,依各票券說明為準。

設備

車廂設有行李收納空間,各座位均附有電源插座。車內提供Wi-Fi訊號,外籍遊客上車前,憑護照與車票向櫃檯人員索取ID和密碼,即可免費使用。附帶一提,京成電鐵沿線15座車站提供免費Wi-Fi(Japan Connected-free Wi-Fi系統)。

▲ Skyliner車內設置大型行李架,但無防盜機能

▲ 車內的螢幕看板會提示接下來的停靠站

▲ Skyliner為全車指定席,上車前務必先向櫃檯劃位(圖為日暮里站)

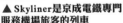

貼心 小提醒

Morningliner與Eveningliner

Skyliner的車款在早晨與夜間時段，會改跑通勤取向的Morningliner與Eveningliner列車，前者為晨間進城限定、後者則為晚間出城。執行這兩種任務時是走京成本線，沿途停靠站較多、耗時也較久，所以在基本運費之外是收較便宜的Liner費用(￥450)。部分班次以京成成田站為起訖點，不會進出機場，請特別留意。

豆知識

京成電鐵

「京成電鐵」顧名思義，是連絡東京與成田的私鐵業者，於1909年開業，東京的端點站為京成上野站，就在JR上野站隔壁、上野公園底下。成田機場啟用後，京成電鐵也將路網延伸入機場。

值得注意的是，京成電鐵在上野與機場間，有兩條路線可服務旅客，其一是1930年代完成的京成本線，另一條則是2010年啟用的成田Sky Access線(成田スカイアクセス線，又稱成田空港線)。新路線截彎取直，而且最高速限可達時速160公里，縮短兩地間的行車時間。

▲京成電鐵的路線分為京成本線與成田Sky Access線

京成Access特急

http www.keisei.co.jp (點選「繁體中文」→ACCESS特快)

Access特急(アクセス特急)由京成電鐵營運，官方中譯為「ACCESS特快」。以淺草為例，從機場出發免轉車，約1小時可達，CP值高於Skyliner。要從機場直攻東京晴空塔也沒問題！

運行區間

行駛於成田Sky Access線(里程較短，同Skyliner)，日間班次(約16:30前從機場出發)在青砥站後會轉往京成押上線，再直通都營地鐵淺草線，直入東京的菁華區。

請注意 Access特急離開京成電鐵的範圍後，多數會變身為「Airport快特」等級，在淺草線區間只停主要大站。一部分列車更以羽田機場為終點，可串連兩座機場。傍晚後從成田機場出發的班次會統一開往京成上野站，可在青砥站的島式月台轉車往淺草方向。

▲搭Skyliner或Access特急請沿橘色指標引導，該顏色代表列車行駛於成田Sky Access線

▲搭Access特急僅需Skyliner的半價，是相當划算的選擇

▲新款的Access特急車款在車內增加了放行李的空間

運行時間

從機場到淺草或上野約需1小時,班次間隔同樣是不規則地約40分鐘一班。

	首班車時間	末班車時間
機場→淺草	05:41	21:13
機場→京成上野站	18:44	22:04
淺草→機場	05:20	21:52
京成上野站→機場	18:51	20:46

＊資料時有異動,請以官方公布的最新資料為主

費用說明、如何購票

機場到淺草,只收基本運賃¥1,370,到京成上野站則收基本運賃¥1,270。向京成電鐵的自動售票機購票,或直接感應智慧票卡即可。

設備

成田Sky Access線沿途會經過千葉縣的新市鎮,Access特急列車的內裝比照一般電車供通勤用,設置「相親座」的長條椅。

貼心 小提醒

Access特急非Sky Accesss特急

該列車的名稱是「Access特急」,但常有網友誤植為「Sky Accesss特急」喔。

▲ 京成會跟都營地鐵與京急直通運轉,不同業者的電車會同時出沒於同線路上

京成本線特急

http www.keisei.co.jp/keisei/tetudou/skyliner
(點選「快速特急・特急」)

京成電鐵在機場與上野之間,還有行駛於京成本線、班次較爲頻繁的「特急」列車。在成田Sky Access線開通前,牛奶杰多靠它往來,是進出機場最經濟實惠的火車選擇。晨間時段有少數幾班停站更少的「快速特急」(快特)。

運行區間

在機場到京成上野站間行駛於京成本線,總里程比成田Sky Access線略長。

運行時間

機場到上野耗時約81分鐘。

費用說明、如何購票

免收特急費,到上野僅需基本運賃¥1,050。各站約莫均比Access特急便宜¥200。向京成電鐵的自動售票機購票,或直接感應智慧票卡即可。

設備

運行車輛爲一般的通勤型電車,未特別規畫行李放置空間,攜帶滾輪行李箱的乘客請格外留意別讓箱子亂跑。列車雖不劃位,但從成田機場站或京成上野站的起點搭,應該會有空位。

▲ 京成本線特急是一般通勤型電車,沒有劃位服務,是往來機場最經濟實惠的列車選擇

貼心 小提醒

不同路線的車資差異

　　為辨別旅客搭乘的列車，是經京成本線或成田Sky Access線，京成電鐵在機場端會安排不同月台乘車。

　　搭京成本線進城者，得經過兩道改札機才會抵達乘車月台。換句話說，車票被寫入兩筆紀錄，才是經車資較低的京成本線。

　　乘客若買經由京成本線到上野的車票(￥1,050)，卻只過一道改札而搭上Access特急列車(應該要付￥1,270)，出站時會被要求補足車資！

成田SKY ACCESS線　京成本線第二道改札口

京成本線第一道改札口

▲ 搭京成本線的旅客，在成田機場站與機場第二候機樓站要經過兩次改札

機場巴士

http 利木津巴士：www.limousinebus.co.jp
http TYO-NRT：tyo-nrt.com

　　成田機場有路線數量非常繁雜的連外巴士，大致可分為Airport Limousine(利木津)與AIRPORT BUS TYO-NRT這2個體系，各自開往JR東京站、銀座或首都圈的各目的地。從機場到東京站的時間約60～80分鐘，堵車時會再拉長。幾乎所有巴士都會從第一與第二航廈出發，部分巴士不停靠第三航廈。

▲ 機場巴士也是進出東京市區的重要交通工具

▲ Airport Limousine是老牌機場巴士，橘色車身相當好認

體系	參與業者	目的地	費時(分鐘)	車資	備註
Airport Limousine	東京空港交通	東京T-CAT、東京站、池袋、澀谷、銀座、汐留、臨海副都心、橫濱YCAT、迪士尼度假區	85	￥3,100～3,600	可預約
AIRPORT BUS TYO-NRT	京成巴士 成田空港交通 京成巴士SYSTEM JR巴士關東 等7間聯營	東京站、銀座、東雲AEON前	62	￥1,300 (深夜班次￥2,600)	全自由席

＊資料時有異動，請以官方公布的最新資料為主

進市區交通工具比較

藉由彙整成田機場前往市區的5種列車與機場巴士，可發現各工具都有其最適合的目的地。N'EX乍看之下票價偏高，幸好外國遊客可憑企劃票搭乘，因此仍是許多人的選擇。選擇交通方式要挑車程時間最短或車資最便宜者，就看個人需求囉！

▲ 外國遊客靠企劃票搭N'EX，省下不少車資

目的地	JR N'EX	JR Airport 快速	京成 Skyliner	京成 Access特急	京成 本線特急	機場巴士
東京站	￥3,070 (60分鐘)	￥1,340 (90分鐘)	￥2,740 (59分鐘) ❶	￥1,440 (80分鐘) ❶	￥1,220 (95分鐘) ❶	￥1,300 (62分鐘)
新宿	￥3,250 (86分鐘)	￥1,520 (118分鐘) ❶	￥2,780 (73分鐘) ❶	￥1,440 (87分鐘) Ⓜ	￥1,260 (104分鐘) ❶	￥3,200 (120分鐘)
淺草	￥3,250 (80分鐘) Ⓜ	￥1,520 (102分鐘) Ⓜ	￥2,750 (63分鐘) Ⓜ	￥1,310 (59分鐘)	￥1,110 (77分鐘)	￥2,980 (107分鐘) ❶
澀谷	￥3,250 (80分鐘)	￥1,520 (119分鐘) ❶	￥2,780 (79分鐘) Ⓜ	￥1,480 (100分鐘) ❶	￥1,260 (110分鐘) ❶	￥1,900 (107分鐘)
池袋	￥3,250 (93分鐘)	￥1,520 (119分鐘) ❶	￥2,750 (64分鐘) ❶	￥1,450 (85分鐘) ❶	￥1,230 (85分鐘) ❶	￥1,900 (105分鐘)
橫濱站	￥4,370 (90分鐘)	￥1,980 (129分鐘)	￥3,150 (93分鐘) ❶	￥1,730 (109分鐘)	￥1,700 (120分鐘) ❶	￥3,700 (100分鐘)

＊票價(原價)／時間。❶部分區間轉乘JR。Ⓜ部分區間轉乘地鐵。　　　　＊資料時有異動，請以官方公布的最新資料為主

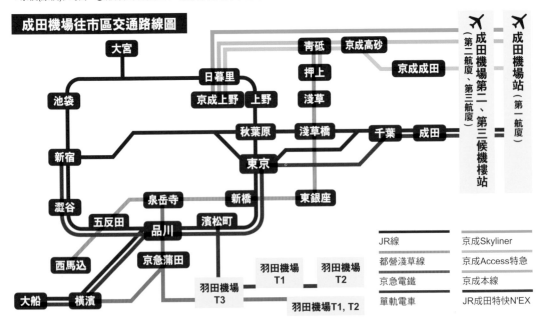

成田機場往市區交通路線圖

JR線	京成Skyliner
都營淺草線	京成Access特急
京急電鐵	京成本線
單軌電車	JR成田特快N'EX

鐵道交通

東京的鐵道路網大致可分成JR、私鐵、地鐵3類。地鐵由兩業者經營，可再細分為「東京Metro」與「都營地下鐵」兩部分。

JR線

JR線（JR的在來線）全由JR東日本營運，但車班密度與服務可靠性高，常讓新手誤認為是地鐵！

▲ 環狀行駛的山手線是東京最具代表性的JR路線

私鐵

在東京遊玩，通常是往郊區跑時需仰賴私鐵。其中有多條私鐵路線會和地鐵「直通運轉」，因此乘客搭地鐵時，車輛可能屬於各私鐵公司。此為東京鐵道界的一項特色。

▲ 東急鐵道是連結東京往來橫濱的主要業者

東京Metro與都營地下鐵

東京地下鐵株式會社與東京都交通局，是不同的地鐵服務提供者，在東京分別經營「東京Metro」（東京メトロ）與「都營地下鐵」共13條路線。

東京Metro是東京都▶
的兩家地下鐵經營者之一

東京Metro

G	銀座線	Y	有樂町線
M	丸之內線	Z	半藏門線
H	日比谷線	N	南北線
T	東西線	F	副都心線
C	千代田線		

都營地下鐵

A	淺草線	I	三田線
S	新宿線	E	大江戶線

西高島平

新高島平　高島平　西台　蓮根　三丁目　志村坂上　本蓮沼　板橋本町　板橋區役所前　赤羽岩淵　志茂　王子神谷　荒川遊園地前　熊野前　町屋

三田線

東武東上線

和光市　光が丘　成増地鐵　赤塚地鐵　平和台　冰川台　小竹向原　千川　要町

副都心線

有樂町線

練馬春日町　豐島園　練馬　新江古田　落合南長崎

西武池袋線

大江戸線

西武新宿線

荻窪　中野　中井　落合　新大久保

阿南佐々谷　新高円寺　東中野　JR中央線　JR總武線

東高円寺　西新宿　新宿西口

方南町　丸之内線　中野坂上　新中野　都廳前

中野富士見町　中野新橋　西新宿五丁目

新板橋　西巣鴨　新庚申塚　飛鳥山　王子　王子車站前　田端　西日暮里

南北線

赤羽　大塚車站前　巢鴨　駒込　西ケ原

JR山手線　向原　大塚　千石　本駒込　千駄木　根津

池袋　新大塚　丸之内線　白山　東大前

目白　東池袋四丁目　茗荷谷　江戸川橋　後樂園　春日　本郷三丁目　湯島

東池袋　護國寺　鬼子母神前　早稲田　飯田橋　神樂坂　水道橋

雜司が谷　早稲田　西早稲田　牛込柳町　新御茶之水　小川町

高田馬場　牛込神樂坂　神保町

東西線　若松河田　曙橋　市ケ谷　大手

九段下　竹橋

四谷　三丁目　麹町　半藏門　三田線

新宿三丁目　新宿御苑前　四谷　皇居

新宿　四ツ谷

←往吉祥寺三鷹

明大前　京王線

京王井之頭線

小田急線　下北澤

代代木上原

代代木公園　副都心線　明治神宮前

代代木　千駄ケ谷　信濃町

國立競技場　北参道　青山一丁目　永田町　二

原宿　半藏門線　赤坂見附

東急田園都市線

東急大井町線

中目黒　代官山　表参道　千代田線

澀谷　銀座線　乃木坂　赤坂　六本木一丁目　溜池山王　霞ケ関　丸

自由之丘　東急東横線　惠比壽　廣尾　六本木　虎之門Hills　虎之門

東急木黑線　日比谷線　麻布十番　神谷町　御成門

南北線　白金台　白金高輪　虎之門　大江戸線

目黑　三田線　赤羽橋　芝公園

東急池上線

淺草線　高輪台　泉岳寺　三田

西馬込　中延　戸越　五反田　大崎　品川　高輪Gateway　田町　天王洲

馬込

大井町　京急浦田　天空橋　東京モノレール

←往橫濱　京急線　京急空港線

羽田機場T3　羽田機場T1　羽田機場T2

羽田機場T1,T2

JR京濱東北線

東京篇

東京地鐵交通圖

東京Metro
銀座線
丸之內線
日比谷線
東西線
千代田線
有樂町線
半藏門線
南北線
副都心線

都營地下鐵
淺草線
新宿線
三田線
大江戶線

其他
JR山手線
JR線
私鐵線
台場百合海鷗號
東京モノレール單軌電車
荒川線路面電車
日暮里·舍人線

南與野　中浦和　　　　浦和
西浦和　　　　　　　　**南浦和**
　　武藏浦和
北朝霞　　　北戸田　　蕨　東浦和　東川口　南越谷
新座　　　戸田　　　　西川口
　　　　　戸田公園　　川口
東所澤　　浮間舟渡　　　　**京濱東北線**　上
新秋津　　北赤羽　　　**赤羽**　　（大宮←→大船）
上越、長野　　　　　　　　東十条
新小平　　東北、山形、秋田　十条　　　　王子
　　　　　新幹線　　　板橋　　　　上中里
　　　　　埼京線　　　　　　　田端
武藏小金井　（大崎←→川越）　**池袋**
　　　　　　中央線快速　　大塚　巢　駒　西日暮里
武藏境　　　（快速：東京←→高尾）　鴨　込
吉祥寺　　　（本線：東京←→大月）目白　　　鶯谷
荻窪　　　高田馬場　　　　　　　　御徒町
高円寺　　　　　　　**中央線、總武緩行線**
　　　　　新大久保　　　**各站停靠**　御茶之水　秋葉
東小金井　　　大久保　　（千葉←→三鷹）水道橋　神
三鷹　西荻窪　東中野　**新宿**　千駄ケ谷　信濃町　飯田橋
　　阿佐ケ谷　中野　　　　　　　市ケ谷
　　　　　代代木　　　　　　四ツ谷　有樂町
代代木上原　原宿　　　　　　　　　　新橋
東海道新幹線　　　澀谷　**湘南新宿線**　　　**濱松町**
稲城長沼　　　　　　　（前橋、宇都宮←→小田原）田町
矢野口　**南武線**　　　　　　　　**山手線**　高輪
稲田堤　（川崎←→立川）惠比壽　　　　（環狀線）Gateway
中野島　　武藏新城　　目黒　五反田　　**品川**
登戶　武藏溝之口　武藏中原　　　　**大崎**　天王洲
橫濱線　宿河原　　　　　　　　　　アイル
（橫濱←→八王子）久地　津田山　　　**武藏小杉**　大井町
十日市場　　　　　新川崎　　　西大井　大森　臨海線
中山　　　　　　　　　向　平　尻手　浦田
鴨居　　　　　　　　　河　間　　　大森
小機　　　新橫濱　　原　鹿　矢　**川崎**　**東海道線**　**橫須賀線**
新橫濱　菊名　大口　　　島　向　　（東京←→熱海）（東京←→久里濱）
根岸線　　　　　　　田　八丁畷　**濱川崎**　**上野東京線**
（橫濱←→大船）東戶塚　　　　　　川崎新町　昭和
戶塚　　保土ケ谷　　　**鶴見**　　　　　扇町
　　　　　　　　　橫濱　　　國道　淺野　武藏白石
　　　　　　　　　　　　新子安　鶴見小野　　**鶴見線**
洋光台　磯子　山手　關內　**東神奈川**　新芝浦　安善　大川（鶴見←→扇町、大川、海芝浦）
新杉田　根岸　石川町　櫻木町　　　海芝浦

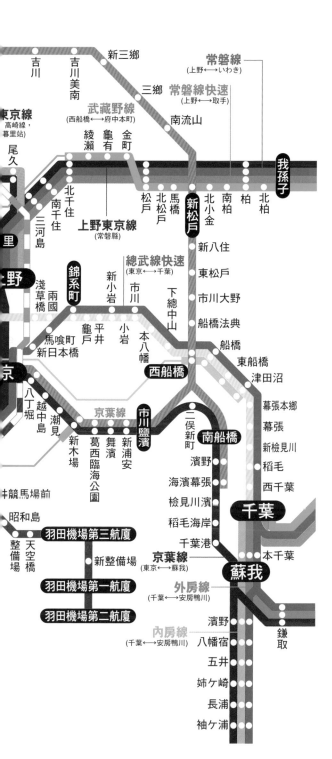

JR電車交通圖

上越、長野、東北、山形、秋田新幹線

東海道新幹線

山手線

中央線・總武緩行線

中央線快速

湘南新宿線

常磐線

常磐線快速

上野東京線

武藏野線

總武線快速

京葉線

內房線

外房線

京濱東北線

橫須賀線

東海道線

鶴見線

埼京線

南武線

橫濱線

根岸線

重點路線介紹

JR山手線

東京最知名的環狀線鐵道。萌綠色的電車，會在環狀鐵道順時鐘（外回）與逆時鐘（內回）雙向繞圈行駛，停靠東京、新橋、濱松町、品川、澀谷、原宿、代代木、新宿、池袋、上野，以及秋葉原等首都圈的副都心與主要車站，可說是東京最重要、也最具代表性的路線。

山手線環狀行駛、且全日每站必停的特性，讓初到東京的遊客也很安心。倘若搭錯方向或錯過了下車站，可反方向搭回來；或大不了搭完一整圈，就自動回來啦。

請注意 山手線是JR東日本經營的鐵路，不是東京的地下鐵（捷運），可別買錯車票、用錯一日券了。

▲ 山手線的人流龐大，其綠色車身是廣告業主的最愛

▲ 環狀行駛的山手線可說是東京最重要的JR路線

山手線小祕密

■ 在山手線與京濱東北線的濱松町站月台上，有一尊尿尿小童雕像，還會不定期換衣服，協助各種宣傳。

■ 繞圈行駛的山手線電車，還是有起訖站的，部分班次會在大崎站收班，乘客得轉乘其他列車繼續行程。

▲ 濱松町站的尿尿小童會不定時更換新裝呢

JR京濱東北線

從埼玉縣縱貫東京到神奈川縣的通勤線，在田端站到品川站間，跟山手線的東半圈平行。兩線列車刻意停靠同一島式月台的兩側，方便彼此轉乘；若目的地在平行區間，哪線電車先來均可先搭。白天時段有快速班次，並非每站皆停。

▲ 水藍色是京濱東北線的標準顏色

▲ 京濱東北線跟山手線東半圈被安排在同一月台候車

JR上野東京線

在山手線東側平行，通車後讓東京站與上野站多了一組軌道，延長列車運行區間，紓解該處的擁擠情形。上野東京線的列車在東京與上野間不停神田、秋葉原、御徒町，因此即便是普通列車，也相當於快速班次呢！

▲ 上野東京線猶如山手線東半部的快速列車專屬軌道

JR中央線快速

若說山手線是圍繞東京的圓形路線，那JR中央線就像從中橫切的一條直徑，讓乘客不用慢慢繞圈，便可由東京直達另一邊的新宿。

以橘色為識別色的中央線快速列車，在圓圈東半部是從東京站收發車，向西連結新宿、中野、三鷹等站，沿途停靠較少。另一方面，黃色的中央‧總武緩行線列車各站皆停，但東側是經秋葉原站繼續開往千葉，不會進出東京站。

中央線快速在東京與新宿間，只停靠神田、御茶之水站與四谷站，乘客在後兩站可轉乘中央線緩行的列車。

▲ 中央線快速列車，橫切過山手線圈內的中央地帶

▲ 橘色的中央線快速列車與黃色的緩行線可互轉搭配

JR京葉線

連結東京都與千葉縣，許多遊客會搭京葉線電車前往JR舞濱站，也就是東京迪士尼度假區的入口車站。另外，京葉線在東京站是停靠京葉地下1～4號月台，離主站房與其他月台都遠，轉車建議要預留至少10分鐘。

▲ 京葉線是東京迪士尼唯一連外鐵道，許多遊客都曾捧場

都營大江戶線

路線呈「6」字形，在東京都心內環狀行駛，是JR山手線外另一環狀線。都心區間於2000年通車，行駛一圈有超過50種轉車可能，令地鐵路網更加完整。沿途的新宿、六本木、汐留、築地市場與清澄白河等站是遊客常進出之處。

▲ 大江戶線是東京的地鐵版環狀線，可轉乘許多路線

▲ 大江戶線的路線為6字形，繞一圈後在「都廳前站」銜接

都營淺草線

從1960年起分階段通車，是都營地鐵的第一條路線，可直通京成電鐵與京急電鐵等私鐵，往來東京兩大機場。途經的押上（晴空塔前）、淺草、日本橋、東銀座、新橋都是遊客常造訪的地點。開往機場的Airport快特列車在淺草線上只停部分車站。

▲ 透過直通運轉，淺草線的電車也有機會到地面透透氣

▲ 淺草線沿途經過許多景點，還可藉由直通運轉連結兩座機場

東京Metro丸之內線

由東京Metro經營，名稱源自它經過JR東京站外的丸之內商業區。該線的走向呈左右顛倒的「ㄈ」字形，由西邊的池袋站出發，往東經過後樂

▲ 丸之內線來回兩度橫切過東京中間地帶，在都會大廈間穿梭

園、大手町、東京站與銀座，再折回向西通往新宿。若要從東京站往池袋，它比JR山手線省幾分鐘。

▲ 丸之內線的尖峰班距間隔不到2分鐘，跟識別色一樣火紅

東京Metro副都心線

名稱由來是因它從地下一連經過池袋、新宿與澀谷等東京都西半部的3大副都心，路線約莫平行於JR山手線圈內，可視爲東京Metro在山手線西半圈的替代路線。副都心線的直通系統複雜，往南接東急東橫線，北端則通西武或東武鐵道。

▲ 副都心線的直通運轉複雜，跟東橫線的往來非常密切

▲ 副都心線的命名緣由，跟沿途經過東京3大副都心有關

都電荒川線

東京街頭早年曾有數量龐大的路面電車四處穿梭，但隨馬路擁擠與地鐵路線陸續開通，路面電車已大舉廢除，公營者如今僅剩荒川線仍在運行。荒川線連結三之輪與早稻田，沿途深入東京下町地區的社區巷弄，有不少迷人的小景點吸引

遊客造訪。從前門上車且先付車資（單一價¥170），適用的企劃票包括都電一日乘車券、都營一日乘車券以及東京自由車票（詳見P.149）。

▲ 荒川線是東京最後一條公營的路面電車

▲ 荒川線深入東京的下町地區，受到不少外國遊客喜愛

百合海鷗線

這條連絡台場的新交通軌道，從與JR山手線及都營地鐵淺草線所連結的新橋站出發，爬上彩虹大橋渡海至台場。它在台場繞行重劃區，沿途的御台場海濱公園、台場、青海、東京國際展覽中心，與市場前（豐洲市場）等站人潮較多。終點豐洲站可轉地鐵有樂町線，較少乘客由這端進出。

▲ 百合海鷗號頭尾兩端座位風景很好，常被占滿

▲ 百合海鷗號以大迴旋登上彩虹大橋，是途中的重要風景

本線電車無駕駛室，頭尾兩端的座位可欣賞前後路景，很受乘客歡迎！百合海鷗線沿線各站自動售票機均發售當天有效的1日券，成人¥820，兒童¥410。

京急本線

京急本線有連結羽田機場的功能，本身也是一條東京與橫濱間的私鐵路線，過了橫濱後會開往橫須賀與浦賀等地，與海洋相當親近。有開行機場快特、快特、特急以及機場急行等較快的車種，均免另外付費，可多利用。

▲ 京急路網連結東京到三浦半島，在京濱間亦為重要通勤線，京急列車以紅色為標準塗裝

小田急線

主要連結東京的新宿至西南方的小田原市，另有路線開往江之島，是通勤與觀光任務並重的私鐵。往來箱根的浪漫特快列車，在首、末車廂設有正面眺望的展望席，有興趣的乘客務必要搶先預約。小田急線在都內會跟地鐵千代田線直通。

▲ 小田急浪漫特快列車設有頭、尾展望席，訂位非常搶手

江之島電鐵

簡稱為「江之電」，是東京近郊非常知名的濱海鐵道。路線從JR東海道本線上的藤澤站出發，經江之島、七里濱、極樂寺、長谷等站，最終抵達JR橫須賀線的鎌倉站，全長10公里整，行車34分鐘。在稻村崎站至腰越站之間靠近海岸。

江之電的鎌倉高校前站外，有一支平交道為《灌籃高手》電視動畫的片頭原場景，吸引許多海外遊客專程造訪。漫畫與電影《海街日記》與《鎌倉物語》等，也跟本線關係密切。

搭乘江之電時，除了買企劃票券、感應智慧票卡，或買單程票之外，憑Visa、JCB，與AE等信用卡亦可直接感應通過改札機。

▲ 黃綠配色的江之電列車，出現在無數玩家的相簿中　▲ 江之島站為路線的中途大站，雙向列車在此交會

▲ 鎌倉高校前的平交道，因《灌籃高手》而紅遍海內外

貼心 小提醒

常用的江之電企劃票

江之電有近10種企劃票，常用的有：
- のりおりくん，全線1日券：￥800，官網、App，與各站售票機發售。
- 江之島‧鎌倉周遊券，小田急各站往返+全線1日券：新宿站起訖￥1,640。
- 另有乘車+江之島設施的企劃，詳洽江之電官網(www.enoden.co.jp/tourism)。

湘南新宿Line+湘南單軌電車

湘南新宿Line讓山手線西半圈的新宿與澀谷等處快速往來湘南地區。乘客在JR大船站可轉JR橫須賀線至鎌倉；或改搭湘南單軌直奔江之島，它是亞洲罕見的懸吊式單軌系統，值得嘗試。

▲ 湘南新宿Line利用原貨物線載客，打造湘南往東京西半圈的捷徑

▲ 湘南單軌電車為少見的懸吊式單軌

東急東橫線+MM21線

東急電鐵的東橫線，是東京澀谷與橫濱間的私鐵路線，在橫濱站之後，會直通慣稱MM21線的「港未來21線」，是鄰近橫濱港邊觀光景點的地下化路線，可說是橫濱的一條私營地鐵，終點就是中華街。東橫線在澀谷端會直通地鐵副都心線。

▲ 東橫線是東急的主力路線，每天搭載數以萬計的通勤客

▲ MM21線沿途車站各有造型，有機會來此要張大眼睛

東京篇

企劃車票

如果一天內會移動好幾個地方，除了購買單程票或刷智慧票卡，也可考慮幾張享有優惠價格的企劃票，或許能省點荷包！以下的「購買地點」僅列出當下購買隨用的情況，實際販售地點可能不限於此。

都電一日乘車券

- ■ **有效範圍**：都電荒川線的電車。
- ■ **價格**：¥400（兒童¥200）。
- ■ **購買地點**：上車時向電車駕駛購買。

都巴士一日券 (都バス一日乘車券)

- ■ **有效範圍**：都營的路線巴士，但東京都內各區役所或市役所自辦的收費巴士不適用。
- ■ **價格**：¥500（兒童¥250）。
- ■ **購買地點**：上車時向巴士駕駛購買。

都營一日乘車券 (都営まるごときっぷ)

- ■ **有效範圍**：都營地下鐵（4線）、日暮里·舍人線（新交通）、都電荒川線、都巴士全線。
- ■ **價格**：¥700（兒童¥350）。
- ■ **購買地點**：地鐵或日暮里·舍人線各站自動售票機、都電車內、巴士內。

東京Metro地鐵24小時車票

- ■ **有效範圍**：東京Metro全線。
- ■ **價格**：¥600（兒童¥300）。
- ■ **購買地點與條件**：地鐵站自動售票機。

東京都市地區通票

詢問度最高

- ■ **有效範圍**：1日內可在JR東京都23個特別區內的各站間搭普通列車。若搭到三鷹站(三鷹市)、舞濱站(浦安市)得精算補票。新幹線、Monorail、臨海高速鐵道等路線不適用。
- ■ **價格**：¥760（兒童¥380）。
- ■ **購買地點**：JR東日本在23個特別區內各站的自動售票機。

都營地鐵、東京Metro地鐵通用一日券

- ■ **有效範圍**：都營地下鐵（4線）+東京Metro（9線）從第一次過改札機之後的24小時內有效（並非日期制）。不能搭日暮里·舍人線與都電。
- ■ **價格**：¥900（兒童¥450）。
- ■ **購買地點**：地鐵站自動售票機。

（東京地下鉄） No.09904
○ Common One-day Ticket for Tokyo Metro & Toei Subway
東京メトロ 都営地下鉄 一日乗車券
2022.10.23
東京メトロ線・都営地下鉄線全線 大人 900円
発売当日限り有効 小児 450円
新橋駅発行 03

Tokyo Subway Ticket

這張買最好

- **有效範圍：**都營地下鐵（4線）＋東京Metro（9線）從第一次過改札機之後的24/48/72小時內有效（並非日期制）。不能搭乘日暮里・舍人線與都電。
- **價格：**￥800/￥1,200/￥1,500（兒童￥400/￥600/￥750）。
- **購買地點與條件：**羽田、成田機場、首都圈的飯店、首都區以外的旅行社，以及部分電器專賣店等處銷售（電器專賣店限外國遊客購買）。建議可在機場直接於指定櫃檯憑護照購買。此與「都營地鐵、東京Metro地鐵通用一日券」的功能相似，但因爲是讓非東京居民使用的，所以價格更低。

小田急的箱根周遊券

遊箱根首選

- **有效範圍：**從小田原站上山暢遊箱根，途中的箱根登山電車、箱根登山纜車、箱根空中纜車、箱根海賊觀光船、箱根登山巴士，以及小田急高速巴士等交通工具，均不限次數搭乘（部分交通工具有限範圍）。
- **價格：**小田原站出發的2日/3日券，價格爲￥5,000/￥5,400，新宿站￥6,100/￥6,500(含新宿←→小田原來回列車運賃，中途不能出站，搭特急另加費用)；兒童票爲小田原￥1,000/￥1,250、新宿￥1,100/￥1,350。
- **購買地點：**小田急各站自動售票機或官網EMot Online Tickets電子周遊券。

JR東京廣域周遊券

近郊最好用

- **有效範圍：**
  1. 連續3天內，可不限次數劃位搭乘JR東日本在關東地區的各級列車（含新幹線與特急列車）以及東京都內搭乘JR。
  2. 可搭乘東京Monorail、臨海高速鐵道、伊豆急行線、富士急行線、上信電鐵、埼玉新都市交通（大宮站～鐵道博物館站）、日光範圍的東武鐵道。
  3. 可暢遊富士山、河口湖、伊豆、輕井澤、日光與鬼怒川溫泉等地。
- **價格：**￥15,000（兒童￥7,500）。
- **購買地點與條件：**外國遊客不限入境身分憑護照於JR東日本的成田機場T1、T2與T3、羽田機場，及東京、新宿、上野、品川等主要車站的「JR東日本旅行服務中心」購買或兌換。可掃護照的指定席售票機亦可領取已在官網預訂的周遊券。

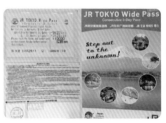

東京一日券 (東京フリーきっぷ)

- **有效範圍：**都營地下鐵（4線）＋日暮里・舍人線（新交通）＋都巴士全線＋都電荒川線＋東京Metro（9線）＋JR東京都23個特別區內的各車站間搭普通列車。啓用後1日內有效，可說是東京都內主要企劃票的合體！
- **價格：**￥1,600（兒童￥800）。
- **購買地點與條件：**地鐵站與JR東日本在23個特別區內各車站的自動售票機。售出後須於1個月之內啓用。

Have a Nice Trip!

東京行程規畫

根據喜歡的旅行主題或風格自由調整，不論是逛街購物、文青慢活、時尚設計、歷史采風、動漫3C、影視作品拍攝地點巡禮，或沐浴大自然風景等，任君挑選。

首次造訪者

東京都心4日遊：至少安排4天走訪東京都內的精華景點，例如最能突顯東京多元風貌的淺草、明治神宮、台場。而被眾多宮崎駿粉絲們列為聖地的吉卜力美術館，也別錯過！

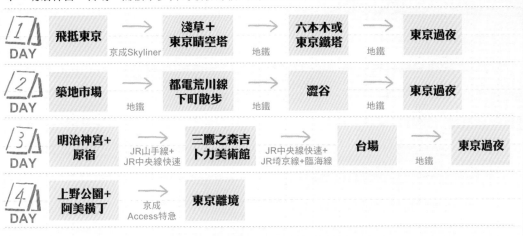

DAY 1 飛抵東京 → (京成Skyliner) 淺草＋東京晴空塔 → (地鐵) 六本木或東京鐵塔 → (地鐵) 東京過夜

DAY 2 築地市場 → (地鐵) 都電荒川線下町散步 → (地鐵) 澀谷 → (地鐵) 東京過夜

DAY 3 明治神宮＋原宿 → (JR山手線＋JR中央線快速) 三鷹之森吉卜力美術館 → (JR中央線快速＋JR埼京線＋臨海線) 台場 → (地鐵) 東京過夜

DAY 4 上野公園＋阿美橫丁 → (京成Access特急) 東京離境

時間充裕者

箱根2日遊：可以考慮花兩天的時間，搭配箱根蘆之湖畔的郊外行程，感受有別於都會區的關東魅力。

DAY 1 新宿站出發 → (小田急線) 小田原城 → (箱根各交通工具) 箱根地區溫泉旅館 check in泡湯 → (箱根各交通工具) 御殿場Outlets → (箱根各交通工具) 箱根過夜

DAY 2 大涌谷 → (箱根各交通工具) 蘆之湖＋箱根神社＋箱根關所＋驛傳博物館 → (箱根登山巴士＋小田急線) 東京過夜

單日行程補充包

近郊1日遊建議：東京迪士尼樂園、東京迪士尼海洋、橫濱、川越、輕井澤、佐原、高尾山，這些大型主題樂園或稍遠的景點，看假期有多少天，選擇一個組合安排在行程裡，當日來回。

東京迪士尼樂園	東京站出發 → *JR京葉線*	東京迪士尼樂園 / 海洋 → *JR京葉線*	東京過夜	
多摩武藏野小旅行	新宿站出發 → *JR中央線+武藏野線*	角川武藏野博物館 → *JR武藏野線+西武線*	龍貓森林+西武園 → *西武線*	東京過夜
橫濱	澀谷站出發 → *東急東橫線*	橫濱港灣與歷史之旅 → *東急東橫線*	東京過夜	
川越	西武池袋站出發 → *西武池袋線*	川越鐘樓+老街 → *西武池袋線*	東京過夜	
輕井澤	上野站出發 → *JR北陸新幹線*	輕井澤教會+單車之旅+Outlet購物 → *JR北陸新幹線*	東京過夜	
小江戶散步小旅行	東京站出發 → *JR總武本線*	佐原小江戶散步小旅行 → *循環巴士*	香取神宮 → *JR總武本線*	東京過夜
高尾	新宿站出發 → *京王線*	高尾山踏青+眺望富士山 → *京王線*	東京過夜	
湘南海岸小旅行	東京站出發 → *JR橫須賀線*	鎌倉鶴岡八幡宮與小町通 → *江之電*	鎌倉大佛與江之島 → *湘南單軌+JR東海道線*	東京過夜
春季賞花小旅行	上野站出發 → *JR常磐線*	國立常陸海濱公園(粉蝶花) → *JR水戶線+兩毛線*	足利花卉公園(紫藤花) → *JR兩毛線+高崎線*	東京過夜

東京必買必吃

東京BANANA

蛋糕的濃郁內餡，讓「東京ばな奈」(東京BANANA)成為伴手禮界的明星產品，除了傳統的香蕉造型，後續還推出了愛心、星星、豹紋、貓紋與長頸鹿斑紋等特別版，圖案花樣眾多。儘管兩座機場的各航廈與主要車站都能買到，但各銷售點的鋪貨內容不盡相同，想買特別版得先確認販售地點喔！

東京牛奶起司工房

日本的伴手禮常會過甜，使得牛奶起司工房的產品很受消費者歡迎，怕甜的玩家可以選擇海鹽與卡門貝爾起司的餅乾，結合北海道牛奶與法國海鹽製作。

日本橋錦豐琳

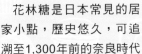

花林糖是日本常見的居家小點，歷史悠久，可追溯至1,300年前的奈良時代呢！東京「日本橋錦豐琳」是花林糖的代表店家，產品有十多種口味，基本款黑糖、人氣款牛蒡、綜合蔬菜，還有東京站限定款的楓糖，都可以試試。

角川武藏野博物館限定提袋

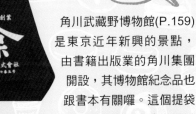

角川武藏野博物館(P.159)是東京近年新興的景點，由書籍出版業的角川集團開設，其博物館紀念品也跟書本有關囉。這個提袋原始的設計功能，就是讓人們出門時也可以方便帶本書，其造型則源自武藏野地區的醬油老舖呢。

PRESS BUTTER SAND 焦糖奶油夾心三明治

結合焦糖和奶油兩種內餡的夾心餅乾，在網路受到好評推崇，是令許多曾造訪東京的遊客們念念不忘的伴手禮！

東京都內之旅

淺草

➡ 淺草線、銀座線的淺草站

東京熱門觀光區之一，初次造訪者多半會到此一遊。而淺草觀音寺參道「仲見世通」入口的「雷門」大燈籠，更是指定合照的標的。仲見世通與淺草周邊的街區，有許多傳統風味的老店值得一逛。逛完淺草還可以沿著東武軌道渡過隅田川，造訪東京水岸街道（東京ミズマチ）與東京晴空塔（Skytree），或搭承充滿未來感的遊船而下前往台場。

▲淺草觀音寺的雷門與仲見世通，可說是東京的代表

上野

➡ JR山手線、JR京濱東北線、銀座線、日比谷線的上野站

上野為京成電鐵的東京端點，車站旁的上野公園內還有上野動物園、東京國立博物館，以及納入世遺名單的國立西洋美術館等多處文化設施，能逛一整天。附近的阿美橫丁聚集許多零食和藥妝店，許多人會把握返國前最後機會在此補貨。

▲上野公園內的國立西洋美術館在2016年納入世界文化遺產

▲阿美橫丁位於上野站與御徒町站之間，是離境前的血拼好去處

秋葉原

➡ JR山手線、JR中央‧總武緩行線、日比谷線的秋葉原站

以往是東京的家電用品零售商聚集處，後來進一步發展爲日本的電玩與動漫文化聖地，動漫迷訪日時，皆會到秋葉原報到。離秋葉原不遠的mAAch-ecute與2k540，是近年用舊空間重新打造的文創重鎮，也爲此處的多元風貌更添亮彩。

▲ 站在秋葉原的街頭，便能感受到屬於這裡的次文化

▲ 秋葉原是東京的家電與電玩動漫文化大本營

銀座

➡ JR山手線、JR中央‧總武緩行線、日比谷線的秋葉原站

東京傳統的購物鬧區，引領東京流行時尚超過百年，知名的百貨公司與潮流品牌專賣店林立。受到年輕世代歡迎的「Apple」與「UNIQLO」，也搶著在銀座開設旗艦店。牛奶杰推薦一家文具專門店「伊東屋」，「文具控」能在其中逛一整個下午。

▲ 銀座街頭在假日會進行交通管制，整條馬路都是購物徒步區

▲ 銀座是東京老牌的購物區，百貨與專賣店林立

新宿

➡ JR山手線、丸之內線、小田急線的新宿站

東京最主要的副都心，車站周圍摩天大廈林立，聚集上班人潮。餐廳、百貨公司、居酒屋的選擇很多。東京都廳也設於新宿，本廳舍的南北雙塔在47樓分別設有免費展望台，可俯瞰都會風景，視野良好時往西南方還可望見100公里外的富士山。

新宿東口出現貓的逼真3D影像，吸引不少人刻意在站外等候觀看 ▶

原宿

➡ JR山手線原宿站、千代田線與副都心線的明治神宮前站

原宿具有將兩種迥異客群結合共處的特別魅力！JR原宿站表參道口外是大名鼎鼎的表參道，聚集國際精品名牌，多位頂尖建築師受邀為廠商設計旗艦店，為東京時尚界一級戰區。車站的竹下口則面對竹下通，集合年輕學生的潮店，還有超人氣可麗餅喔！

▲ 改建後的原宿車站足以因應更多人潮

▲ 原宿的竹下通匯集許多年輕人喜歡的店鋪

明治神宮

位於JR山手線的鐵道西側，隔絕了原宿商店街道的叨擾。建於19世紀，為緬懷帶領日本西化改革的明治天皇。園區面積相當廣闊，古木參天，是都會中難得的綠肺。來此可碰碰運氣，說不定還會看到傳統日式婚禮在此舉行。

▲ 明治神宮是為祭祀明治天皇而建，園區相當廣闊

澀谷

➡ JR山手線、副都心線、銀座線、東橫線的澀谷站

澀谷是東京西南側的副都心，共有9條鐵道路線在此匯集，湧入大批人潮，吸引多家百貨公司搶占駐點。JR站前的路口，每當遇紅燈，就有大量行人過馬路，堪稱東京名景。這裡也是「忠犬小八」故事的地點。目前車站周邊正進行大規模的都市更新。

▲ Shibuya Sky展望台是澀谷的新地標

▲ 將公園天空化並設置商場的「宮下公園」，為澀谷帶來新氣象

代官山

➡ 東橫線代官山站

東急東橫線上的代官山，過去以東京的高級住宅區聞名，有部分外國使節駐紮於此。近年開張的蔦屋書店是一座以書為出發點，結合各種品味生活的店鋪，成為一座慢活基地，是文青朋友到東京時常去的景點，大家可來此感受不同的生活模式。

▲ 代官山的蔦屋書店結合各種文青潮流店鋪，在國內外都受到矚目

兩國

➡ JR中央總武線、大江戶線的兩國站

兩國站旁的「江戶東京博物館」是認識東京發展歷史的好地方，大力推薦首度造訪東京者前去瞧瞧。另外，江戶時的浮世繪大師葛飾北齋創作出《神奈川沖浪裏》與《凱風快晴》等作品，很可能是世人最熟悉的日本畫，「墨田北齋美術館」也很值得參觀。

▲ 葛飾北齋的作品曾無數次用於JR企劃票券與日本宣傳品中

▲ 在江戶東京博物館一探江戶與東京的過去和現代

三鷹

➡ JR中央線三鷹站

三鷹為東京都在多摩地區的一個市，擁有獨立的特質。「三鷹之森吉卜力美術館」為宮崎駿與吉卜力粉絲的朝聖地，計畫前往者得在國內先透過東南旅行社或於日本LAWSON便利商店預購，直接到現場是無法購票的！美術館旁的井之頭恩賜公園值得一遊。

▲ 前往吉卜力美術館需事先購票，現場是沒辦法向龍貓買票的

▲ 吉卜力美術館為三鷹之寶，每年吸引無數遊客造訪

台場

➡ 百合鷗號的台場站、臨海高速鐵道東京Teleport站

台場是臨海副都心，各種需大面積空間的購物中心、展示場地與事業單位紛紛進駐。包括Aqua City、富士電視台、Diver City 東京Plaza、東京國際展示場、與無印良品東京有明店等設施，吸引許多民眾搭乘快速新穎的無人電車，穿過彩虹大橋到台場暢遊一整天。

▲ 台場是東京的臨海副都心，進駐各大坪數的商場與事業單位

▲ 週末假日在台場的購物中心與展覽場地等處，便能待上一整天

東京近郊之旅

橫濱

➡ JR東海道本線、JR京濱東北線、東急東
橫線、京急本線的橫濱站

　橫濱在列強來襲後以「江戶的外港」之姿開
放，從過往的小漁村發展爲關東的重要港都。雖
屬於首都圈的一部分，但市內人口比大阪多，實
爲日本第二大城。

　靠近港邊的橫濱市區，至今仍保有19世紀的西
洋風貌，很有特色。周邊有多間與海港主題相關
的博物館，在MM21線通車後更方便造訪。JR櫻
木町站與關內站周圍也很熱鬧。

▲ 冰川丸爲50年代航行於日
本到北美間的客貨輪，現保
存展示於山下公園旁

▲ Bayside Blue巴士搭載遊
客穿梭MM21地區

　鄰近港濱的MM21地區有山下公園、橫濱開港
資料館、大棧橋、日本郵船冰川丸、橫濱海洋
塔、中華街，與橫濱Hammerhead等景點。變身
購物中心的紅磚倉庫群，爲閒置空間再利用的先
驅。新啓用的跨港纜車是少數在城市內穿梭的空
中纜車系統，帶給玩家不同的視覺感受。

▲ Yokohama Air Cabin纜車讓玩家從不同角度欣賞水岸景致

▲ 紅磚倉庫群搖身一變爲富有歷史氣息的購物中心

川越

➡ JR川越線川越站、東武東上線川越市站、西武新宿線本川越站

東京西北方約1小時車程的川越，是保存江戶風采的活古董，擁有「小江戶」封號，可讓遊客「穿越」時空。小江戶風情集中於舊市區大街，離車站有段距離，街道兩旁的深色土藏造老屋，展現昔日的傳統印象。最具代表性者，是火警提醒用的鐘樓。

▲ 鐘樓是川越小江戶風情的代表，過去曾為防火瞭望塔

▲ 川越的主街上保有多棟深色土藏造老屋，很有特色

角川武藏野博物館

➡ JR武藏野線東所澤站，徒步10分

日本大手出版業者角川集團設立的角川武藏野博物館，無論外觀的岩石造型或內裝的通天書架都非常吸引目光，令人印象深刻。館外的神社保佑文字美工藝術各領域創意工作者都能在deadline前交件不拖稿。行程可搭配多摩武藏野地區一同遊玩。

▲ 堅若磐石的博物館內，蘊藏著人類出版品的豐富智慧呢

▲ 角川武藏野博物館的展示書架約有4層樓高

佐原

➡ JR成田線佐原站

千葉縣的佐原，是關東另一個享有「小江戶」稱號之處，且遊客較少，是牛奶杰的私房推薦。小野川兩旁的傳統木造房舍，搭配垂楊柳樹與運河小舟，呈現閑靜的水鄉風情。伊能忠敬紀念館的主角，為江戶時代的地圖測繪家，完成日本第一幅全國地圖。

▲ 佐原的傳統區域很有味道，值得花半天時間走訪

▲ 小野川的運河，是佐原風情的代表

鎌倉

➡ JR橫須賀線、江之電的鎌倉站

　　這座鄰近海岸的宜居城市，曾於西元1200年前後作爲幕府政權的所在地，建有鶴岡八幡宮等眾多寺院神社。由於古都文化悠久，生活又比東京閑靜，明治之後有許多財主會來此購地興建別墅山莊，在二戰前後則吸引多位日本文人聚居，讓鎌倉更添風華。

▲ 鎌倉站旁的小町通，自古便是鎌倉最熱鬧的街道

▲ 鶴岡八幡宮建於1063年，見證過昔日鎌倉幕府的時代

湘南海岸+江之島

➡ 江之電的江ノ島站、湘南單軌湘南江ノ島站、小田急片瀨江ノ島站

　　由於眾多動漫與影視作品的加持，江之島與湘南海岸應該是東京周圍最知名的海邊，有許多衝浪玩家造訪，夏季的海灘有不少人享受日光浴，與江之電長谷站附近的鎌倉大佛拼人氣。江之島一帶在視野良好時，還可以拍下海浪與富士山的合影。

▲ 高德院的鎌倉大佛列為國寶，是日本最著名的佛像

▲ 造訪湘南海岸與江之島時，一定要搭江之島電鐵感受在地氣息

湘南T-SITE

🔗 real.tsite.jp/shonan
➡ JR藤澤站北口搭藤04、藤06巴士至藤澤SST前站牌，徒步1分鐘；JR藤澤站北口搭SST的社區接駁巴士

　　T-SITE是由擁有蔦屋書店的CCC集團所打造的生活複合店，湘南T-SITE坐落於一個新生活型態的社區內，由書店結合咖啡廳、唱片、烹飪教室、腳踏車生活館、汽車生活實驗館、美容沙龍、寵物沙龍，以及Apple專賣店等，滿足社區需求，甚至還提供3D列印與木刻等服務。

▲ 湘南T-SITE由蔦屋書店打造，攜手周邊社區一起發展

▲ 湘南T-SITE是具有多方面功能的生活複合店鋪

東京的主題樂園之旅

東京迪士尼度假區

東京迪士尼度假區（TDR）已開業滿40年，至今仍是東京最具人氣的招牌景點。度假區占地201公頃，分為「迪士尼樂園」與「迪士尼海洋」2座主題樂園（門票「一日護照」也是分開的），園內各自再分7個園區與海港。

由於有入園人數限制且現場不銷售當日票，已確定造訪日期者，可於2個月前從官網或合作業者預先購票，以確保當天能入園（可修改日期但不能退票），同時也建議下載官方APP以了解相關訊息與取得快速通關券。園區外有3間迪士尼飯店與6間公認飯店，另推主題套房與提前入園等方案。

➡ JR京葉線的舞濱站

▲ 東京迪士尼分為迪士尼樂園與迪士尼海洋兩大園區

◀ 白天在主題樂園玩不夠，晚上還可投宿於迪士尼的飯店

東京哈利波特影城

亞洲首座哈利波特影城在東京開幕，為全球規模最大的魔法世界，重現了系列電影中的諸多場景，吸引喜歡哈利波特的玩家造訪。前往影城只需從西武池袋站搭直達車至豐島園站即可，池袋站與豐島園站更為了園區進行改裝，豐島園站化身為英國鄉村風，讓玩家感覺轉身便來到英倫。

➡ 西武池袋線的豐島園站

▲ 豐島園站改走英國鄉村風，月台上的電話亭另有玄機，一定要去拿難看聽筒喔

西武園

西武園原為西武旗下的老牌遊樂園，地點鄰近風光明媚的多摩湖。園區在疫情期間進行翻修，選擇主攻不同的特色，以濃濃的昭和風情打造，讓玩家猶如走進電影《ALWAYS幸福的三丁目》的實景。西武園重開後受不同年齡層喜愛，其中不乏來不及參與昭和時代的年輕人。

➡ 搭西武鐵道至西武園遊園地站

▲ 西武園選擇昭和主題改造，成為截然不同的特色樂園

箱根

➡ 從新宿出發，搭小田急電鐵的浪漫特快(小田急ロマンスカー)，約莫1.5小時直達箱根湯本站，相當便捷。箱根地區的各種交通工具，可善用箱根周遊券搭乘(P.150)

箱根是東京近郊的著名溫泉區與風景區，吸引無數遊客上山泡湯享樂。而且搭乘箱根登山鐵道與海盜船在內的各項交通工具，也是遊玩趣味的來源之一喔！

▲ 箱根位處東海道的必經之途，是管制進出江戶的要塞

箱根溫泉

箱根、伊豆半島與熱海一帶，是鄰近首都圈的溫泉聖地。尤其是箱根溫泉區，結合了大自然景觀與人文景點，每年均吸引無數海內外遊客造訪。在箱根湯本、小涌園、大平台、仙石原等地，有高級溫泉飯店到平價青年旅社等多種過夜選擇。

▲ 箱根登山鐵道途中的大平台，是牛奶杰喜歡的溫泉旅館區　　▲ 箱根湯本一帶是箱根最主要的溫泉旅館聚集處

箱根關所

江戶時代，民眾由幕府在各地劃分的「藩」統治，未獲藩主允許不能隨意離境，猶如現在的邊界管制。箱根本身是個天然險阻，為東西往來要道「東海道」的重要關卡，人們必須在此通關才能繼續往江戶前進，箱根關所嘗試重現當時的關卡樣貌。

▲ 箱根關所重現了江戶時代旅人與貨物在此通關的場面

蘆之湖

關所旁的蘆之湖，是一座天然的火口湖，為箱根的遊憩重點之一，許多風景明信片會選擇蘆之湖為前景、富士山為背景的角度構圖。蘆之湖中有兩座立在水面的神社鳥居，不妨搭上海盜船，徜徉蘆之湖的山光水色，眺望特殊的奇景鳥居。

▲ 箱根神社的鳥居與海盜船，是蘆之湖觀光的重要亮點

箱根神社

在蘆之湖上可欣賞到的美景，除了富士山之外，最受矚目的亮點應該非湖中的紅色鳥居莫屬了。這座鳥居屬於湖畔的箱根神社，為在地的宗教中心。玩家下船後可沿著湖畔小徑散步前往神社參拜，並從岸上換個角度認識這座鳥居。

箱根神社在水中的紅色鳥居▶️，為蘆之湖的重要絕景

箱根地區交通圖

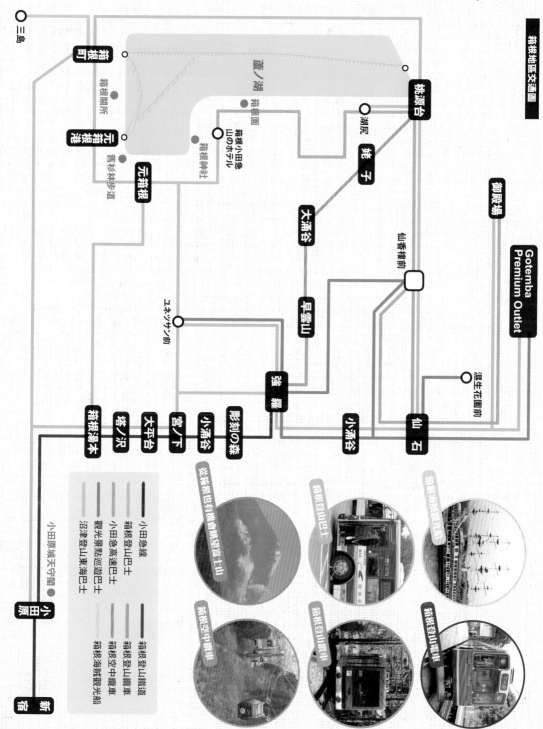

三島

箱根町

箱根關所

蘆ノ湖

元箱根港

舊杉林步道

元箱根

箱根園

箱根小田急 山のホテル

箱根神社

桃源台

湖尻

姥子

大涌谷

早雲山

御殿場

仙石博前

Gotemba Premium Outlet

溫生花園前

ユネッサン前

強羅

彫刻の森

小涌谷

宮ノ下

大平台

塔ノ沢

箱根湯本

小涌谷

仙石

小田原城天守閣

小田原

新宿

從箱根也有機會眺望富士山

箱根登山巴士

箱根海賊觀光船

小田急線
箱根登山高速巴士
小田急高速巴士
觀光景點巡遊巴士
沼津登山東海巴士

箱根登山鐵道
箱根登山纜車
箱根空中纜車
箱根海賊觀光船

輕井澤

➡ JR北陸新幹線輕井澤站

從東京搭新幹線僅需1小時車程的輕井澤，是首都圈的避暑聖地。在這座山中度假小鎮的森林中，藏有許多別墅。附近的眾多教堂，可替戀人舉辦浪漫的婚禮。離車站不遠的銀座通與Outlet也很有人氣。

銀座通

舊輕井澤的銀座通一帶，是山中小鎮的商店集中處，各種販售在地蜂蜜、果醬與新鮮乳製品的店鋪分布於街道兩旁。餐廳與咖啡廳的選擇也很多，可以在這裡度過悠閒的午後時光。

▲ 舊輕井澤銀座通離車站約2公里，有許多特色店鋪

榆樹街小鎮

榆樹街小鎮（ハルニレテラス）是中輕井澤一條森林購物街，有16間各具特色的藝品小鋪與餐廳，漫步其中相當惬意。榆樹街小鎮離虹夕諾雅輕井澤、高原教會、石之教會，與BEB5輕井澤旅館都相當近。

▲ 榆樹街小鎮為輕井澤星野度假區的一部分，也對一般遊客開放

行家祕技 　租腳踏車

城鎮周圍地形平緩，很適合遊客騎腳踏車暢遊。JR輕井澤站前便可租車，單日租金約￥750起，享免費寄物服務。特別提醒，附近居民喜愛駕駛幾近無噪音的油電混合車，騎車時得注意彼此安全。

▲ 輕井澤站出口便有多家車行可租腳踏車，提供多種車款供顧客選擇

王子購物廣場

車站旁的購物中心常被稱為「輕井澤Outlet」，坐落於青山綠水的景致中，聚集約240間販售當季商品與過季折扣出清品的店鋪，海內外品牌皆有，值得尋寶逛逛，甚至有顧客是從東京專程前來呢！

▲ 輕井澤Outlet就位於JR車站南口，從月台彷彿觸手可及

▲ 輕井澤Outlet融入自然環境，讓顧客放鬆心情悠閒消費

關西篇

K a n s a i

文化古都&逛街購物大匯集

關西是日本旅遊的精華區，區內的京都、大阪與神戶合稱「京阪神」，是許多背包客首度嘗試自助旅行的目的地，外圍的奈良、姬路與和歌山同樣各有特色。

關西國際機場

關西國際機場是關西地區最主要的國際空中門戶，俗稱「關空」，於1994年落成。建於大阪灣的人工島上，距離陸地3公里，到大阪市中心的直線距離約25公里，進城列車費時約40分鐘。

▲ 關西機場完全建於人工島，是全球罕見的海上機場

第一航廈(T1)入境

關空往來台灣的航班，多數在T1搭乘。第一航廈、車站大樓，以及提供周邊服務的Aeroplaza，3棟建築物成「川」字形平行排列。若是搭火車離開機場，下機後得先步行離開第一航廈，到中間的車站大樓才能上車；欲過夜者可再前往Aeroplaza的日航酒店或First Cabin留宿。

▲ 兩家鐵道業者的「關西空港站」，是在航廈對面的建築物中

▲ 有過夜需求的人，可下榻位於Aeroplaza的日航酒店

前往搭乘JR西日本與南海電鐵

旅客在完成入境手續後，出海關抵達1樓的入境大廳。

Step 1 步行至2樓：T1的國際線有南、北兩個抵達大廳，從北側的抵達大廳，要往車站方向，請走左前方的電扶梯至2樓。

▲ 北側的到達口

▲ 南側的到達口

Step 2 過天橋至關西空港站：要搭火車、往T2或旅館，都是由2樓人行天橋到隔壁建築物。

▲ 旅客可透過人行天橋，穿梭於3棟建築物之間

Step 3 前往購票：南海電鐵的紅色售票櫃檯與窗口設在左側，右邊藍色的部分為JR。

南海電鐵售票櫃檯　　　　　　JR售票機

Step 4 搭JR西日本或南海電鐵：JR(藍色)與南海電鐵(紅色)的改札口壁壘分明，別跑錯家囉！

▲JR改札口　　　　▲南海電鐵改札口

行家祕技 關西旅遊訊息服務中心(KTIC)

T1的1樓南側有「關西旅遊訊息服務中心」(KTIC)的櫃檯，可購買部分企劃票券(如KTP)；從南、北到達口出關後請左轉，步行一段距離後位於左側。

第二航廈(T2)入境

T2主要供「樂桃航空」與「春秋航空日本」的國際線與國內線航班使用。通關速度在一般經驗中比T1較快一些。第二航廈專為廉航旅客服務，下機者可搭接駁巴士抵達Aeroplaza後，再步行至車站坐車。(離境欲搭機者，可由Aeroplaza南端1樓的站牌，搭免費接駁巴士前往T2，車程約10分鐘)。

行家祕技 尋找JR綠窗口

JR的綠窗口位於車站大樓2樓的室內大廳旁，此處可兌換JR Pass全國版，或購買各種JR西日本的企劃票，亦可預約嵯峨野鐵道的車票。多人同行時，派1人當代表，帶齊同行者的護照與所需文件即可。

前往搭乘JR西日本與南海電鐵

T2入境的旅客，會由2017年初擴建啟用的大廳入境。抵達後要到接駁巴士站牌的路線非常簡單，整個步行過程不用1分鐘。

Step 1 國際線抵達口一直往前走：抵達旅客僅需直直往前走，自動門旁有相關交通方式的指南訊息。

▲國際線的抵達口　　　▲交通方式指南

Step 2 搭接駁巴士至Aeroplaza：出自動門後，前方就是往Aeroplaza的接駁巴士站牌。

Step 3 步行前往關西空港站：抵達Aeroplaza後，再步行至車站。車站大樓2樓有採光明亮的挑高大廳，大廳南側設置兩家鐵道業者的櫃檯與自動售票機，北面就是改札口。

Step 4 在售票櫃檯購買車票後，搭乘JR西日本或南海電鐵離開機場。

前往搭乘機場巴士

欲搭連外巴士離開機場者，站牌就在T1與T2航廈外的屋簷下，不必前往車站大樓。

關西機場→京都、大阪

關西機場的連外鐵道服務，由激烈競爭的JR
西日本與南海電鐵兩家提供，各推出舒適
的特急列車與經濟實惠的一般列車載客，以下介
紹從關西機場前往大阪、京都時，會用到的交通
工具。

特急HARUKA

http www.westjr.co.jp (繁體中文→時刻表、路線圖&車站
地圖→從關西機場的交通方式)

官方中譯為「關西機場特快列車」的「はる
か」（HARUKA，遙），是JR西日本服務關西機場
的招牌特急，許多暢遊京阪神的遊客都曾搭乘！

▲ HARUKA的專屬標誌，
很有日本風味

▲ HARUKA有劃位的指定
席，與免劃位的自由席車廂

▲ HARUKA是JR服務關西空港旅客的主力特急列車

運行區間

直通
京都

從機場出發後，可以免轉車直達天王寺、大
阪、新大阪（能轉乘新幹線），與京都等京阪地區
的重要大站。

運行時間

HARUKA每30分鐘發一班車，採定型化班表。
到天王寺約需30分鐘，到京都表定為75分鐘。

	首班車時間	末班車時間
從關西機場出發	06:31	22:16
京都→關西機場	05:45	20:30
新大阪→關西機場	06:16	20:58
天王寺→關西機場	06:37	21:21

＊資料時有異動，請以官方公布的最新資料為主

費用說明

機場到天王寺站自由席¥2,140（兒童¥1,200），
到京都站自由席¥3,100（兒童¥1,550）。

如何購票

原價車票請向綠窗口或綠色的售票機購買。

企劃票使用

■有效範圍包含關西的幾種JR企劃票券，多半會
開放不限次數搭HARUKA的自由席。
■JR西日本另推出「外國人優惠單程乘車券」方
案，詳見P.180。

設備

各車廂均有行李放置空間，並提供免費Wi-Fi。全車為6節或9節編組，其中5、6號車為自由席，有客滿可能。其餘為指定席車廂。

貼心 小提醒

HARUKA不停靠臨空城站

HARUKA不會停靠臨空城站(りんくうタウン)，若要在離境前把握最後機會，前往臨空城Outlets(Rinku Premium Outlets)購物，需選擇其他列車。

行家祕技　HARUKA延誤時怎麼辦？

HARUKA從京都到關西機場的總里程長達99.8公里，且沿途行經多條JR路線，所以若在某區間有突發狀況，使HARUKA延誤時，其恢復能力慢，容易拖延較長時間。

無論是JR或南海，一旦列車遇到突發事故，都會耗費許多時間，因此往來機場時，建議熟悉JR與南海兩套交通工具，在必要時刻交替使用，才能減少被困在途中的時間。

關空快速

http www.westjr.co.jp (繁體中文→時刻表、路線圖&車站地圖→從關西機場的交通方式)

購買單程票搭乘HARUKA，得付乘車券的運賃與特急費，JR西日本提供另一款價廉的車種進出機場，稱為「關空快速」列車。

運行區間

關空快速從JR大阪環狀線上的JR天王寺站出發(部分班次由JR京橋站始發)，經JR大阪站後逆時鐘繞完一整圈，回到天王寺站，接著改走JR阪和線南下，抵達JR日根野站，再度過跨海大橋前往人工島上的機場。

■ 若想直達大阪環狀線上的各車站，關空快速是不錯的選擇。

■ 往神戶者，可搭到大阪站，免出付費區直接換月台轉JR神戶線的新快速列車；往奈良則在天王寺站轉大和路快速的列車。

運行時間

關空快速從機場到天王寺站約需50分鐘，到大阪站約70分鐘。

	首班車時間	末班車時間
從關西機場出發	05:50	23:09
大阪→關西機場	06:04	22:24
新今宮→關西機場	06:19	22:38
天王寺→關西機場	05:25	22:45

＊資料時有異動，請以官方公布的最新資料為主

▲ 關空快速進城後會在JR大阪環狀線上繞一圈

▲ 天王寺站是搭JR從關空進入大阪的前哨站，地位正如其名

▲ 搭關空快速免付特急費，且可直達JR大阪站與JR大阪環狀線多數車站

費用說明

免收特急費,從機場到天王寺站¥1,080(兒童¥540),到大阪站¥1,210(兒童¥600)。

如何購票

於綠窗口或一般的自動售票機購票,持IC智慧票卡者可直接感應通過改札機。

設備

關空快速車廂內採用非字形座椅,未特別設置行李擺放處。

▲ 關空快速採用一般不劃位的近郊型車廂,乘客要管好自己的行李喔

貼心 小提醒

請坐在正確的車廂位置

搭關空快速要去機場時,由於列車是跟往和歌山方向的「紀州路快速」串連行駛,因此只有前4車廂的目的地是機場,後4節在日根野站分開朝和歌山行駛。儘管列車內會有告示與廣播,但還是常有搭機旅客被載往紀州的情況發生喔!

▲ 由市區往機場的關空快速會跟紀州路快速串連行駛,請務必待在正確車廂

▲ 關空快速與紀州路快速會在JR日根野站分合,前後車廂有不同目的地

南海電鐵特急rapi:t

http www.howto-osaka.com (繁體中文→特急rapi:t)

南海電鐵為另一家為關西機場提供連外鐵道服務的私鐵業者。有西洋武士頭盔造型的「特急rapi:t」(ラピート),是南海的招牌列車。

運行區間

從機場往來大阪市區南側的難波站(なんば)。

運行時間

平時每小時發2班車(疫後改1班),關空往來難波全程約38分。日間時段開行rapi:tβ(ラピートβ)模式,沿途停靠臨空城、泉佐野、岸和田、堺、天下茶屋、新今宮與難波等站;早晚時段則變為rapi:tα(ラピートα),略過岸和田與堺,更為省時。

	首班車時間	末班車時間
從關西機場出發	06:53	23:00
難波→關西機場	06:00	22:00
新今宮→關西機場	06:02	22:02
天下茶屋→關西機場	06:04	22:04

＊資料時有異動,請以官方公布的最新資料為主

▲ rapi:t列車的外形,神似《鐵人28》的主角機械人

▲ rapi:t是南海電鐵往來關西機場的招牌特急列車,從關西機場到難波站僅需38分鐘,拉近了機場的距離

費用說明

原價車資是¥930（兒童¥470）的運賃，再加上¥520的特急指定席費（兒童¥260）。rapi:t列車還有兩節較高級的商務艙（スーパーシート）車廂，特急指定席費爲¥730（兒童¥470）。

如何購票

原價車票可向南海電鐵的櫃檯購票。已憑運賃券或IC智慧票卡進站者，可於月台用售票機或向站務員另購特急指定席券。

企劃票使用

■**Rapi:t電子票**：¥1,300，最晚得在搭車前一天從官網購買，以智慧型手機或平板劃位，再於現場專用改札機掃描手機QR code搭車（每部智慧型裝置每日只能對應1張車票）。雙向均可使用。無兒童票設定。

■**Kanku Tokuwari rapi:t Ticket**：網路、窗口或售票機購買。雙向均可使用。大人¥1,390、兒童¥850。

■憑KTP票券進站者，可於月台加購特急指定席券搭乘。

請注意 南海於2023年10月停售數款銷售多年的企劃票；可能重整後改推新品。

設備

特急rapi:t以特地開發的南海50000系列車行駛，全車皆爲指定席，挑高的車內空間相當大器舒適，罕見的橢圓形車窗更讓人印象深刻。

▲rapi:t的橢圓形客室空間與車窗，是內裝方面的特點

路上觀察 特急rapi:t 百變彩妝

特急rapi:t使用的50000系列車，其造型也常被認爲十分像動漫作品《鐵人28》的機械人，廣受鐵道迷與動漫迷注意。看到商機的南海，屢次將其作爲全車廣告彩繪的畫布，因此除了深藍色的標準塗裝，還出現過白色、紫色與粉紅色交織的樂桃航空彩繪，以及電影星際大戰的全黑彩繪等。

▲ 南海電鐵與樂桃航空曾合作rapi:t彩繪廣告車

南海電鐵空港急行

南海電鐵的「空港急行」列車，沒有劃位服務，由機場站出發的車次多半能找到座位；但由難波站搭車時，由於還有到南海本線沿途各站的在地居民，想要有座位可坐，建議早點到月台等待（空港急行在難波站常由6番線月台始發）。

運行區間

同rapi:t，往來於關西空港至難波站之間。

運行時間

從機場到難波需45分鐘，與特急rapi:t的差距不到10分鐘，每小時於機場與難波會對開4班。

	首班車時間	末班車時間
從關西機場出發	05:45	23:55
難波→關西機場	05:15	23:02
新今宮→關西機場	05:17	23:05
天下茶屋→關西機場	05:19	23:07

＊資料時有異動，請以官方公布的最新資料為主

費用說明

免付特急指定席費，僅需基本運賃¥930（兒童¥470）。

如何購票

於南海的窗口或自動售票機購票，持IC智慧票卡者可直接感應通過改札機。

企劃票使用

空港急行只收基本運賃，因此各種有效範圍包含空港線＋南海本線的企劃票，皆能搭空港急行。常見者如KTP、NANKAI ALL LINE 2 day Pass，以及從大阪市區往返臨空城的票券等。

▲憑KTP票券搭車且不想額外付費，空港急行就是最好的進出城選擇

▲空港急行從機場到難波的時間只比rapi:t多一點點，但可省下特急費用

▲空港急行多採用「相親座」的通勤型車輛，稍不利於欣賞沿途風景

設備

為一般通勤型車廂，座位以長條椅為主，某些車款在靠近車廂兩端會有少量BOX席（但常劃為優先席）。車內未特別規畫行李存放空間，請留意自己的行李擺放（尤其是大肆血拼完要滿載歸國時），盡量別干擾到他人。

行家祕技　南海電鐵的重要轉車點

■ **難波站**：南海電鐵的大阪總站，阪神、近鐵、大阪地鐵均於難波設站，搭私鐵要到神戶（阪神難波線）或奈良（近鐵難波線），均可在此轉車。

■ **新今宮站**：整體交通四通八達，站外有許多低價旅館。南海本線新今宮站與JR大阪環狀線的同名車站高架十字交會；地表下還有地鐵御堂筋線和堺筋本町線的動物園前站；地面則是阪堺電車的新今宮前站。

■ **天下茶屋站**：出站後可直接連結地鐵堺筋本町線的同名站，這是私鐵旅客從關空經大阪到京都的快捷路徑（該線跟阪急電鐵的路線直通，並於淡路站平行轉乘阪急京都線）。憑KTP往來京都者可考慮此組合（尤其是帶行李箱或嬰兒車者，全程無階梯）。

■ **泉佐野站**：可轉乘南海電車前往和歌山。

機場巴士

除了前往京阪神地區，還有前往岡山、德島與高松的巴士，將山陽地方與四國地方的居民或遊客，也拉進關西機場的服務範圍，總計有將近30條路線、50個目的地！

關西篇

機場巴士一覽表

＊資料時有異動，請以官方公布的最新資料為主

目的地	參與業者	費時	成人車資	兒童車資	T1站牌	T2站牌	備註
大阪站 (新阪急酒店)	關西機場交通 阪急觀光巴士 阪神巴士	60分鐘	￥1,600	￥800	5	1	
天王寺站 (阿倍野Harukas)	關西機場交通 近鐵巴士	70分鐘	￥1,600	￥800	7	8	
難波(OCAT)	關西機場交通 日本交通	50分鐘	￥1,100	￥550	11	6	
難波(南海電鐵車站)	關西機場交通 南海巴士	60分鐘	￥1,600	￥800	5	3	僅深夜行駛(疫情 期間暫停行駛)
日本環球影城	關西機場交通 阪神巴士 近鐵巴士	70分鐘	￥1,600	￥800	3	7	
大阪機場	關西機場交通 阪急觀光巴士	75分鐘	￥2,000	￥1,000	8	2	
神戶三宮	關西機場交通 阪神巴士 阪急觀光巴士	65分鐘	￥2,000	￥1,000	6	4	往機場的班次需 預約
京都站(八条口)	關西機場交通 京阪巴士 阪急觀光巴士	90分鐘	￥2,600	￥1,300	8	2	往機場的班次需 預約
奈良	關西機場交通 奈良交通	85分鐘	￥2,100	￥1,050	9	5	往機場的班次需 預約
和歌山	關西機場交通 和歌山巴士	40分鐘	￥1,200	￥600	3	7	
高松	關西機場交通 南海巴士 四國高速巴士 JR四國巴士	3小時 35分鐘	￥5,250	￥2,630	7	8	雙向班次都需預 約

▲ 機場巴士的乘車地點就在T1或T2的航廈屋簷，不用步行到車站大樓

關西機場巴士資訊這裡查

🌐 **機場官方網頁**：www.kansai-airport.or.jp
(繁體中文→機場交通→公車)
🌐 **關西機場交通**：www.kate.co.jp

行家祕技 ## 坐巴士直達飯店

　　機場巴士有不少節點的站牌，就設於高級飯店附近，甚至是飯店入口的車廊，對於在此下榻的旅客，可說是非常方便呢！

進市區交通工具比較

4種列車與機場巴士互有利弊，機場巴士論時間與價格的表現，多在4種列車的平均上下，端看乘客選擇。特點是在神戶方面因為直行大阪灣的高速公路，免轉車且最省時。

▲關西機場到京都另有定額計程車，先確認好價錢便可安心送到旅館門口

▲機場巴士往關西的部分地區，耗時會比鐵路更短些

■**到大阪站/梅田站**：搭HARUKA與南海rapi:t最省時，但南海rapi:t費用較便宜；搭空港急行的費用最低；搭關空快速最慢，但免轉車。

■**到難波站**：搭南海rapi:t最省時，搭空港急行最便宜，兩者均免轉車。

▲以外國遊客身分搭HARUKA，在省時與省錢方面享有不錯的CP值

行家祕技　搭渡輪遊神戶

關西機場到神戶三宮另有渡輪+新交通的組合，約65分鐘，¥1,880(外國人特惠¥500)。

▶關西機場到神戶機場之間有渡輪行駛，省去陸路繞大阪灣的距離

■**到京都**：搭HARUKA最省時且免轉車，若靠「外國人優惠單程乘車券」的企劃票搭車，車資僅需¥2,200。

■**到神戶、奈良**：不論搭何種列車，都至少得轉乘一趟。搭南海空港急行車資最便宜。而坐HARUKA再轉車，最省時但費用偏高，若以「外國人優惠單程乘車券」乘車，到神戶只要¥2,000、奈良只要¥1,800的票價。

目的地	JR HARUKA	JR 關空快速	南海 rapi:t	南海 空港急行	機場巴士
大阪梅田	¥2,410(45分鐘) 免轉車	¥1,210(66分鐘) 免轉車	¥1,640(56分鐘)	¥1,120(62分鐘)	¥1,600(60分鐘) 免轉車
大阪難波	¥1,840(49分鐘)	¥1,080(64分鐘)	¥1,450(38分鐘) 免轉車	¥930(46分鐘) 免轉車	¥1,600(50分鐘) 免轉車
京都 (註1)	¥3,110(78分鐘) 免轉車	¥1,910(118分鐘)	¥2,050(106分鐘)	¥1,530(120分鐘)	¥2,800(90分鐘) 免轉車
神戶三宮	¥2,940(80分鐘)	¥1,740(105分鐘)	¥2,020(92分鐘)	¥1,350(110分鐘)	¥2,000(60分鐘) 免轉車
奈良 (註2)	¥2,500(77分鐘)	¥1,740(92分鐘)	¥2,130(96分鐘)	¥1,610(99分鐘)	¥2,100(85分鐘) 免轉車

註1：南海選項以烏丸站估算。　註2：南海選項以近鐵奈良站估算。　　　　*資料時有異動，請以官方公布的最新資料為主

鐵道交通

關西城際間的鐵道交通

　　關西地區的交通路網，是以JR大阪環狀線所包圍的市區為核心，從圈上的大阪/梅田、京橋、鶴橋、天王寺、新今宮，以及鄰近的難波等處，向四方放射到周圍城市。

　　連絡彼此城市的鐵道，往往有JR與私鐵至少兩套。在京都←→大阪←→神戶沿線有多條私鐵路線平行，因此有3種選擇。對部分旅人來說還能再加上第四種選項：JR的新幹線。

　　可視需求與目的地選擇搭乘不同的路線，若打算靠企劃票券省旅費，建議當天的交通方式集中，盡量仰賴JR（憑關西JRP），或盡量搭私鐵（憑KTP）。

關西城際間主要鐵道路線一覽表

往來城市	可搭線路
大阪←→神戶	JR神戶線、JR山陽新幹線、阪急神戶線、阪神本線
大阪←→京都	JR京都線、JR東海道新幹線、阪急京都線、京阪本線
大阪←→奈良	JR關西本線、近鐵奈良線
大阪←→和歌山	JR阪和線、南海本線
神戶←→姬路	JR山陽本線、山陽電鐵
京都←→奈良	JR奈良線、近鐵京都線
大阪←→關西機場	JR阪和線、南海本線

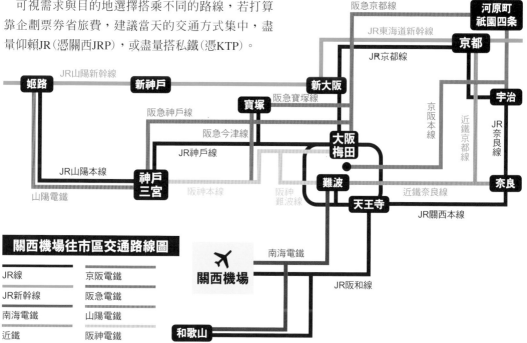

關西機場往市區交通路線圖

JR線	京阪電鐵
JR新幹線	阪急電鐵
南海電鐵	山陽電鐵
近鐵	阪神電鐵

重點路線介紹

JR大阪環狀線

http www.westjr.co.jp (繁體中文→旅行資訊(首頁)→
時刻表、路線圖&車站地圖→路線圖)

環狀線沿途行經天王寺、鶴橋、森之宮、大阪、西九條與新今宮等19站，繞行一圈約42分鐘。

路線特色：

■ 環狀線上有部分列車會以「e」字形路線運行。這些列車從天王寺站始發，逆時針繞行一圈後回到天王寺站，再開往和歌山或奈良(反之亦然)。換句話說，同班車在天王寺站會停靠兩次。

■ 西九條站分出一條JR夢想花開線(JRゆめ咲線)開往環球影城方向。

■ 順時鐘方向的列車為「外回」，逆時鐘為「內回」。環狀線有部分逆時鐘方向的班車，不會繞完整圈，而是在西九條站岔出往環球影城。

■ 南半部的今宮←→新今宮←→天王寺區間，另有JR關西本線並行，班次更密。

▲ 大阪環狀線的列車組成較為特殊，「關空快速」也會在此兜半圈

▲ 天王寺站是大阪環狀線的特殊站，要格外留意搭車月台

▲ 「關空快速」等列車在大阪環狀線上，並非每站皆停

♥ 貼心 小提醒

列車並非每站皆停靠

HARUKA等特急、關空快速與紀州路快速列車，在JR大阪環狀線上並非每站皆停靠，需特別注意喔！

JR京都線+JR神戶線

http www.westjr.co.jp(繁體中文→旅行資訊(首頁)→
時刻表、路線圖&車站地圖→路線圖)

從大阪往來京都與神戶的JR線皆屬JR東海道本線(暱稱JR京都線、JR神戶線)。

路線特色：

■ JR的「新快速」列車，時速可達130公里，且比照特急列車停靠，有效縮短運行時間。從大阪到京都或神戶，僅需30分鐘左右。

■ 新快速跟停站較多的快速或普通列車可混搭，車資都只收基本運費。

■ 新幹線在大阪端的車站為JR新大阪站，它不在大阪市區，可透過JR京都線的列車轉乘進出市內。

▲ JR京都線與神戶線的新快速列車，速度不輸特急列車

▲ 由大阪往京都的JR東海道本線通稱JR京都線，指標也如此標示

阪急電鐵：三大主線

http www.hankyu.co.jp(繁體中文→阪急電鐵路線圖)

路線特色：

■阪急電鐵3條主要幹線，從大阪的梅田站出發，東至京都，北至寶塚、西至神戶。班次密集，載客量也很驚人，梅田站的規模在私鐵界是數一數二。其特急列車免收特急費。

■往京都的阪急京都本線，終點京都河原町站位處購物鬧區，離祇園僅一河之隔，相當方便（若是搭JR到京都站，還需要轉乘巴士）。另外還有支線可以往嵐山，是大阪到嵐山的捷徑。

▲ 阪急電車一律漆上酒紅色塗裝，令人印象深刻

阪神電鐵：阪神本線

http www.hanshin.co.jp(繁體中文→路線圖)

路線特色：

■阪神本線連結大阪梅田與神戶三宮。途中的甲子園站外就是日本高中棒球聖地、電影《KANO》舞台的「甲子園球場」，每逢春、夏甲子園賽登場時，電車端面會掛

▲ 阪神的電車在甲子園賽期間，都會掛上「高校野球」的告示

上「高校野球」告示牌一同造勢！此處同為職棒「阪神虎隊」的主場，電車上常可望見虎軍海報與身著加油服飾的球迷！

■阪神與山陽電鐵合開的「直通特急」，從梅田直通姬路，憑KTP前往姬路城的遊客可使用。

■另有路線連結大阪難波站，是大阪市區南部往來神戶方向的捷徑。

▲ 阪神的甲子園站就在球場旁，1番線月台僅在有賽事時使用

嵐電(京福電鐵)

http randen.keifuku.co.jp/tw

$ 搭車不限距離單一價￥220，適用KTP

京都與嵐山間的交通，可搭乘嵐電(京福電鐵)。

路線特色：

■暱稱「嵐電」的京福電鐵已營運超過百年，想由京都出發，可從洛西的四条大宮站或北野白梅町站搭車；搭京都地鐵者，可於太秦天神川站轉乘嵐電。部分遊客會順道造訪太秦映畫村（影視片廠）。

■嵐電有部分區間會在馬路上跟汽車並行，宛如市營電車健在時的遺風。

▲ 暱稱為「嵐電」的京福電鐵，聯絡京都與熱門景點嵐山

京阪電鐵：京阪本線

http www.keihan.co.jp (繁體中文→路線圖)

大阪與京都之間的私鐵，除了阪急京都線，還有一條京阪電鐵的本線。

路線特色：

■從大阪市中心的淀屋橋站出發，經枚方、中書島與伏見桃山，終點爲出町柳站。

■京阪本線在京都緊貼著鴨川的東岸而行，藏身於川端通底下，因此離洛東景點很近，到祇園、清水寺、三十三間堂，以及平安神宮都很方便。其特急列車有罕見的雙層車廂，且免另外付費，遊客可以嘗試。

■於出町柳站可轉乘叡山電鐵，前往貴船、鞍馬，或比叡山延曆寺。

■京阪電鐵以最具京都氣息的私鐵爲號召，宣傳海報經常帶有濃厚的京都味。

▲ 京阪的廣告相當有京都味，讓人印象深刻

▲ 京阪是關西圈的庶民電車，很能貼近在地居民氣息

和歌山電鐵

http www.wakayama-dentetsu.co.jp (繁體中文)

$ 單程全程￥410；9號月台售票窗口發售1日券￥800

路線特色：

一度面臨廢線的鄉間鐵道，在關鍵時刻請出收養的流浪貓擔任站長，竟一炮而紅，扭轉經營頹勢，締造「貓站長挽救鐵道的奇蹟」。當時的貓站長小玉雖已辭世，但有小玉二世接班與多款彩繪電車一起陪伴玩家(詳P.198)。

購票辦法：

■售票櫃檯位於JR和歌山站的9號月台上，在JR和歌山站的改札口，只要告訴站務員要搭和歌山電鐵，便可無票進站。

■JR和歌山站的中央改札口(西側站房)外，有一部自動售票機可購買和歌山電鐵的單程票。

■目前無法用任何IC智慧票卡購票，亦非KTP的適用範圍。

▲ 逆境重生的和歌山電鐵，讓搭火車變得非常有趣

嵯峨野觀光鐵道

http www.sagano-kanko.co.jp (繁體中文→交通資訊)

$ 成人￥630，兒童￥320

嵯峨野觀光鐵道的路軌原爲JR山陰本線的一部分，雙線化後被廢棄。但因舊線景致動人廣受喜愛，以觀光化重生。

路線特色：

除了峽谷風景，沿途遍植楓樹，在秋紅季節格外吸引人，甚至一票難求。

購票辦法：

除了嵯峨野鐵道的車站，亦可於入境後，盡早在JR西日本各站的綠

▲ 嵯峨野鐵道以開放式車窗的列車運行，沿途風景綺麗

窗口連線購票。多數遊客會選購嵐山往龜岡的班次，回程則走山陰本線（或由保津川泛舟而下），所以從龜岡往嵐山的座位通常較慢售罄。

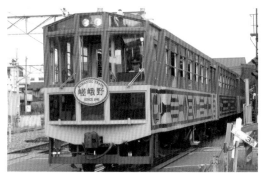

▲ 嵯峨野鐵道由舊山陰本線改建而成

JR大和路快速

http www.westjr.co.jp (繁體中文→旅行資訊(首頁) →
時刻表、路線圖&車站地圖→路線圖)

路線特色：

大阪←→奈良的主要交通方式之一，每小時約4班車。由JR難波站到JR奈良站的快速電車，自難波出發後會行經新今宮站與天王寺站，亦可由JR大阪環狀線轉乘，十分方便。「大和」之名其稱因奈良一帶原屬「大和國」範圍。

▲ 大和路快速是JR連結大阪與奈良的主力列車

近鐵

http www.kintetsu.co.jp (繁體中文)

路線特色：

■ 近鐵（近畿日本鐵道）為經營里程數最長的私鐵

公司，由大阪出發的路線能一路直達名古屋。
■ 從大阪、京都搭近鐵前往奈良十分方便。近鐵大阪線（大阪難波站←→近鐵奈良站）與近鐵京都線（京都站←→近鐵奈良站）的班次密度和速度優於同區間的JR。

▲ 近鐵是規模最大的私鐵，有特急列車服務於大阪←→名古屋之間，靠CP值與新幹線較勁

阪堺電車

http www.hankai.co.jp/route
$ 單一價￥210，非KTP的適用範圍；1日券成人￥600，兒童￥300

路線特色：

大阪現存最後的路面電車，為阪堺電車上町線與阪堺線。其在天王寺站前站至松虫站等區間，會跟馬路的汽車競走。路電行經的住吉大社，為保佑商都大阪生意興隆的神社，人氣很旺。

購票辦法：

免事先購票，於下車時付費。

▲ 阪堺電車是大阪最後的路電身影，也是大阪的下町風情代表

企劃車票

關西地區鐵路周遊券 (Kansai Area Pass)

http www.westjr.co.jp
(繁體中文→旅行資訊(首頁)→優惠車票→JR西日本鐵路周遊券→關西地區鐵路周遊券)

這張票券通稱「JR關西Pass」、「JR Pass關西版」或「關西JRP」，適用於京阪神奈姬的JR線，可直接通過改札機，非常受歡迎。除了關西JRP，JR西日本還推出多種大範圍的企劃票。

■ **有效範圍：** 只能搭新快速、快速、普通列車；不能搭乘新幹線與特急列車，但往來關西機場的特急HARUKA為特例，可搭2次指定席。

■ **另附贈：** 阪急電鐵、京阪電鐵，與京都市地下鐵在指定範圍的一日券（使用前需各自再兌換，使用日設計上同關西JRP有效日）。

■ **價格：** 有1日券～4日券，成人¥2,800～7,000（兒童¥1,400～3,500）。此為現場購買價格，事先預購有優惠。

■ **購買地點與條件：** 官網預約或海外旅行社預購，再到關西約30座JR車站綠窗口或旅行業櫃台兌換（無法臨櫃新購）。使用者須持外國護照，且為短期入境身分（一般遊客符合）。

■ **票券使用：** 票券的使用範圍與路線圖等細節與說明，請參照官網。

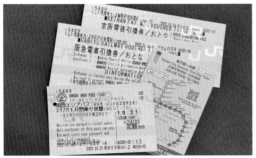

▲ 關西JRP另附阪急、京阪與京都市地下鐵的1日兌換券

事先預購JR的票券

從官網預訂JR西日本各種Pass，或在國外先向旅行社預購交換券(MCO)或E-Ticket；入境後再前往各處兌換。從官網預訂或有QR code的E-Ticket，可由指定席售票機取票。

http www.westjr.co.jp/global/tc/howto/train-reservation/receive

外國人優惠單程乘車券

http www.westjr.co.jp (繁體中文→旅行資訊(首頁)→優惠車票→JR西日本鐵路周遊券→單程乘車券)

外國遊客能以優惠價購入特急HARUKA車票進出機場、新大阪站出發往博多的山陽新幹線，以及往北陸方面的特急列車。該企劃票是一次性、有指定起訖區間的票券，而非期限內不限次數任意搭的Pass。

■ **有效範圍與價格：**

關西機場					
天王寺	大阪	新大阪	京都	三宮(神戶)	奈良
¥1,300	¥1,800	¥1,800	¥2,200	¥2,000	¥1,800
新大阪					
岡山/倉敷	福山/尾道	廣島	新山口	小倉	博多
¥5,100	¥6,800	¥7,900	¥9,400	¥10,900	¥10,900
大阪			京都		
福井	金澤	富山	福井	金澤	富山
¥5,000	¥6,000	¥7,000	¥4,200	¥5,500	¥6,500

＊以上均為單程價票 ＊兒童半價
＊資料時有異動，請以官方公布的最新資料為主

■ **購買地點與條件：** 海外旅行社預購，再到各車票受理的JR車站綠窗口或護照對應的售票機，或旅遊服務中心兌換（無法臨櫃新購）；HARUKA車票亦可於官網預約。使用者須持外國護照，且為短期入境身分（一般遊客符合）。

■ **票券使用：** 票券的使用範圍與路線圖等細節與說明，請參照官網。

地下鐵巴士1日券
(地下鉄・京都バス1日券)

http oneday-pass.kyoto

- **有效範圍：**可搭乘京都市營地下鐵、京都市巴士、京都巴士、京阪巴士，與西日本JR巴士，可說是京都市內通吃。
- **價格：**成人¥1,100（兒童¥550）。
- **購買地點與條件：**在各地鐵站、市巴士地鐵案內所（如：JR京都站中央口前巴士綜合案內所），與巴士營業所等。
- **票券使用：**票券的使用範圍與路線圖等細節與說明，請參照官網。
- **注意：**原本很熱銷的巴士1日券於2023年9月停售、2024年3月停用。

關西周遊卡
(KANSAI THRU PASS)

http www.surutto.com(中文繁體)

通稱KTP，由關西地區私鐵與巴士組成的大聯盟發行，許多遊客都有使用經驗。

- **有效範圍：**搭關西地區絕大多數的私鐵、地鐵與巴士，可不連續使用（如：3日券，可使用於第1、3、5天）。
- **價格：**2日券成人¥4,800（兒童¥2,240），3日券成人¥5,600（兒童¥2,800）。預購優惠¥100～200。
- **購買地點與條件：1.**必須為短期滯在身分（一般遊客符合）。
  2. 可在關西機場T1或T2的KTIC櫃檯、南海電

▲ 關西地區有這個小精靈標誌的巴士，憑KTP都可任意搭乘

▲ KTP有分2日券與3日券，玩家可視行程需求彈性使用

鐵車車站的售票櫃檯，或是大阪、難波、京都等地的指定地點購買。

- **票券使用：**票券的使用範圍與路線圖等細節與說明，請參照官網。

行家祕技　事先購買實體票券

- 由於旅客較多，近期從關空入境，包括入境移民官檢查、JR西日本的旅客服務中心與機場的關西旅遊訊息服務中心，都會遇到大排長龍的情形。
- 如果擔心現場排隊花太多時間，或搭紅眼班機抵達時對方還沒營業，可考慮在赴日前先向代理旅行社購票。儘管費用稍高，但節省不少時間。購買時要再次確認是直接可用的實體票，而非紙本兌換券(MCO)或電子式兌換券。
- 疫情前包括JR-West Rail Pass、KTP，以及HARUKA單程票均已開放海外旅行社代售實體票。疫情期間暫停，疫後是否恢復請洽詢各銷售通路。

路上觀察　關西地區電車的保證座位車廂

京阪電鐵在免收附加料金的特急列車內推出了一節Premium Car車廂，讓願意多付一點費用的旅客，保證有座位能舒適乘車。大阪到京都區間的料金為¥500，在線上或月台的專屬販賣機都可加購。玩家若腿痠或有長者與兒童同行，也可考慮加價乘坐。JR新快速列車則有A Sest (Aシート)車廂，但需從e5489(網路會員系統)的會員頁面預約，對觀光客較不方便。

京阪神市區交通

大阪交通

🌐 Osaka Metro：www.osakametro.co.jp

　大阪市區街道整齊方正，市內交通可仰賴市營的地鐵代步，8條地鐵路線構成6橫7縱的路網，再加上幾條私鐵路網，以及在外圍繞了一圈的JR大阪環狀線，整體的轉車組合四通八達。

　使用關西周遊卡（KTP）還可將京阪、近鐵與阪神等私鐵在市內的區間當地鐵搭，要前往各處就更方便了。

▌地鐵

　由市營的「大阪地下鐵」（Osaka Metro）負責營運，現有8條路線，里程總計130公里，另有1條新交通軌道。大阪市區的街廓規畫，是很工整的棋盤式布局，南北向的大馬路

▲ 大阪市區很容易找到地鐵站，往來市內各處都算方便

▲ 大阪地鐵是市區重要交通工具，幾乎都能靠地鐵前往

稱為「筋」，東西為「通」，地鐵御堂筋線和堺筋線的路線名，便是源自頭頂上的地表道路。

▌巴士

　Osaka Metro負責營運的大阪City巴士（大阪シティバス）有近百條路線，規模在日本算是數一數二。乘車方式由後門上車、前門下車，成人車資單一價¥210。不過一般行程很少會搭路線巴士，市內交通幾乎可仰賴地下鐵或其他鐵路解決。

▲ 在大阪搭幾乎沒有搭路線巴士的機會，只因地鐵太方便了

行家祕技　善用市營交通的1日券

　遊客可視行程需求考慮購買市營交通的1日券「エンジョイエコカード」（EnjoyEco Card）可搭地鐵、巴士與新交通系統，平日¥820，週末假日¥620。另有多種跟周邊私鐵業者或景點結合的企劃產品可作為選擇。

神戸交通

地鐵

http 市營地鐵：www.city.kobe.lg.jp(→地下鉄)

　　地鐵有西神山手線(行經三宮站)，與海岸線(端點為三宮花時計前站)共兩條。三宮為神戶的交通中心，阪神與阪急的神戶三宮站、JR神戶線的三之宮站(三ノ宮駅)，以及地鐵和新交通在此交會。

巴士

http City Loop巴士：kobeloop.bus-japan.net/zh-Hant

　　市內交通多為步行或搭乘City Loop循環巴士，較少用到地鐵或路線巴士。綠色復古造型的Loop巴士以三宮站為中間點，採8字形路線循環南、北兩側的市內景點，每天約發出40班車，單程車資為¥260(兒童¥130)，1日券¥700(兒童¥350)，不適用KTP。

▲三宮一帶為神戶最熱鬧之處，多條交通路線在此交會

▲City Loop循環巴士在神戶市區的主要景點間穿梭

京都交通

http 京都市交通局：www.city.kyoto.lg.jp/kotsu

地鐵

　　作為千年古都，京都地底下有許多未知的珍貴寶藏，在建地鐵時曾意外發現多處可供考古的遺跡，因此地鐵路網的鋪設不若其他城市積極。現有一套十字路網的地鐵，為東西線與烏丸線(南北向)，兩者分別跟京阪京津線、近鐵京都線直通運轉，讓郊外乘客得以免轉車進出京都核心。

　　橫向的阪急京都線與垂直的京阪本線，為京都市內另一組T字形的地下鐵道網。京都地鐵列車關門提示音樂非常有日本味，一定要現場聆聽。

▲京都地鐵的東西線直通京阪京津線，還曾讓地鐵列車上馬路呢

巴士

　　巴士服務十分發達，多數民眾與遊客仰賴巴士往來市內各處更勝地鐵。路線巴士主要由公營的京都市巴士(京都市バス)與私人業者京都巴士(京都バス)提供服務，兩者名稱相似，常令遊客頭痛。且由於遊客多到市民平時生活與通勤乘車都感到擁擠，交通局遂鼓勵遊客多利用地鐵服務。

► 京都市巴士為遊客在市內各處往來最重要的交通工具

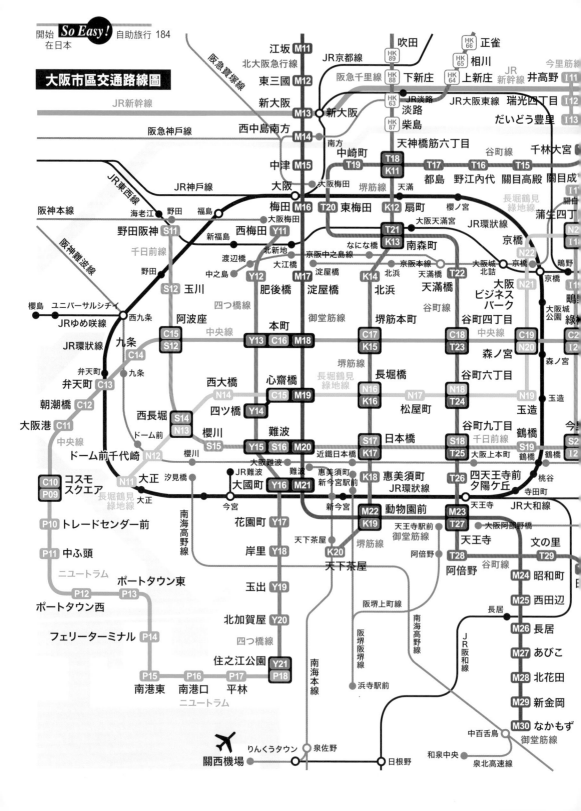

大阪市區交通路線圖

京都交通路線圖

鞍馬
貴船口

叡山電鐵
鞍馬線

岩倉

國際會館 K01

北山 K03   K02 松ケ崎

寶ケ池   八瀬比叡山口

地鐵烏丸線

北大路 K04

坂本比叡山口

鞍馬口 K05

京阪石山
坂本線

京福電鐵北野線

北野白梅町

今出川 K06

出町柳

出町柳

叡山電鐵
叡山本線

嵯峨嵐山

JR嵯峨線

K07

丸太町

神宮丸太町

JR湖西線

琵琶湖
浜大津

トロッコ嵯峨

太秦天神川 T17

西大路御池 T16

二条 T15

二条城前 T14

K08 烏丸御池 T13

京都市役所前 T12

三条京阪 T11

東山 T10

蹴上 T09

御陵 T08

山科

上栄町

大谷

嵐山

嵐電
天神川

帷子ノ辻

二条

大宮

西院

烏丸

京都河原町

三条

地鐵東西線

京阪京津線

京阪山科

追分

四宮

松尾大社

京福電鐵
嵐山本線

西院

四条大宮

K09

四条

祇園四条

JR湖西線

石山寺

阪急嵐山線

丹波口

五条 K10

清水五条

JR琵琶湖線

山科 T07

西京極

梅小路京都西

京都

七条

東野 T06

西大路

京都

JR東海道新幹線

桂

K11 京都

椥辻 T05

阪急京都線

洛西口

東寺

九条 K12

東福寺

東福寺

小野 T04

長岡天神

桂川

十条

十条 K13

伏見稲荷

稲荷

醍醐 T03

近鐵京都線

JR京都線

長岡京

くいな橋 K14

深草

京阪本線

地鐵東西線

石田 T02

上鳥羽口

地鐵烏丸線

K15 竹田

桃山

JR奈良線

六地蔵 T01

JR東海道新幹線

近鐵線

伏見

六地蔵

丹波橋

近鐵丹波橋

六地蔵

黃檗

中書島

桃山御陵前

向島

京阪宇治線

黃檗

橋本

淀

小倉

JR小倉

宇治

八幡市

伊勢田

宇治

枚方市

大久保

城陽

久津川

寺田

富野荘

新田辺

近鐵線

Have a Nice Trip!

關西行程規畫

在關西只能短天數停留，對於排行程實在是天大的考驗！因為在關西圈內，單是京、阪、神、奈、姬與和歌山等處，都可以各自玩好幾天。將所有天數都安排在京都或大阪進行定點旅行者，更是不在少數。

首次造訪者

京阪精華4日遊：牛奶杰在此設計的行程，是將自己跟狸貓管家多年前第一次到關西自助旅行時的安排濃縮修改，以4天的時間在京阪與奈良短暫停留，有種踩線之旅的意味。

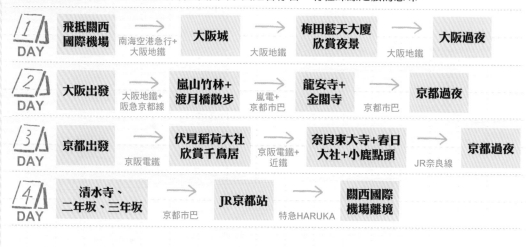

DAY 1 飛抵關西國際機場 → (南海空港急行+大阪地鐵) 大阪城 → (大阪地鐵) 梅田藍天大廈欣賞夜景 → (大阪地鐵) 大阪過夜

DAY 2 大阪出發 → (大阪地鐵+阪急京都線) 嵐山竹林+渡月橋散步 → (嵐電+京都市巴) 龍安寺+金閣寺 → (京都市巴) 京都過夜

DAY 3 京都出發 → (京阪電鐵) 伏見稻荷大社欣賞千鳥居 → (京阪電鐵+近鐵) 奈良東大寺+春日大社+小鹿點頭 → (JR奈良線) 京都過夜

DAY 4 清水寺、二年坂、三年坂 → (京都市巴) JR京都站 → (特急HARUKA) 關西國際機場離境

時間充裕者

城崎溫泉2日遊：不妨安排2天到最受女性推薦的城崎溫泉走走，多家旅館的外湯可以恣意輪流泡，有「日本三景」封號的天橋立，以及牛奶杰私房景點的舞鶴也都值得前往。

DAY 1 大阪／京都出發 → (JR線) 福知山城 → (JR線) 城崎溫泉外湯巡遊 → (步行) 城崎溫泉過夜

DAY 2 城崎溫泉出發 → (JR線+丹後鐵道) 天橋立 → (丹後鐵道+JR線) 舞鶴紅磚倉庫爵士樂 → (JR線) 大阪／京都過夜

單日行程補充包

1日遊建議：京阪神各地的交通距離不遠，有多種單日行程可以挑選。

明石海峽大橋+姬路城

梅田站出發 → （阪神本線+山陽電鐵）明石海峽大橋攀登橋塔 → （山陽電鐵特急）姬路城 → （山陽電鐵）明石燒 → （山陽電鐵+大阪地鐵）大阪過夜

環球影城

JR大阪環狀線各站出發 → （JR夢想花開線）大阪環球影城 → （步行）Universal CityWalk → （JR夢想花開線）大阪過夜

神戶+有馬

梅田站出發 → （阪神本線+Loop循環巴士）神戶舊居地 → （Loop循環巴士）北野異人館+星巴克 Neighborhood and Coffee → （北神急行+神戶電鐵）有馬溫泉 → （北神急行+神戶電鐵+阪神本線）大阪過夜

和歌山

難波站出發 → （南海電鐵）加太港+友島天空之城 → （南海電鐵+巴士）和歌山電鐵貓站長+小玉電車 → （巴士+南海電鐵）晚間回到大阪逛心齋橋與難波 → （大阪地鐵）大阪過夜

抹茶與清酒之旅

大阪／京都出發 → （JR線／京阪電鐵）宇治平等院+抹茶故鄉 → （JR線／京阪電鐵）伏見月桂冠酒廠+寺田屋 → （京阪電鐵）枚方 T-SITE → （京阪電鐵）大阪／京都過夜

彥根城+水鄉

大阪／京都出發 → （JR東海道線新快速）國寶彥根城+彥根貓表演 → （JR東海道線新快速）近江八幡水鄉散步 → （JR東海道線新快速）EXPOCITY → （JR東海道線新快速）大阪／京都過夜

真田丸+高野山

大阪出發 → （大阪地鐵）大阪城真田丸遺跡 → （大阪地鐵+南海電鐵）世界文化遺產高野山朝聖 → （大阪地鐵+南海電鐵）晚間回到大阪逛心齋橋與難波 → （大阪地鐵）大阪過夜

關西必買必吃

宇治抹茶

宇治為日本抹茶的故鄉,當然要品茗一下,更要帶幾包茶葉回家繼續回味,在地茶商開發了各種抹茶冰品,只是傳統名店的生意太好,要預留時間排隊。

魔法壺布丁

來自神戶的魔法壺布丁以綿密口感征服許多老饕,很受歡迎。除了自家門市,關西機場也有多家紀念品店有販賣4盒裝的魔法壺布丁,不過布丁不能當作隨身行李搭機,買了得趕緊吃完!

京都巴士毛巾

在京都幾乎都會搭巴士,使巴士意外成為京都印象之一。交通局特別推出「巴士方向幕」的毛巾,尺寸110X40公分,跟實體的比例是1:1喔!

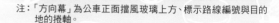

堀川通
二条城・京都駅
Kyoto Sta. Via Nijo-jo Castle
9

注:「方向幕」為公車正面擋風玻璃上方、標示路線編號與目的地的捲軸。

甲子園球場商品

甲子園球場是全國野球的最高殿堂,常作為動漫主題的聖地,也是職棒阪神虎隊主場,隨時都有虎軍周邊商品!每年春夏的高校野球賽期間也會販售相關紀念品。

環球影城周邊商品

配合大阪環球影城增加了「超級任天堂世界」,園區內外的紀念品店也增加了各種任天堂角色周邊商品,一不留神就會把信用卡刷爆囉!

關西篇

明石燒

外形和章魚燒很像，但口感不太一樣。對當地人來說，明石燒是當正餐來吃的，一顆顆金黃色的明石燒擺在木盤上，就可以開動囉！

優佳雅咖啡

優佳雅(よーじや，yojiya)從販售受藝妓姊妹指定款的吸油面紙起家，成為京都名產，還開了專屬咖啡店。咖啡上會有招牌鬼頭圖案的拉花。

中川政七商店

中川政七是日本知名的傳統工藝與雜貨店，產品相當有質感，深受注重生活品質的客群喜歡。在創始地奈良開設的「鹿猿狐ビルヂング」門市很值得瞧瞧，也有奈良限定商品。

埴輪布丁

大阪的堺市以當地世遺「百舌鳥古墳群」作為發想，利用古墳的文物造型，設計呆萌可愛的「埴輪布丁」(はにわぷりん)。除基本款外，在萬聖節、情人節與母親節等日子，還會推節慶限定款。

老屋咖啡館

京都的老屋多，很適合孕育非連鎖的獨立咖啡館。就像京都人一樣，每間咖啡館都有自己的個性，旅人登門拜訪，就是場一期一會的款待。

章魚燒餅乾

章魚燒是大阪地區的平民小吃，口感跟台灣的章魚燒相比更為軟嫩，吃起來的感覺跟在台灣很不一樣(哪邊比較好吃更是各擁其主)。不過日本的章魚燒帶不回來，可以考慮用可愛的章魚燒餅乾替代。章魚燒上的醬汁是以巧克力取代喔！

大阪之旅

大阪坐落於大阪灣的深處，為關西圈與近畿地方的中心，西接神戶、南通和歌山、東側穿過生駒山便是奈良，沿淀川往東北走則是京都。從大阪到上述城市的車程時間都在1小時內，整個都會區人口約有2,000萬名。

如果懶得搬行李換旅館，可以考慮下榻於交通便利的難波、新今宮、梅田，或新大阪車站一帶。以此為基地白天出門觀光，夜間再返回休息。尤其新今宮是低價旅館集中處，只是市容街道會較髒亂一些。

大阪坐擁京都出海港口的位置，是全國物資進京前的集散地，貿易興盛。在此能嘗盡大江南北美味食材的料理，有「天下廚房」之稱。

難波+道頓堀+心齋橋

➡ 御堂筋線與南海本線的難波站、御堂筋線與長堀鶴見綠地線的心齋橋站

難波是大阪南區的交通中心，連同道頓堀和心齋橋一起發展為購物鬧區。道頓堀的運河周圍是美食一級戰區，繼續捍衛「天下廚房」的招牌。

▲ 道頓堀旁的glico跑跑人廣告歷史悠久，是大阪名景之一

▲ 大阪過去有「天下廚房」之稱，大螃蟹招牌亦為道頓堀的地標

▲ 大阪的四天王寺由聖德太子在西元593年修建，是日本最早的佛教寺院之一

▲ 心齋橋一帶是大阪的購物鬧區，夜晚非常熱鬧

大阪城+大阪歷史博物館

- http www.osakacastle.net/hantai
- 中央線、谷町線的谷町四丁目站，JR環狀線大阪城公園站，至天守入口徒步20分鐘

大阪城在戰國歷史中有特殊一頁，跟豐臣秀吉與德川家康的霸業興落密切相關，天守閣雖為戰後重建，但仍有很高的觀光人氣，吸引眾多遊客造訪。與大阪城一路之隔的大阪史博館，則可認識城市歷史起源。

▲ 大阪城承載著城市的歷史，現有天守閣為戰後重建

▲ 大阪城位於大阪的都會中心，整個公園被現代城市包圍

中之島

- Osaka Metro御堂筋線或京阪本線淀屋橋站，Osaka Metro四橋線肥後橋站

中之島顧名思義是座河川中的狹長小島，以往就是大阪市中心的代表，水岸邊也規畫了休憩空間，受到市民們喜歡。疫情期間揭幕的美術館與兒童圖書館，為中之島帶來了全新活力。

▲ 大阪中之島美術館從構思到開放超過40年，建築師設計的「黑箱」等著眾人一窺究竟

▲ 「童書森林中之島」的建築物由安藤忠雄設計

梅田

- JR大阪站；阪急、阪神與大阪地鐵的梅田站

梅田是大阪北側的交通中心與購物區，OSAKA STATION CITY與大丸百貨也很好逛。北側的梅田藍天大廈，是看夜景的好去處。

▲ 梅田是大阪市北側的都會中心，購物、交通、辦公機能充足

環球影城

- http www.usj.co.jp/tw
- JR夢想花開線(JRゆめ咲線)環球影城站

2001年開業至今人氣不墜，尤其近年揭幕的哈利波特城堡，以及推出與日本動漫作品結合的各種遊憩設施，屢屢刷新入場紀錄。園外往來JR車站的商店街也很有看頭！

▲ 全球各地的環球影城，都會有一座地球儀地標

▲ 日本環球影城魅力不減，年年都會推出新設施與新節目

京都之旅

京都曾為天皇宮殿所在地的日本首都,稱為「平安京」。如今是日本的歷史與文化瑰寶之都,有多棟古蹟建築共同以「古都京都的文化財」之名納入世界遺產的保護。

京都市區的地圖上,由北往南排列的一条通至九条通等主要道路,沿襲自傳統的平安京。其中在四条通的河原町一帶是鬧區,往東渡過鴨川,便來到大名鼎鼎的祇園,是觀光名勝的聚集區。

而JR京都站所在的七条通至九条通一帶,發展程度比不上三条通、四条通周圍。有趣的是,1997年落成的JR京都站的大樓,因造型新潮獨特,曾被認為難以融入古都市容!幸好那裡從不曾是京都核心,反對聲浪亦逐漸式微。

▲ 祇園是京都的鬧區,藝妓常會在這附近現身

▲ 藝妓與舞妓的身影,仍不時會在京都的市街穿梭

▲ 19世紀時創建平安神宮,與遷都平安京1100周年有關

🌰 豆知識
講究風水布局的文化古都

京都位處三面環山的盆地內,僅南側有較寬廣的平地,且東、西、南面均有河流通過,此為1,200年前刻意篩選的成果,跟「左青龍、右白虎」的風水陣式有關。

皇城設在整個平安京的北部,呈坐北朝南之勢,南側城門(朱雀門)外直對著朱雀大道。大道左側為左京(東側)、右側為右京(西側),跟現今地圖慣用的左西右東正好相反。據說布局是參考古中國的洛陽,京都遂以「洛」為代稱,「洛東」便是指鴨川彼岸的東山地區。

金閣寺

http www.shokoku-ji.jp

➡ 京都市巴士金閣寺道站牌，徒步2分鐘；金閣寺前站牌，徒步1分鐘

通稱「金閣寺」的鹿苑寺舍利殿建於1397年，外牆和屋簷貼滿金箔，是全日本最知名的寺院。金閣寺曾遭僧侶焚毀，現為1955年重建的成果，該事件成為三島由紀夫小說《金閣寺》的藍本。

▲ 金閣寺以金光閃閃風貌著稱，是知名度最高的日本寺院

時代祭

➡ 遊行在市區內進行，可於地鐵今出川站、京都市役所前站、三條京阪站；阪急京都河原町站等地觀賞

時代祭、葵祭，與祇園祭合稱京都三大祭典，特色是由民間團體擔任演員，扮演過去一千多年來曾出現在京都這個時代大舞台上的知名人物，各隊伍依不同年代排列，會從京都御所出發，一路遊行至平安神宮。時代祭每年在秋天的10月22日舉行，氣候較舒適。

▲ 時代祭的內容正如其名，會重現不同時代出現的京都的歷史人物

清水寺

http www.kiyomizudera.or.jp

➡ 京都市巴士五条坂或清水道站牌，徒步10分鐘

洛東代表寺院，以國寶本堂前的高架木造平台「清水舞台」聞名，自古是眺望京都市容的絕景處。清水寺的音羽之瀧有三道泉水，飲下後可分別獲得學問、戀愛或長壽，但每次參拜只能喝其一。寺內的地主神社據說求愛情特別靈驗。

▲ 清水舞台完全以榫接搭建，未使用任何釘子

哲學之道

➡ 京都市巴銀閣寺前站牌，徒步1分鐘、宮之前町站牌，徒步2分鐘

位於洛東山腳下，全長約1.5公里，可連結銀閣寺到永觀堂、禪林寺與南禪院周邊。這條閑逸的散步道，以京都大學的學者過去常在此漫步沉思而得名，小徑旁的水圳為琵琶湖放水路的一部分，兩旁遍植綠蔭，春櫻、夏柳、秋楓、冬雪各具風情。

▲ 哲學之道的名稱吸引人，楓紅也令人著迷

嵐山

位於京都西郊，是群山繚繞的避暑勝地，自古受到京都居民喜歡，楓紅季節的景致更是搶眼。

渡月橋

嵐山的鬧區多集中在桂川北岸，渡月橋跨越兩地，是當地的重要交通途徑，更成為代表地標。從河中的中之島望著溪流與渡月橋，再以滿山楓紅的嵐山為背景，可說是這裡的代表景致。

➡️ 嵐電嵐山站，徒步2分鐘；阪急嵐山線嵐山站，徒步5分鐘；JR山陰本線(嵯峨野線)嵯峨嵐山站，徒步10分鐘

▲ 渡月橋是嵐山的地標，在兩側堤岸散步相當愜意

嵐山竹林

天龍寺北門與野宮神社一帶的竹林小徑，是許多遊客不會錯過的取景處。兩旁參天翠竹挾著幽靜廊道，散發濃厚的日本氣息。倘若當下正好有人力車載客經過，儼然就是風景明信片的構圖。

➡️ 嵐電嵐山站，徒步6分鐘；JR山陰本線(嵯峨野線)嵯峨嵐山站，徒步8分鐘；阪急嵐山線嵐山站，徒步16分鐘

嵐山竹林蘊藏典雅的日 ▶
本氣息，相當吸睛

宇治

京都南郊的宇治，以出產日本傳統抹茶廣為人知，JR站外的郵筒也要變身為大茶桶的造型呢！

平等院

平等院是著名的佛教寺院，其建築圖像為10日圓硬幣的主角。參道兩旁盡是抹茶名店，中村藤吉與伊藤久右衛門兩大老鋪均在此設點，夏季的冰品讓人再三回味。

🌐 www.byodoin.or.jp
➡️ JR奈良線宇治站、京阪宇治線京阪宇治站，徒步10分鐘

▲ 平等院是宇治最著名的寺院景點

宇治橋

宇治同時是日本古籍名著《源氏物語》的故事發源地，沿著平等院參道來到宇治川，在宇治橋旁有一座紫式部的雕像，作為古書的紀念象徵。宇治橋本身是在地的地標，京阪宇治站就位於北岸的橋頭。

➡️ JR奈良線宇治站、京阪宇治線京阪宇治站，徒步5分鐘

宇治橋旁有紫式部的雕 ▶
像，作為《源氏物語》
的象徵

奈良之旅

奈良是歷史古都(輩分甚至比京都還高)，也是個人們與自然能和諧相處之城，在市區街道上可見到鹿群自在遊走，非常特別。

東大寺

http www.todaiji.or.jp

➡ 市內循環巴士大佛殿春日大社前站牌，徒步5分鐘；近鐵奈良線奈良站，徒步20分鐘

建於728年，大佛殿號稱目前全球最大的木造建築物，也是奈良最具代表性的佛寺，納入世遺名單保護。大佛殿柱子下有個小洞，尺寸比照佛像的鼻孔，若能鑽過洞口據說就能遠離災難與疾病。

奈良公園與鹿

➡ 市內循環巴士大佛殿春日大社前站牌，徒步5分鐘；近鐵奈良線奈良站，徒步20分鐘

奈良市內以能和鹿群共生而聞名，在金城武的長榮航空廣告中十分搶鏡。鹿多集中在奈良公園到春日大社間的綠林，偶而會進入市街。鹿不太怕人，甚至還會偷吃遊客的地圖或塑膠袋喔！

▲ 東大寺大佛殿為全球最大木構建築，已納入世遺名單

▲ 鹿群自由生活在城市的綠地，與奈良居民和諧共生

神戶之旅

神戶市區集中在六甲山南麓到海邊的狹長平地，東西寬約20公里，南北向從山腳到海岸約2公里。行經神戶的主要鐵道路線，均呈東西向。

「三宮」為神戶最熱鬧之處。朝北往山坡走10分鐘可抵達北野坂，過去是外國人的住宅區，如今以「北野異人館」之名化身觀光景點。北野坂往東有新幹線，與地鐵山手線及北神線(往有馬溫泉)的新神戶站。可將異人館與有馬溫泉的行程串在一起，晚間再上六甲山欣賞夜景。往西南方向，會先經過元町舊居地與南京町中華街一帶，接著便是港口碼頭區，有神戶港塔、川崎世界博物館、海洋博物館，以及Mosaic購物中心等。

北野異人館

➡ 阪急神戶線與阪神本線的神戶三宮站，JR神戶線三宮站，步行13分鐘，或轉乘循環巴士

市區北部依山而建的北野一帶，昔日為外國商人聚居處，建有一棟棟稱為「異人館」的西洋屋舍。這些老屋各有風情，以相異主題吸引遊客入內參觀，代表者如風見雞館與萌黃館等。落腳於老屋的星巴克咖啡店，為日本一系列特色概念店的成員之一。

▲ 坐落於港濱的兵庫美術館，是安藤忠雄的代表作品

▲ 異人館過去是西方商人的宅邸，現成為觀光景點

神戶港

➡ 神戶地鐵海岸線港元町站步行7分鐘；阪神本線、JR神戶線的元町站步行13分鐘

神戶港為日本的重要海港，每天皆有大批貿易商品與工業製品由此進出口。港口碼頭有一部分毀於阪神大地震，當局決定依當時災情予以保存，成為紀念園區。鄰近港濱的元町與舊居地昔日為商業區，如今聚集不少精品店鋪。

▲ 神戶港這段提防刻意保留震災遺跡，作為紀念園區

▲ 神戶港不僅是日本重要商港，水岸風景也是一流

有馬溫泉

➡ 神戶電鐵有馬線有馬溫泉站，至金之湯步行5分鐘

有馬溫泉是日本知名的三大古泉之一，且十分靠近阪神都會區。從市內出發不用1小時車程，便能好好泡湯放鬆身心。本地著名的湯屋，包括太閣之湯、金之湯與銀之湯等。有馬溫泉可與六甲山一同造訪，泡完溫泉再來欣賞夜景。

▲ 來有馬溫泉泡湯，也別忘記逛逛周圍的特色小鋪

▲ 有馬溫泉是鄰近阪神的知名溫泉區，很受歡迎

姫路城

http www.himeji-kanko.jp (點選「景點」→姫路城)
➡ JR山陽本線姫路站、山陽電鐵本線山陽姫路站，徒步15分鐘

姫路城天守閣為日本12座現存木造天守、5座國寶之一，也是目前唯一列入世界文化遺產的日本天守，規模宏大且結構完整。牛奶杰覺得：若此生只看1座日本城堡，那就挑這裡了！先來過姫路再拜訪它處，可能會覺得其他城堡氣勢略顯不足喔。

▲ 姫路城是目前保存最完整的日式城堡，絕對值得一遊

▲ 姫路城位於車站正前方，遊客可以借用免費腳踏車前往姫路城

和歌山之旅

和歌山位於關西地方的南側，從大阪搭JR阪和線或南海電鐵的電車前往約65分鐘，若從機場往來就更近了。喜歡歷史的玩家，可拜訪和歌山市區的和歌山城與認識紀州藩的故事。和歌山電鐵則以「貓站長」聞名海內外，南海加太線的鯛魚列車也很有趣味。

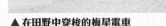

▲ 在田野中穿梭的梅星電車

和歌山電鐵與貓站長

http wakayama-dentetsu.co.jp
➡ JR阪和線和歌山站轉乘

原本經營狀況嚴峻，瀕臨廢線危機的和歌山電鐵貴志川線，在終點的貴志站收養了三毛貓小玉，並請她出任「貓站長」後，掀起了奇蹟式的貓站長旋風。後續推出的草莓電車與小玉電車等主題列車，以及大改造的貴志站，也成功延續了話題熱潮，讓和歌山電鐵成為全國知名的人氣鐵道！

▲ 小玉站長過世後，現由二代玉與四代玉接下站長重任

◀ 仔細看小玉電車的車頂還有一對貓耳朵呢

▲ 改建後的貴志站，有著貓咪的造型呢

北海道篇
Hokkaido

獨特天然環境，四季景致各具魅力

北海道擁有豐富的天然資源發展農林漁牧產業，
得天獨厚的純淨環境更讓它成為旅遊聖地。四季
景致各具魅力，若想玩遍北國可能得在4個時節
分別造訪喔！

新千歲機場

新千歲機場是北海道最主要的空中門戶，國內外航班起降頻繁，航廈結構卻相當簡單，不易迷路。JR新千歲空港站位於國內航廈B1樓，下樓即可抵達(國際線的旅客，可經電動步道至國內航廈)。JR車站能購買或兌換啟用企劃票，陸空連結相當方便。

▲ 新千歲機場的國際航站相當漂亮

快速Airport列車

http www.jrhokkaido.co.jp
(繁體中文→列車導覽→快速Airport號)

從機場到札幌市區與小樽，推薦搭JR北海道的「快速Airport」(快速エアポート)列車。

▲ 在冬天掛上白鬍子的快速Airport列車

運行區間

新千歲機場←→札幌←→小樽。

運行時間

機場到札幌行車時間爲37分鐘。機場進城方向於日間時段每逢6、18、30、42、54分發1班車，其中18分、42分與54分的列車僅行至札幌站。札幌往機場大致逢00、11、23、35、47分發車，小樽往機場大致於整點與35分發車。

	首班車時間	末班車時間
從新千歲機場出發	06:39	22:53
從札幌站出發	05:50	21:00

＊資料時有異動，請以官方公布的最新資料爲主

費用說明

從機場到札幌¥1,150。快速Airport列車第四節車廂爲「U-Seat」(Uシート)指定席空間，外觀以一條藍色腰帶區別。入座U-Seat必須支付指定席費¥840，憑全國版或北海道JR Pass等企劃票，上車前先向綠窗口劃位，就免另外付費。

▲ 快速Airport列車的U-Seat車廂外觀會有一條藍色帶

如何購票

向自動售票機購票，或直接感應智慧票卡。

機場巴士

http www.new-chitose-airport.jp/tw/access/bus

機場巴士可前往JR札幌站或市內的幾處地鐵站，費用為¥1,100。但因耗時較久（到札幌站約65分鐘起），所以除非目的地是札幌巨蛋或沿途旅館，否則不建議選擇機場巴士。

▲ 新千歲機場的店鋪數量相當多，規模不輸百貨公司

▲ 完成入境手續出關後，循正前方的步道便可往國內線航廈前進

▲ 在國內線航廈這端有指標指引，往JR車站者請搭電扶梯下樓

▲ JR新千歲空港站位於國內線航廈B1樓，轉乘全程都在室內環境，不怕風雪

▲ JR車站的外籍旅客服務處（左側），請記得抽號碼牌排隊

▲ 機場有巴士開往札幌等處，方便旅客進出

▲ 新千歲機場的店鋪空間非常好逛，牛奶杰戲稱為「新千歲國際商場」

▲ 國內線航廈設有天然溫泉可以泡，另提供過夜休息的服務

▲ 航廈內的影城，也是附近居民平時看電影的休閒去處

▲ 航廈內的「哆啦A夢空中樂園」，有體驗設施與咖啡廳

鐵道交通

北海道的鐵道網以札幌為中心，連結道內各主要城鎮。除了札幌與函館市內有公營的地鐵或路面電車，以及函館地區的道南ISARIBI鐵道外，其餘載客路線均由JR北海道提供服務。

JR列車路網

特急列車以札幌為樞紐，分別前往函館、旭川、富良野、網走與釧路等地。札幌到小樽間屬於札幌通勤圈，可搭快速Airport或次一等的區間快速列車，不過一旦離開札幌通勤圈，JR北海道各路線的普通車班次稀少，甚至有車站每天單向只停1班車，規畫行程時務必要再確認。

▲JR北海道的特急列車，連結主要城市

▲道內主要都市間有高速　　▲道內的空中航線也是交通
巴士行駛　　　　　　　　　聯絡方法之一

道內行搭不到新幹線

儘管JR北海道新幹線的第一階段已在2016年春天通車，但營運範圍是從本州的JR新青森站，經海底隧道到北海道的JR新函館北斗站。實際在北國運行的區間僅有邊陲一小段，因此JR北海道的特急列車，仍是道內移動的重要工具。

▲北海道的普通列車班次稀少，在安排行程的時候務必確認時間

公路與航班

道內的高速公路網正在擴張，主要城市間有高速巴士往來；從新千歲機場與札幌的丘珠機場往

道內大城有國內線航班。大多數遊客會拜訪的城鎮，都能靠火車或火車轉巴士前往，但有些自然景區若非自行開車會不太方便。外國遊客常租車旅行，甚至可租附床鋪的露營車。

要有拉車的心理準備

北海道的面積有2.3個台灣大，除非是固定在城市周圍定點旅行，不然無論是跟團或自助、搭車或開車，在北海道都要有長途拉車的心理準備！

企劃車票

北海道鐵路周遊券 (HOKKAIDO RAIL PASS)

http www.jrhokkaido.co.jp (繁體中文→鐵路周遊券&票券)

通稱JR Pass北海道版，適合在道內長距離移動的遊客。

■**有效範圍：**可在道內不限次數劃位搭乘JR北海道線的所有列車(但不包括JR北海道新幹線)。

■**價格：**連續5日券¥21,000、7日券¥27,000、10日券¥33,000；赴日前先洽旅行社購票各省¥1,000(以上兒童均半價)。

■**購買地點與條件：1.**持「短期滯在」身分入境者，可在新千歲空港站、札幌站、函館站、新函館北斗站等9座JR北海道的車站購買周遊券或兌換。

2. 也可在赴日前向旅行社預購交換券，再到北海道兌換成正式周遊券。

▲北海道鐵路周遊券適合會長距離搭車的遊客

3. 成田機場、羽田機場、東京與新宿等站的JR東日本旅行服務中心有販售(但不能兌換交換券)。

JR東日本・南北海道鐵路周遊券

http www.jreast.co.jp(票價與周遊券> JR東日本・南北海道鐵路周遊券)

■**有效範圍：1.**適用於本州的東半部與北海道南半部，不限次數乘坐區域內的JR北海道及JR東日本各線各級列車(含新幹線)。另外亦可搭青之森鐵路、IGR岩手銀河鐵路等範圍內的相關路線，但不含函館地區的道南ISARIBI鐵道。

2. 曾為14天內任選6天，現改連續6天有效。

3. 除了道南，也包括札幌、小樽、函館與新千歲機場等處，適合搭新幹線一路從東京玩到札幌者。

■**價格：**¥35,000(兒童¥18,500)。

■**購買地點與條件：**短期滯在的外國遊客，可於新千歲機場、札幌、函館、新函館北斗、成田機場、羽田機場、仙台機場、東京、上野、新宿等24處車站購買。

其他鐵路周遊券

■JR東北・南北海道鐵路周遊券，6日¥30,000。
■札幌－富良野區域鐵路周遊券，4日¥11,000。
■札幌－登別區域鐵路周遊券，4日¥10,000。

行家祕技 靠青春18車票搭北海道新幹線？

北海道新幹線通車前，青春18車票特例開放免費搭特急列車自由席穿越青函海底隧道。如今在來線的客運列車停開，海底隧道供新幹線專用，持青春18車票者得加購¥2,490的「青春18きっぷ北海道新幹線オプション券」(青春18車票北海道新幹線Option券)。但因班次不順，建議直接買新幹線單程票較可行。

札幌市區交通

札幌有3條市營的地下鐵與1條環狀行駛的路面電車，可用Suica或ICOCA等智慧票卡付車資。若想更融入當地，可選用本地發行的SAPICA或JR北海道主導的Kitaca喔！

http 札幌市交通局：www.city.sapporo.jp/st

地鐵

3條札幌地鐵路線構成的路網，呈現「井」字形，一橫（東西線）兩豎（南北線與東豐線），可在大通站互相轉乘；而南北線與東豐線均通過JR札幌站（地鐵以平假名「さっぽろ」標示站名）。

票價

費用依區段計算，在¥210～380（兒童¥110～190）間。地鐵1日券（地下鉄專用1日乘車券）可在各站的自動售票機購買，平日版¥830（兒童¥420），週末假日版「ドニチカキップ」¥520（兒童¥260）。

路面電車

札幌市區的道路上，有日本緯度最北的市營路面電車系統，在市區西南部自成一圈運行，全長共8.9公里，設有24個停靠站。

路面電車最早是為載運石材而建，以馬為動力，1918年全面改以電力載客，已有超過一世紀的歷史。冬季的市街常積著厚厚降雪，路電便為居民方便可靠的交通工具。

可從地鐵大通站或薄野站（すすきの）轉乘路電。要搭纜車登上藻岩山欣賞夜景者，可靠路電至「Ropeway入口」（ロープウェイ入口）站，再步行轉乘。

票價

不論遠近每趟收費¥200（兒童¥100），可用手機或向駕駛員購買一日券¥500、週末假日「どサンこパス」¥400。另有手機專賣的24小時券¥780。

▲ 札幌市內有3條地鐵，方便遊客前往各處

▲ 路面電車在冬季時是相當可靠的交通工具

巴士

　　札幌市內沒有公營的路線巴士，而是由北海道中央巴士、JR北海道巴士，以及JOTETSU（じょうてつ）三者一同提供服務，暫無共通的企劃票。憑JR Pass全國版或北海道版可搭札幌市區的JR北海道巴士。

轉乘

- 乘客在地鐵、路電與巴士之間轉乘，憑Kitaca或Suica等智慧票卡可享約¥80的車資折抵（以往的單程票轉乘制度已終止）。
- 地鐵沿途廣設了二十多座室內巴士轉運站，不怕風雪影響。遊客常轉車的福住站（往羊之丘展望台或札幌巨蛋）、新札幌站（往北海道開拓之村）與環狀通東站（往Moere沼公園）等，都有室內轉運設施。

路上觀察 不一樣的札幌地鐵

- 札幌地鐵雖然名為地下「鐵」，但僅鋪設中央導軌，列車其實是以輪胎行駛。
- 地鐵站的改札機旁多半會有一個大平台，讓穿著大衣全身包緊緊的民眾暫放手中物品，方便刷卡過閘門。
- 為免冬季大雪影響，札幌地鐵多藏於地下隧道中，在地面與高架區間則會用半透明管狀結構完整包覆。

▶ 地鐵改札口旁幾乎都有暫放物品的平台，相當貼心

▲ 札幌地鐵在幾個主要節點設有室內的巴士轉運站

定期觀光巴士資訊看這裡

　　北海道中央巴士以札幌為出發地，提供超過20條定期觀光巴士路線，讓遊客搭車暢遊札幌市區或道央區域，且附中文語音導覽。有上午、下午、夜間、全天等多種選擇，可納入行程參考。

http teikan.chuo-bus.co.jp/tw

＊資料時有異動，請以官方公布的最新資料為主

行家祕技 First Love拍攝地點訊息

　　《First Love 初戀》是NETFLIX製播的日劇，以宇多田光的經典歌曲《First Love》作為發想，2022年冬天上架後在東亞地區受到熱烈迴響。《First Love》一大部分劇情發生在北海道，拍攝時自然就在此取景。

　　札幌周邊入鏡的地點，包括札幌市民交流Plaza（札幌市民交流プラザ，男主角晴道擔任保全的地方）、大丸百貨的鋼筆櫃、大通公園、大通巴士中心、中島公園、天文台，以及札幌市電等。想造訪這些地方，搭地鐵是最方便的方式。

　　另外，劇中重要橋段的圓環於旭川市，義大利麵店則於千歲市。

▲ 中島公園曾多次出現在《First Love 初戀》劇中

北海道 行程規畫

北海道的面積是好幾個台灣，認真玩一輪起碼需要1個月的時間。該怎麼取捨，有點讓人傷腦筋呢！

首次造訪者

小樽、札幌4日遊：若沒辦法規畫長假，這邊設計4天的基本行程，由新千歲機場作為從空中進出的口岸，遊玩札幌與小樽。可搭直飛班機往返，或是在東京、大阪，福岡或名古屋轉機。

DAY 1
飛抵新千歲機場 → (快速Airport列車) 小樽老街 → (步行) 小樽運河 → (纜車) 天狗山夜景 → (纜車) 小樽過夜

DAY 2
小樽市綜合博物館 → (步行) 金融資料館 → (快速Airport列車+地鐵) Moere沼公園 → (地鐵) 札幌過夜

DAY 3
羊之丘+札幌巨蛋 → (地鐵+JR) 開拓村+博物館 → (地鐵+路面電車+纜車) 藻岩山夜景 → (纜車+路面電車) 札幌過夜

DAY 4
北海道廳 → (步行) 時計台 → (快速Airport列車) 新千歲機場離境

▲羊之丘紀念札幌農學校創立者的克拉克銅像，為札幌著名地標

▲網走監獄記錄著一段將重刑犯送往冰天雪地邊境開墾的歷史

▲摩周湖常瀰漫朦朧水氣而有「神祕之湖」的別稱

▲塘路是造訪釧路濕原的主要出入口

▲釧路濕原的開闊景觀，令人神清氣爽

▲幸福車站，祝福著往幸福前進的戀人們

時間充裕者

　2日遊：基本行程比較可惜的是沒辦法走訪道南的函館以及道東的帶廣、釧路、網走、釧路濕原等地。考量北海道的路程距離較長，在札幌以外的組合行程，建議最好能在外過夜至少1天。可參考出門的季節與對各地的喜好興趣進行調整。

函館2日遊

1 DAY　札幌出發 → (JR列車) 函館元町 → (纜車) 函館夜景 → (纜車+路面電車) 湯之川溫泉過夜

2 DAY　修道院+冰淇淋 → (巴士) 五稜郭 → (路面電車+JR列車) 大沼公園 → (JR列車) 札幌過夜

富良野2日遊

1 DAY　札幌出發 → (JR列車) 富田農場 → (JR列車) 美馬牛 → (JR列車) 美瑛小鎮逛逛 → (JR列車) 美瑛過夜

2 DAY　美遊巴士清池花田午前線 → (休息) 美遊巴士花田山丘線 → (JR列車) 札幌過夜

道東2日遊

1 DAY　札幌出發 → (JR列車) 網走監獄 → (JR列車) 網走過夜

2 DAY　摩周湖 → (JR列車) 屈斜路湖 → (JR列車) 釧路夕陽 → (JR列車) 札幌過夜

釧路濕原2日遊

1 DAY　札幌出發 → (JR列車) 帶廣愛國幸福車站 → (巴士) 十勝川溫泉 → (JR列車) 釧路過夜

2 DAY　和商市場勝手丼 → (JR列車) 塘路湖+釧路濕原獨木舟之旅 → (JR列車) 釧路夕陽 → (JR列車) 札幌過夜

北海道必買必吃

鮮炸薯條

　　馬鈴薯鮮採直送，口感跟冷凍過的就是不同，好吃的薯條不用等。

薯條三兄弟

　　限用北海道的馬鈴薯生產，是伴手禮的首選。

乳製品

　　北酪農業發達，鮮奶自然濃純香！而霜淇淋當然也不容錯過。

巧克力

　　受惠於北海道有絕佳的牛奶，衍生的巧克力產品也有高評價，其中又以Royce為代表，他們在新千歲機場航廈內還設有巧克力觀光工廠呢。

Seicomart 的現做食品

　　Seicomart是以北海道為主要市場的便利商店，現做食品很受歡迎！

哈密瓜

　　天然環境適合生長，水果本身或哈密瓜相關製品都大力推薦。

北海道篇

小丑漢堡

「ラッキーピエロ」是間令人回味再三的速食店，完全在地品牌，每間門市的裝潢各有特色，但總脫離不了花俏誇張的風格。由於店家對食材品質有所堅持，婉拒擴增版圖的邀請，只在函館周圍開店。其官方中譯「幸運童子」，由於太逗趣而鮮少被稱呼，而通稱的「小丑漢堡」反而聲名遠播。

小丑漢堡的美味經驗，是讓旅人重遊舊地再次造訪函館的好理由。

▲ 左圖：只在函館開店的小丑漢堡，令品嘗過的饕客再三回味／右上圖：「LUCKY PIERROT」小丑漢堡是函館本地的代表漢堡／右下圖：小丑漢堡在函館有多家分店，但對於踏出函館卻興趣缺缺

小丑漢堡函館駅前店

- **http** luckypierrot.jp
- **🕐** 10:00～00:30，年中無休
- **💲** 人氣最高的唐揚雞漢堡 ¥350
- **➡** JR函館站徒步5分鐘，路電函館駅前站徒步1分鐘

北海道昆布

北海道出產的昆布在日本享譽盛名，且各產的風味略有不同，各有支持者。昆布產品可攜帶回國，作為高湯用在各種料理都很適合。

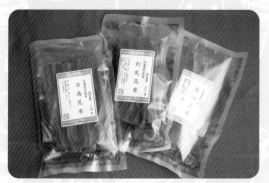

海鮮

北海道四面環海又是高緯度地區，海鮮自然是必嘗美食。

札幌之旅

札幌是北海道的地方政府(北海道廳)所在地與最大城市，都會區人口約有200萬名，為日本第5大城，JR札幌站的JR Tower更是仙台以北的最高建築物。

舊北海道道廳

http www.pref.hokkaido.lg.jp/sm/sum
(點選「道庁赤れんが庁舎の紹介」)
➡ JR札幌站、地鐵大通站徒步11分鐘

明治政府1886年設立「北海道廳」主掌開發事宜，隨後興建紅磚廳舍。舊道廳選用美式新巴洛克風的赤煉瓦建造，外觀細節可發現多顆五芒星，是沿襲開拓使時代的標誌，現役的七芒紅星北海道旗則懸掛塔頂，是新舊世代的對映。

▲札幌在冬季會被白雪籠罩，想賞雪不怕沒機會

▲JR札幌站是複合式功能的建築物，JR Tower更是北海道最高樓

▲札幌開發時引進西方都市計畫概念，街道筆直整齊

▲紅磚打造的舊北海道道廳，也曾擔任郵票主角

北海道篇

大通公園與時計台

http sapporoshi-tokeidai.jp
➡ 地鐵大通站徒步5分鐘

　　市區重要綠帶，每年2月的札幌雪祭在此舉辦。公園尾端有高聳的札幌電視塔（さっぽろテレビ塔）。鄰近大通公園的「時計台」，前身為北海道農學校的校舍鐘樓，如今化身為札幌最具代表性地標。

▲ 時計台的大鐘曾因疏於照顧而停擺，幸有民眾出錢出力才得以繼續運轉

▲ 時計台是札幌的地標，前身為農學校的校舍演武場

札幌Factory

http sapporofactory.jp
➡ 地鐵「巴士中心前站」（バスセンター前）8號出口徒步3分

　　札幌啤酒的前身可追溯到明治維新的開拓使時代，跟北海道的近代發展歷程一樣久，舊酒廠保存下來成為見學館，可參觀也可試飲。一旁的札幌Factory（サッポロファクトリー）綜合購物中心能逛一整個下午。

▲ 啤酒博物館原本的工廠建於明治時期

▲ 札幌Factory為大型的室內購物中心

北海道開拓之村

http www.kaitaku.or.jp
➡ JR或地鐵新札幌站下車，由巴士轉運站10號月台搭新22系統路線巴士至終點開拓之村站牌（約15分鐘）

　　北海道開拓之村（北海道開拓の村）以異地保存或依樣重建等方式，將五十多棟有歷史意義的老建築物，規畫成一座戶外博物園區，發揮教育、展示與研究等功能。

▲ 開拓之村依樣重建出1873年的舊開拓使札幌本廳舍

◀ 開拓之村珍藏的建築物五花八門，老派出所也是蒐集對象

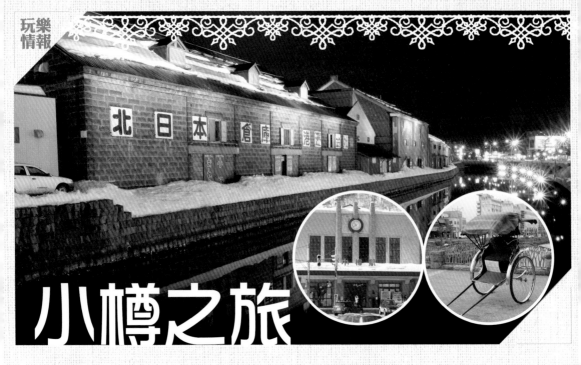

小樽之旅

昔日為煤炭輸出港，人口更勝札幌，相當熱鬧。如今透過觀光再造，化身為浪漫的北國旅遊城市。

小樽運河

➡ JR小樽站徒步12分鐘

　　預備進出口的貨品，會先經小樽運河暫存於倉庫，集貨完成再整批運走。於是一棟又一棟的磚造倉庫，便是北國港濱的象徵。二戰後儲運需求降低，倉庫變身為展覽空間與餐廳，轉型存入觀光財。

▲ 運河旁的舊倉庫，變身為美食餐廳，繼續發揮價值

▲ 小樽運河過去有倉儲功能，現在則是吸引遊客的景觀亮點，白天／夜晚、冬季／夏季景色各不相同，值得重遊

小樽老街

➡ JR小樽站徒步10分鐘

大家習慣稱與運河隔一個街區平行的堺町大通為「小樽老街」。街上各式各樣的特色商品，值得漫步逛逛。還可在「北一硝子」等玻璃藝品店體驗口吹玻璃，DIY製作自己專屬藝品。

▲ 老街上各式各樣的店鋪，值得逛逛

▲ 小樽老街散發著大正年代的氣息，見證北國港都的歷史風情

▲ 「北一硝子」是小樽著名的玻璃藝品店，更發展出不同副業的專賣店

小樽市綜合博物館

http www.city.otaru.lg.jp/docs/2020111300736/
➡ 本館：JR小樽站前巴士轉運站3號月台搭10系統路線巴士至綜合博物館站牌（約10分鐘）/ 運河館：JR小樽站徒步13分鐘

小樽是北國鐵道最早開通之處，港口鐵路遺跡如今由綜合博物館管理。博物館分為位於舊手宮車站的本館與靠市區的運河館。本館保存日本早期自行研製的蒸汽車頭，還有一節專為銀行運鈔票的車廂喔！

▲ 在博物館有機會實際體驗搭乘美製的蒸汽火車

▲ 博物館展示著名しづか的7106號蒸汽車頭，已有130歲了

日本銀行舊小樽支店金融資料館

http www3.boj.or.jp/otaru-m
➡ JR小樽站徒步13分鐘

日本銀行商請設計過總行與東京車站的建築師辰野金吾，為小樽支店操刀。支店關閉後變身為金融資料館，讓遊客認識金融界的祕密，更見證「北國華爾街」風采。

▲ 日銀舊小樽支店由辰野金吾設計，現為金融資料館

▲ 小樽素有「北國華爾街」之稱，街頭許多古典建築過去都曾是銀行

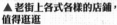

函館之旅

北海道南端的函館,是日本最早與西方接觸的港口之一,具西洋風采的舊城區、世界馳名的夜景,以及市內的溫泉區,讓函館具有多元的觀光吸引力。

➡️ 函館機場有航班往來桃園;市郊的JR新函館北斗站,為JR北海道新幹線目前的終點,需轉車進入市區。市內交通能仰賴路面電車

▲ 遊客在函館的市內交通,可仰賴Y字形路網的路面電車

元町

➡️ 路電末廣町站周圍

元町是函館舊城區的通稱,位於車站的西側。1854年函館對外國開港,西洋人隨後得以進駐元町一帶,讓這裡不僅散發海港氣息,也像歐洲小鎮。沿著山坡平行排列的坂道群與舊教會群,是元町的亮點風景。

▲ 元町一代的每條坡道各有風情,是具函館特色的代表

▲ 元町曾是讓西方船員在函館登岸的停留處,街道風情跟典型的日本大不相同

五稜郭

http www.goryokaku-tower.co.jp
➡ 路電五稜郭公園前站徒步15分鐘

幕末開港後,當局決定採用荷蘭設計概念,打造一座巨型星芒狀的堡壘,以增加設置火砲的空間,同時減少射擊死角,以防範外人入侵。無奈五稜郭唯一參與的戰役,是明治初期戊戌戰爭這場內戰!

▲ 五稜郭占地寬廣,相機的鏡頭若不夠廣,還無法一張收盡呢

函館山

http 334.co.jp
➡ 路電十字街站步行6分鐘,至函館山纜車山麓站,纜車上山約需3分鐘

函館市區的外形呈啞鈴狀,中間是很瘦的腰身,左右臨海,造就函館夜景的特殊風情,榮登世界三大夜景之一。標高334公尺的函館山是絕佳賞景處,可搭巴士(旺季運行,1日券適用)或纜車上山。

▲ 334公尺高的函館山可以眺望整個港灣,過去曾列為禁區無法接近
▼ 函館山是欣賞百萬夜景的好地方

美瑛、富良野之旅

美瑛與富良野位於整個北海道的中心點，是名符其實的「道央」，沿山勢起伏的丘陵農田，有北海道最動人的景觀，常登上風景月曆等觀光宣傳品，是許多人對北國心生嚮往之處。

➡️ 1. 從札幌搭JR經旭川轉乘JR富良野線，到美瑛約需2小時，到富良野約2.5小時
2. 札幌至富良野另有經瀧川轉JR根室本線的途徑，夏天旺季會加開臨時特急列車
3. 有多條觀光巴士路線選擇，但推薦最好租汽車代步，可掌握時間彈性與行程
4. 美瑛周邊景點也可租腳踏車巡遊，不過這裡是丘陵地形，騎腳踏車得花點體力

拼布之路

➡️ 建議以租車自駕的方式遊玩拼布之路；騎腳踏車也是可行，但沿途爬坡還不少，會有些費力

位於美瑛小鎮西北側的景觀道路，丘陵上種植的不同作物，會如拼布作品般讓大地布滿各種色彩。Ken與Mary之樹、七星之樹與親子之樹等，多因日本的廣告取材而家喻戶曉。

▲ 行駛於JR富良野線的普通列車，車身的色帶也是紫色薰衣草呢

▲ 美瑛西側的拼布之路，名稱來自彩色拼貼的北國的大地

富田農場

http www.farm-tomita.co.jp
➡ JR薰衣草花田站(ラベンダー畑駅)徒步7分鐘

薰衣草是道央具代表性的經濟作物，富田家於1903年移居北國，後成為種薰衣草的先驅，其農場為最多人造訪的薰衣草花田，前往富良野多半會納入行程。JR北海道在夏天會為它開設臨時的車站，專供富良野・美瑛Norokko號觀光列車停靠。

▲ 富田農場有一個專屬的臨時火車站，只在夏天的旺季營業

▲ 除了薰衣草，富田農場的各色花海也很吸引人

超廣角之路

➡ 建議租車自駕；巴士可搭美遊巴士(美遊バス)，半天行程約3小時

美瑛的東南側這條又稱「展望之路」，會拜訪四季彩之丘、三愛之丘展望公園與拓真館等。拓真館收藏攝影師前田真三的作品，他在1970年代投入美瑛與富良野的攝影作品取材，期間出版逾50本寫真集，將北國景觀介紹給世人。

▲ 拓真館收藏前田真三的攝影作品，是見證北國奇蹟的原點

▲ 超廣角之路途中行經的向日葵花田，栽種面積也是超廣角程度

▼ 富田農場是道央最早開始種薰衣草之處，開啟紫金傳奇

撿來的家

- http www.furanotourism.com (旅遊、開花資訊→電視連續劇拍攝地→撿來的家)
- 建議租車自駕；巴士可搭富良野巴士麓鄉線麓鄉站牌，徒步2分鐘

　　日劇《來自北國》主角從東京回鄉，胼手胝足養家活口。因生活清貧，所謂的「家」是拼裝自不同廢建材，沒有一扇窗是正常的，甚至還藏了一輛舊巴士。該場景開放為「撿來的家」（拾ってきた家），屋內結合各種巧思其實很舒適，相當有可看性。

▲撿來的家看似簡陋，裡頭的生活空間卻感覺出奇舒適呢

▲撿來的家以廢棄材料搭建而成，作為戲劇主角的棲身之處，仔細端詳撿來的家，還會發現舊纜車車廂與電話亭喔

森之時計

- http www.furanotourism.com (旅遊、開花資訊→電視連續劇拍攝地→森之時計)
- 建議租車自駕；巴士可搭富良野巴士薰衣草線，新富良野王子飯店站牌，徒步6分鐘

　　日劇《溫柔時光》的場景猶如北海道宣傳片，因劇情而設的咖啡廳「森之時計」，在映後真實登場，由於窗景優美又有手工自磨咖啡的噱頭，經常高朋滿座。咖啡廳位於新富良野王子飯店旁的森林中，造訪時會先經過林間的「精靈陽台」商店街。

▲森之時計是拍攝日劇時興建的咖啡廳，結束拍攝後對外營業

▲前往森之時計前，會先經過森林中的精靈陽台商店街

美馬牛

- JR美馬牛站徒步10分鐘

　　這座JR富良野線途中的小站沒有馬也沒有牛，但有著美麗風采。美馬牛小學在1984年改建後擁有一座可愛尖塔，為前田眞三相中，更將該作品選寫眞集封面，成為名景。附近有一條「雲霄飛車之路」，全程4.3公里起伏翻越多座山丘，卻完全是直線呢！

▲美馬牛小學的尖塔，曾是攝影集的封面主角（校園不開放參觀）　▲雲霄飛車之路以筆直的起伏道路聞名，值得開車一遊

東海北陸篇
Hokuriku

風景名勝、世界遺產散步旅行

東海北陸夾在關東與關西間，又稱中部地方。東海側以內轄名古屋市的愛知縣為中心，連結岐阜、三重、靜岡縣；北陸側則有福井、石川、富山3縣，以金澤為最大城。北阿爾卑斯山脈是分隔東海與北陸的天然險阻，飛驒高山、上高地、白川鄉、立山、黑部峽谷等風景名勝，都隱身這片山地。

中部國際機場

中部國際機場(centrair，官方中譯為「新特麗亞」)於2005年配合當時舉辦的世博會啟用，建於海上的人工島，取代鄰近市區但空間侷促的名古屋機場。中部國際機場的到達動線相當簡單，會將旅客們自然引導至交通廣場，轉搭名古屋鐵道的列車。

中部機場的對外大眾交通工具有火車與巴士，列車由私鐵業者「名古屋鐵道」獨家經營，招牌列車為外觀採藍白塗裝的「μ-SKY」。

▲ 中部機場的商店區很有特色，值得旅客多花點時間停留

▲ 藍色塗裝的「μ-SKY」為機場的招牌特急，到名古屋站不用半小時

μ-SKY列車

🌐 www.meitetsu.co.jp
(繁體中文→機場交通→機場快速列車μ-SKY)

運行區間

從機場可直達名鐵名古屋站(位於JR和近鐵的名古屋站旁，是東海地區的交通中心)；途中行經的金山站，則是名古屋市區南側的交通樞紐。

運行時間

機場到名鐵名古屋站的行車時間為28分鐘，每30分鐘發1班車。

	首班車時間	末班車時間
從中部國際機場出發	07:03	22:07
從名鐵名古屋站出發	06:00	21:19

＊資料時有異動，請以官方公布的最新資料為主

費用說明

從機場到名鐵名古屋站，大人：基本車資¥890+μ車票¥360，共計¥1,250；兒童：基本車資¥450+μ車票¥360，共計¥810。

如何購票

可於自動售票機或車窗口購票。

設備

μ-SKY列車的車廂內設有放置大型行李的空間，全車皆為指定席。

特急列車

名鐵除了「μ-SKY列車」之外，還有一般的特急列車(紅色車身)或其他更基層的電車進出機場。

運行區間

在機場與名鐵名古屋站的區間之外，還會延伸行駛於名鐵路網的其他路線。

運行時間

機場到名鐵名古屋站的特急列車需35分鐘，每30分鐘發1班車。

	首班車時間	末班車時間
從中部國際機場出發	09:17	23:31
從名鐵名古屋站出發	08:34	22:01

＊資料時有異動，請以官方公布的最新資料為主

▲ 中部機場的連外鐵道，由在地的「名古屋鐵道」(名鐵)獨家經營

▲ 搭乘一般特急電車的「μ特別車」，也得另外加付費用

▼ 中部機場的旅客流量較少，方便旅客進入東海地區遊玩

費用說明

特急列車的6節車廂中，有2節「μ特別車」為指定席，得加購「μ車票」搭乘；其餘車廂僅需付基本車資，從機場到名鐵名古屋站為¥890。

如何購票

可於自動售票機或車窗口購票。

▲ 紅色塗裝的一般特急電車，有免加收費用的自由席車廂

機場巴士

http www.centrair.jp (繁體中文→巴士)

入境後，從2樓的抵達大廳下樓至1樓，巴士乘車處就在航廈外頭。巴士可前往名古屋的Bus Center(名鐵B.C.)或市中心的「榮」(48～85分鐘，¥1,300，疫情期間停開)及豐田與濱松等地。

小松機場

小松機場位於石川縣小松市，距離金澤不遠，是北陸地區的主要機場，可供波音747等級的大型客貨機起降。長榮航空與台灣虎航有定期航班從桃園往來小松，可讓遊客直接親近北陸風景。

小松機場的對外交通沒有鐵路服務，乘客請搭高速巴士到金澤，或由路線巴士往小松、福井與加賀溫泉。機場航廈規模不大，動線簡單，在航廈1樓外的車廊左側，便可見到各路線巴士站牌，相信初次造訪者也不會感到困難。

▲ 小松機場的規模較小，出境檢查時得稍微排隊

▲ 小松機場的國際線候機室有相當精簡的免稅商店

▲ 小松機場有巴士直達JR金澤站，部分班次還會直接進入鬧區

機場巴士

🔗 www.komatsuairport.jp (繁體中文)

機場 ←→ 金澤

機場往來金澤的利木津高速巴士（小松空港リムジンバス）由北陸鐵道負責營運，每日開行近15班，從機場到JR金澤站西口約需40分鐘，部分班次會再延伸進入鐵路東側的市中心範圍，停靠近江町市場與香林坊，費用皆為¥1,300，可用主要IC智慧票卡支付。

香林坊為金澤的鬧區，周圍有百貨公司與多間飯店，離21世紀美術館與兼六園等處不遠，機場往來香林坊約需55分鐘。由於該巴士會行經自動車道，無法站位搭乘，因此建議要搭往機場的乘客，於假日或旺季時提早候車（不接受預約）。

機場 ←→ 北陸各處

另一個由小松機場往來北陸各處的方法，是先搭路線巴士到JR小松站（12分鐘/¥280，每天約20班）再轉乘JR北陸新幹線或IR石川鐵道的列車。若班次時間銜接得宜，搭普通列車到金澤站全程約50分鐘，費用比巴士低，提供參考。▶

小松機場的對外交通，可考慮先搭巴士到小松站，再轉JR路線至北陸各處

鐵道交通

東海側的鐵路，主要為JR東海道新幹線與在來線的JR東海道本線。名古屋周圍有名古屋鐵道的私鐵路網聯繫各處。北陸側則有JR北陸新幹線(金澤至敦賀區間於2024年3月16日開業)，以及北陸三縣自力經營的傳統鐵道。東海與北陸南北兩側往來靠高速公路，或JR高山本線串連。

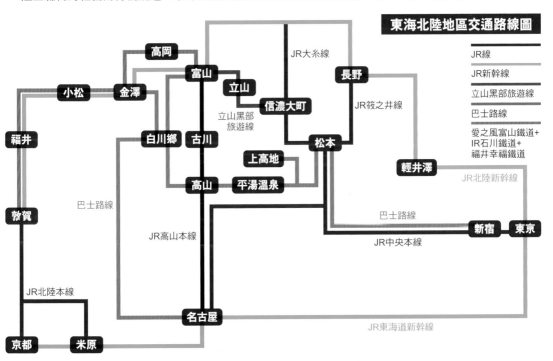

東海北陸地區交通路線圖

- JR線
- JR新幹線
- 立山黑部旅遊線
- 巴士路線
- 愛之風富山鐵道+IR石川鐵道+福井幸福鐵道

高岡　富山　立山　JR大糸線　長野

小松　金澤　信濃大町　JR筱之井線

福井　白川鄉　古川　立山黑部旅遊線　松本

上高地　輕井澤

敦賀　高山　平湯溫泉　JR北陸新幹線

巴士路線　新宿　東京

JR高山本線　JR中央本線

JR北陸本線　名古屋　JR東海道新幹線

京都　米原

▲ 中部地區的一般鐵道路線，由JR東海負責營運

▲ 北陸地區有JR西日本的北陸新幹線提供服務(上越妙高站以東屬JR東日本)

▲ 名古屋鐵道為名古屋周圍與東海地區主要的私鐵業者

企劃車票

東海北陸地區由於景點多，但交通工具分屬火車與巴士兩大陣營，以下以表格排列組合出多種票券，列出各票券可使用之範圍，如有相關購票需求，可至相關網頁查詢細節。

▲三星路車票可由松本一路橫向玩到金澤（或反向），串連多個米其林三星景點，相當實惠

濃飛巴士為飛驒地區的主要交通業者，以濃飛高山巴士中心為運轉樞紐 ▶

票券細節這裡查

飛驒路自由車票(飛驒路フリーきっぷ)
http railway.jr-central.co.jp/tickets/hida

高山、北陸地區周遊券
http touristpass.jp/zh-tw/takayama_hokuriku

阿爾卑斯、高山、松本地區周遊券
http touristpass.jp/zh-tw/alpine

昇龍道高速巴士周遊券：高山、白川鄉、金澤路線
http www.meitetsu.co.jp (繁體中文→列車及車票資訊→優惠乘車券→昇龍道巴士周遊券)

昇龍道高速巴士周遊券：廣域路線
http www.meitetsu.co.jp (繁體中文→列車及車票資訊→優惠乘車券→昇龍道巴士周遊券)

三星路新宿車票(三つ星ルート新宿きっぷ)
http www.nouhibus.co.jp/mitsuboshi_route_jp

北陸拱型鐵路周遊券
http www.westjr.co.jp (繁體中文→旅行資訊(首頁)→優惠車票(點此)→北陸拱型鐵路周遊券)

北陸地區鐵路周遊券
http www.westjr.co.jp (繁體中文→旅行資訊(首頁)→優惠車票→JR西日本鐵路周遊券→北陸地區鐵路周遊券)

＊資料時有異動，請以官方公布的最新資料為主

車票名稱	使用天數	票價	名古屋	白川鄉	高山	新穗高	松本	立山黑部	北陸	關西
飛驒路自由車票 (飛驒路フリーきっぷ)	3天	￥12,370	■ ❶	❷	■	❷				
高山、北陸地區周遊券	5天	￥15,280							■	■
阿爾卑斯、高山、松本地區周遊券	5天	￥21,200					■	■	觸及富山	
昇龍道高速巴士周遊券：高山、白川鄉、金澤路線	3天	￥11,000	■	■	■				■	
昇龍道高速巴士周遊券：廣域路線	5天	￥15,000	■	■	■	■	■		■	
三星路新宿車票 (三つ星ルート新宿きっぷ)	7天	￥9,500		■	■		■		觸及金澤	
北陸拱型鐵路周遊券	7天	￥25,500							■	■
北陸地區鐵路周遊券	4天	￥5,600							■	

■ 表示此票可於該處使用。❶此為名古屋出發單人價格，多人同行價格更低。❷白川鄉或新穗高路線2選1。
＊以上資料時有異動，以官方最新公告為主。

東海北陸行程規畫

東海北陸一帶的面積較小，但中央有山脈阻隔，想要一舉在幾天內玩遍仍有些許挑戰。行程規畫可以鎖定在立山黑部以及白川鄉兩處主要的亮點，再加上因動畫作品《你的名字》而再度人氣大漲的飛驒古川。

Have a Nice Trip!

首次造訪者

東海北陸精華5日遊：可由名古屋的中部國際機場入出境，於第2天走訪飛驒地區的高山與古川，至北陸的富山過夜，第3天登上立山黑部，第4天與第5天則暢遊金澤與白川鄉，並可入住荻町聚落的合掌屋，最後回到名古屋出境。如果想在北陸地區多待點時間，可將該行程改由小松機場入出境，這樣也可將行李放在金澤或富山的旅館，玩得更省力喔！

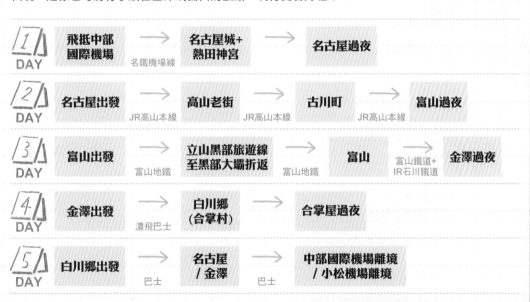

DAY 1	飛抵中部國際機場	→(名鐵機場線)	名古屋城+熱田神宮	→	名古屋過夜		
DAY 2	名古屋出發	→(JR高山本線)	高山老街	→(JR高山本線) 古川町	→(JR高山本線)	富山過夜	
DAY 3	富山出發	→(富山地鐵)	立山黑部旅遊線至黑部大壩折返	→(富山地鐵) 富山	→(富山鐵道+IR石川鐵道)	金澤過夜	
DAY 4	金澤出發	→(濃飛巴士)	白川鄉(合掌村)	→	合掌屋過夜		
DAY 5	白川鄉出發	→(巴士)	名古屋/金澤	→(巴士)	中部國際機場離境/小松機場離境		

▲ 飛驒山區除了南北向的JR高山本線，其餘景點多得靠巴士連結

▲ 日本的巴士候車空間通常規畫得很好，讓搭車旅行的感受再加分

▲ JR高山本線是縱貫東海↔北陸的重要路線，有特急與普通列車行駛

Have a Nice Trip!

單日行程補充包

這幾套單日遊的行程，無論是從高山、富山或金澤出發，都有好玩的地方等著大家呢！

吉卜力 主題之旅	名古屋出發	地鐵+ 磁浮電車	吉卜力公園	磁浮電車	TOYOTA 博物館	磁浮電車+ 地鐵	名古屋過夜
明治時光 穿梭之旅	名古屋出發	電車	犬山城	巴士	博物館 明治村	巴士	名古屋過夜
樂高主題 樂園之旅	名古屋出發	青波線	樂高樂園	步行	鐵道博物館	青波線	名古屋過夜
上高地 淨土之旅	高山出發	濃飛巴士	上高地健行	濃飛巴士	返回高山	JR高山本線	富山過夜❶
山中溫泉 之旅	高山出發	濃飛巴士	平湯溫泉+ 新穗高溫泉	濃飛巴士	返回高山	JR高山本線	富山過夜❷
黑部峽谷 之旅	富山出發	富山地鐵	宇奈月溫泉	黑部鐵道	黑部峽谷 之旅	黑部鐵道+ 富山地鐵	富山過夜
和倉溫泉 之旅	金澤出發	IR石川鐵道 +JR七尾線	和倉溫泉	巴士	能登島 玻璃美術館	JR七尾線+ IR石川鐵道	金澤過夜
松本山中 城市之旅	松本城	腳踏車	松本市美術館 (草間彌生)	腳踏車	松本市民藝館 (伊東豐雄)	腳踏車	高山過夜❸
福井1日遊	金澤出發	JR北陸本線 +巴士	丸岡城	巴士	東尋坊 海岸奇岩	巴士+ JR北陸本線	金澤過夜

●若5日遊配單日行程3，則Day2改住高山。●若5日遊配單日行程4，則Day2改住高山。●若5日遊配單日行程7，則Day3立山黑部走全程改住松本

東海北陸 必買必吃

金澤近江町市場海鮮

必到號稱「金澤之廚房」近江町市場品嘗新鮮海產。這裡擁有肥美螃蟹與各式水產組成的海鮮丼飯，吸引老饕前來。此外，蔬菜水果與現炸可樂餅等熟食這裡也有，吃飽後，散步到金澤市內的景點都不遠喔！

飛驒牛

「飛驒牛」馳名海內外，在高山的市街以及宮川東岸的三町老街(高山市三町傳統的建造物群保存地區)中，都有販售飛驒牛的店家，可於餐廳點飛驒牛料理，或在老街上購買飛驒牛烤肉串。

飛驒的猴寶寶

全身紅通通的「猴寶寶」(さるぼぼ，Sarubobo)以前是由母親親手做給女兒的幸運符，帶有祈求良緣、遠離病痛之願。

現代的猴寶寶造型較多，也有更趨近猴子樣貌的衍生品，在三町老街的FamilyMart便利商店，甚至有換裝為企業識別色的藍綠猴寶寶。想自己手作，可參加飛驒民俗村(www.hidanosato-tpo.jp)的體驗活動，時間約1小時，費用￥1,400。

主要城市之旅

名古屋

➡ JR東海道新幹線、東海道本線名古屋站；名鐵名古屋站；近鐵名古屋站

　　著名景點如名古屋城與熱田神宮，周圍連結吉卜力公園、樂高樂園、明治村、磁浮鐵道館、五國寶之一的犬山城、伊勢神宮，與志摩賢島地區，同時也是暢遊飛驒高山、立山黑部與上高地等行程的入口。

▲ 明治村以保存明治時期的老建築為宗旨，相當有看頭

▲ 在磁浮鐵道博物館可見證新幹線不斷追求極速的軌跡

▲ 犬山城為五國寶天守之一，有現存最古老的木造天守閣

▲ 吉卜力公園嘗試將許動畫作品中的場景真實呈現在人們面前

金澤

➡ JR北陸新幹線、JR北陸本線、IR石川鐵道、北陸鐵道金澤站

　北陸地區的最大城，戰國時期由前田利家經營，疆域橫跨石川、加賀與越後三國，是有百萬石(注)收入的富藩。兼六園、金澤城、21世紀美術館、近江町市場與東茶屋街等景點，皆在步行範圍內。由JR金澤站聯繫各景點的循環巴士也很方便。

▲ 金澤21世紀美術館以開放創新聞名，深受市民喜愛

▲ 兼六園是日本相當高知名度的日本庭園，也是金澤的代表景點

注：「石」為稻米收穫單位，百萬石的石高保守換算相當於現在的2萬公噸白米。

富山

➡ JR北陸新幹線、JR北陸本線、Ainokaze富山鐵道富山站；富山地鐵的電鐵富山站

　富山是北陸另一大城，也是立山黑部旅遊線的北陸端玄關，可搭富山地鐵上山。附近的高岡以老街、高岡大佛與哆啦A夢路面電車吸引遊客。

▲ 富岩運河環水公園以及園內的星巴克，是富山的人氣景點

▲ 高岡的哆啦A夢路面電車很受遊客喜愛

貼心 小提醒

此地鐵並非地下鐵

　「富山地鐵」為在地私鐵「富山地方鐵道」的簡稱，郊外線分別前往立山與黑部峽谷，同時經營市內路電。

高山

➡ JR高山本線高山站

　位處JR高山本線與山中公路的交會點，是飛驒旅遊線的中心城市。南北向可連結名古屋、下呂溫泉、古川町以及富山；東西向則能通往白川鄉、上高地與松本(可再延伸到立山黑部)，都是熱門景點。市內的高山陣屋與朝市也很有人氣。

▲ 高山為飛驒地區的觀光重鎮，前往四處景點都很方便

立山黑部之旅

位處北阿爾卑斯山脈的立山與黑部，橫亙於北陸與東海間，以純淨的高山景觀吸引遊客造訪。

立山黑部旅遊線

這條「立山黑部旅遊線」亦稱爲「阿爾卑斯路線」，可從西側的富山端，或東側的信濃大町端上山，沿途得更換多種交通工具翻越山嶺。除了常見的火車與巴士，還有無軌電車、隧道纜車與高空纜車等。由於深山沒有公路抵達，因此就連餐廳營業用的瓦斯鋼瓶，也得搭纜車運上山呢！

有些讀者會擔心沿路得變換各種交通工具、買各種車票，是否跟團旅行比較適合？其實背包客可在電鐵富山站、立山站，或扇澤等處一次買好富山←→扇澤的交通工具套票（可現場購票或網路預約再於專屬窗口領）。票券分爲一路單向到底，或於中途某處折返的組合。富山到扇澤的成人費用爲¥12,170。

若嫌攜帶大件行李上山太麻煩，可付費將行李寄到山的對側，或是當晚要下榻的旅館（富山到信濃大町爲¥2,500）。在等候搭乘交通工具時，請留意團體或個人的排隊線。務必注意末班車時間，如果被困在山上就麻煩了！

▲ 交通票券能一次購足，不用一直排隊買票

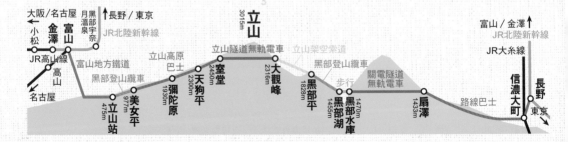

室堂

➡ 立山高原巴士、立山隧道無軌電車室堂站，下車即達

室堂的高山湖泊景色優美，附近還可以泡溫泉！從彌陀原往室堂的巴士，在抵達前約500公尺的路段，就是每年4～6月欣賞雪壁之處，巴士會通過20公尺深的大雪谷，遊客則能下車散步感受雪地奇觀。巴士站為日本最高的車站，海拔達2,450公尺，遊客會在此由高原巴士轉乘立山隧道的無軌電車。

▲ 春季開山時的大雪谷可達20公尺深

▲ 冬季被雪覆蓋，讓人彷彿來到極地環境

▲ 高山湖泊景致優美，未經登山訓練的遊客也能輕鬆鑑賞

彌陀原

➡ 立山高原巴士彌陀園站牌，下車即達

海拔高度約1,900公尺，擁有日本最廣闊的高原濕地。這裡有3條步道可選擇，所需時間約40～80分鐘，其中包括立山火山口的展望線。可下榻巴士站牌旁的彌陀原飯店。

▲ 彌陀原為日本最高的天然濕地，鮮少污染，自然生態豐富

▲ 冬季的彌陀原完全被雪覆蓋，白雪封山期間飯店也暫停營業

黑部大壩

➡ 黑部登山纜車黑部湖站、關電隧道無軌電車黑部水庫站，下車即達

從大觀峰搭空中纜車至黑部平，轉隧道內貼地而行的登山纜車後，就抵達黑部大壩了。它是日本的工程奇蹟，壩高186公尺，費時7年完成，藉此阻斷黑部川形成黑部湖蓄水發電。論高度、堤頂長度，或水壩體積均為日本第一。這條沿途得更換不同交通工具的旅遊路線，最初便是為了打造大壩而生。

▲ 想見證黑部大壩的洩洪，還需要一點運氣加持

▲ 黑部湖是因大壩興建形成的人工湖，湖面會開行觀光船

貼心 小提醒

冬季封山，明年請早

立山黑部旅遊線每年冬天會因為深雪而封閉，至隔年春天再開山，該期間無論是自助或跟團都無法入山遊玩！封山期約為12 / 1～4 / 15，每年略有差異，詳情請查詢官網。

http www.alpen-route.com/tw

白川鄉之旅

岐阜山中的白川鄉,是日本合掌屋分布保存最完整之處,已納入世遺名單保護,值得探訪。白川鄉的荻町聚落雖然位處深山,但剛好有越嶺的高速公路經過,因此交通相當方便。

交通方式

遊客前往白川鄉的主要方法,是搭高速巴士上山。該路線由濃飛巴士與北陸鐵道巴士合營。由於乘客眾多,若已確定行程,建議先向業者訂位(高山⟷白川鄉另有非預約制的班車)。

從金澤端上車:上車地點為JR金澤站東口2號巴士站牌,車程約85分鐘。票價為¥2,600。

從高山端上車:上車地點為JR高山站旁的高山濃飛巴士中心(高山濃飛バスセンター)4號站牌,車程約50分鐘,票價為¥2,600。

企劃車票

有關飛驒的幾張企劃車票,如:「昇龍道高速巴士周遊券」、「三星路新宿車票」,以及JR東海發售的「高山、北陸地區周遊券」,均包含進出白川鄉的巴士。

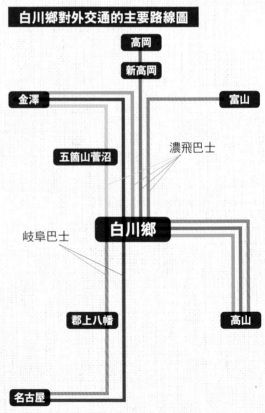

白川鄉對外交通的主要路線圖

高岡
新高岡
金澤　　　　　　　　　富山
五箇山菅沼　　　　濃飛巴士
岐阜巴士　　**白川鄉**
郡上八幡　　　　　　高山
名古屋

▲ 從白川鄉的荻町聚落到城山展望台，可搭乘接駁巴士

▲ 冬季開往白川鄉的巴士，在降雪中疾駛

▲ 濃飛巴士(左)與北鐵巴士(右)聯營金澤◀▶白川鄉◀▶高山的服務

合掌屋

➡ 荻町聚落合掌屋：濃飛巴士白川金澤線至白川鄉巴士站下車，徒步約3分鐘

合掌屋高聳的茅草斜屋頂，像用兩手合力比出的三角形。此乃山中因應天氣與地形條件發展的特殊傳統建築，供農家居住與生產，是先民智慧的結晶。荻町的合掌屋約莫有60棟，大者可高達5、6層樓高，相當壯觀。

部分合掌屋可付費入內參觀，也可嘗試入住一些已開放當民宿的合掌屋，只是訂單踴躍，得提早預約。

行家祕技 東京+白川鄉的旅遊規畫

行程會連結東京者，不妨考慮京王電鐵力推的「三星路新宿車票」(三つ星ルート新宿きっぷ)，由新宿巴士總站出發，在7天內經松本、平湯溫泉、高山、白川鄉等，一路玩到金澤或富山，票價為￥9,500(6〜12歲為￥4,750)。

▲ 荻町聚落的合掌屋群保存完整，已被納入世界文化遺產名單裡

▼ 冬雪時的合掌屋猶如沾上糖霜，呈現童話般的風貌

荻町城跡展望台

http www.vill.shirakawa.lg.jp/1284.htm
➡ 從和田家睡蓮池前搭接駁巴士約8分鐘，徒步約15分鐘

　　荻町聚落北方的城山，是俯瞰整個合掌村的好地方。每逢冬季點燈或夏季消防演習時，展望台總會擠滿攝影師。三角形的合掌屋初披上積雪時，像灑上糖霜的薑餅屋，相當可愛。遊客可從村內搭接駁車前往（¥200，車上不找零，車程約10分），或沿村尾小徑徒步上山（冬季積雪時不開放通行）。

▲ 荻町城跡展望台所在之處過去曾建有城堡，能監視山下的一舉一動

▼ 荻町城跡展望台是瞭望荻町聚落的好望角，遊客多半不會錯過

合掌造民家園

http www.shirakawago-minkaen.jp
➡ 濃飛巴士白川金澤線至白川鄉巴士站下車，徒步10分鐘

　　除了荻町聚落合掌屋之外，信步過河到西岸的停車場旁，還有另一塊稱為「合掌造り民家園」的戶外博物館園區，遷建9座各地遺棄的合掌屋加以保存，亦開放入內參觀。

　　民家園的合掌屋群為縣級的重要文化財，並未列入世界遺產，但精采程度不輸荻町聚落，最資深者的興建年代甚能追溯到1783年呢！由於園區的遊客數較少，能慢慢瀏覽解說牌，享有更好的遊憩品質！

▲ 民家園雖然不是原生的合掌屋，但文物價值不遜於荻町聚落

▲ 民家園的遊客較少，適合靜靜欣賞老屋風貌

四 國 篇
Shikoku

擁有豐富的自然風光及人文風情

四國的面積約為台灣的一半，人口卻不及400萬，是日本相對較少開發之處，保有諸多自然美景與鄉間風情，島上的四大城各具歷史與人文特色，值得走訪。

高松機場

四國的高松、松山、高知、德島4座主要城市，分別有自己的機場能對外聯繫。華航在疫情前有午到與晚到航班從桃園機場直飛高松機場，航程約3小時(疫後預定2024年春季逐步恢復)。日本廉價航空業者捷星日本，經營往來東京成田機場的國內線；日航與全日空則有東京羽田航線。由此進出四國的交通算是便利。

▲ 高松機場有廉價航空與定期國際航班飛行，航線為四國最便利者

▲ 高松機場的建築設計帶有些許科技感

從機場前往市區

機場巴士

http www.takamatsu-airport.com (繁體中文→交通信息)

高松機場沒有連外的火車，進出機場可搭路線巴士(高松空港リムジンバス)，每日約有32班車(部分班次配合採用大型客機的航班，會同時發2

直擊《在世界的中心呼喊愛情》

喜愛電影《在世界的中心呼喊愛情》的朋友，來到高松機場可別忘記這裡也曾是電影場景之一。男女主角計畫出國卻因颱風無法成行，女主角亞紀昏厥，令溯太郎放聲大喊「請救救她」的地點，就在航廈內！

輛車)，從機場到JR高松站約需45分鐘，車資為¥1,000。另有琴空巴士可直達琴平。

巴士免預約，班表上的發車時間約莫為飛機降落後15分鐘。若班機有延誤，巴士會稍微等候。若要搭火車，得先由機場搭巴士到JR高松站再轉乘。在海外已購買四國鐵路周遊券MCO者，可於高松站憑MCO券兌換為實體Pass。

▲ 高松機場的對外交通仰賴路線巴士，配合航班起降時間發車

▲ 喜歡道地讚歧烏龍麵的老饕，來到高松機場便可開始大快朵頤

鐵道交通

四國過去分成讚岐、伊予、土佐、阿波4個古國，故有此稱，如今搖身一變為香川、愛媛、高知、德島等4縣。各縣的首邑城市，便是島上的四方大城。以人口數而言，松山為4城之首，但高松與周邊行政區人口較密，且為鐵道交通匯集處，更有四國首府的氣勢。

▲ 松山到高知若經窪川，可搭乘土佐黑潮鐵道的列車，但整體耗時較久

古代國名	現在縣名	主要城市	相對位置
讚岐國	香川縣	高松市、琴平町	北
伊予國	愛媛縣	松山市、今治市	西
土佐國	高知縣	高知市、四万十市	南
阿波國	德島縣	德島市、鳴門市	東

＊製表／牛奶杰

JR火車

四國主要城鎮均可由JR路網連結，JR高松站為特急車班的樞紐。伊予鐵道、高松琴平電鐵與Tosaden交通（とさでん交通）則服務各城市周圍地區。先明瞭4縣和城市的相對位置與彼此往來所需的時間，就很容易排行程了。

▲ JR予讚線是JR四國少數已進行電氣化的主要路線

▲ 高松周邊人口密集，連鎖品牌多半會搶先在此設點

起點	終點	JR路線 (轉車站)	車程時間	單程費用
高松	松山	予讚線	2小時30分	￥6,890
高松	高知	土讚線	2小時15分	￥6,120
高松	德島	高德線	1小時10分	￥2,840
松山	高知	予讚線+予土線+土讚線 (宇和島、窪川)	7小時	￥7,810
松山	高知	予讚線+土讚線 (多度津)	4小時15分	￥11,350
松山	德島	予讚線+高德線 (高松)	3小時50分	￥9,630
高知	德島	土讚線+德島線 (阿波池田)	2小時25分	￥5,830

＊松山往來高知，另有 JR 四國經營的直達巴士「南國快車號」（なんごくエクスプレス），費時 2.5 小時，車資原價 ￥4,500
＊資料時有異動，請以官方公布的最新資料為主　＊製表／牛奶杰

四國地區交通路線圖

JR線
JR四國路線巴士
土佐黑潮鐵道
阿佐海岸鐵道

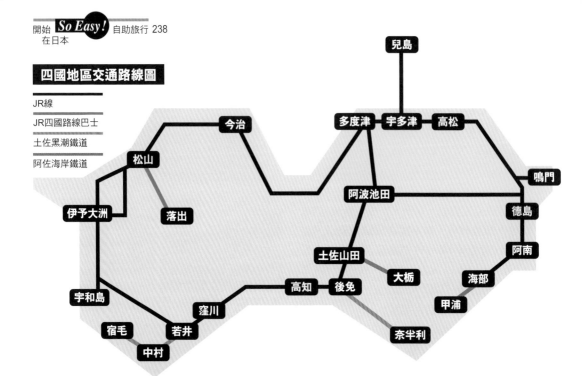

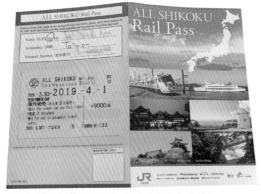

▲ 四國鐵路周遊券可搭乘四國島上各業者的列車

▲ 周遊券可在四國主要車站的綠窗口或Warp分店兌換與購買

企劃車票

四國鐵路周遊券
(ALL SHIKOKU Rail Pass)

http shikoku-railwaytrip.com/tw

■**有效範圍**：

1. 可搭四國島上各鐵道業者各級列車普通車廂自由席（含路面電車。但Sunrise瀨戶號與少爺列車除外）、高松到小豆島土庄港的渡輪（非高速船），與小豆島橄欖巴士的路線巴士。

2. 各級列車的指定席，可另購專用指定席回數券後劃位，每組4張¥1,200。

3. 憑周遊券或兌換券搭和歌山到德島的渡輪享7折優惠。

4. 憑周遊券搭往來松山與高知的巴士「南國快車號」特惠價¥2,000（不能預約）。

■**價格**：有連續的3日、4日、5日，與7日券，費用介於¥12,500～20,500間，兒童半價。

四國篇

■購買地點與條件：

1. 於JR-WEST網頁預購，抵日後在兌換點的窗口或售票機兌換。
2. 在海外旅行社預購取得兌換券，抵日後在兌換點的窗口兌換。
3. 在日本直接購買。
4. 僅限持外國護照、並以短期滯在身分入境者使用。

■票券使用：關於票券的使用範圍與路線圖等細節與說明，請參照官網。

貼心 小提醒

越界使用JR西日本的票券

JR西日本雖然並非本地業者，但其發行的幾張企劃票，有效範圍經JR瀨戶大橋線延伸到四國，可搭JR四國的列車。如：關西廣域鐵路周遊券、關西&廣島地區鐵路周遊券、山陽&山陰地區鐵路周遊券、岡山&廣島&山口地區鐵路周遊券，與西國紀行等企劃票券。

地點	訂購兌換			直接購買	
	JR-WEST 專屬網頁	旅行社		周遊券	指定席回數券
		兌換券MCO	電子兌換券E-MCO		
高松站	○	○	○	○	○
Warp高松分店	○	○	○	○	○
琴平站觀光案內所	X	○	X	○	X
松山站	○	○	○	○	○
Warp松山分店	○	○	○	○	○
高知站	○	○	○	○	○
Warp高知分店	○	○	○	○	○
德島站	○	○	○	○	○
Warp德島分店	○	○	○	○	○
Warp梅田分店(大阪)	X	○	○	○	○
日本旅行TiS岡山	X	○	○	X	X

地方鐵道業者的企劃票

島上各家地區性私鐵，也紛紛發售自家的企劃票，適合定點旅行者參考，以下整理最常用的幾張票券。

業者	企劃票名稱	可用範圍	價格(成人／兒童)	購買地點
琴電	一日フリー切符	琴電全線	¥1,400／¥700	沿線各有人站
琴電+JR四國	ことでん・JRくるり～ん切符	琴電琴平線與JR高松至琴平間	¥2,200／¥1,100	琴電主要車站及JR各站
Tosaden交通	電車一日乘車券(市內均一)	路電市內均一價範圍	¥500／¥250	電車內與高知站巴士案內所等處
Tosaden交通	電車一日乘車券(全線)	路電全線	¥1,000／¥500	電車內與高知站巴士案內所等處
Tosaden交通	MY遊バス乘車券(桂浜券)	觀光巴士與路電市內均一價範圍等	¥1,000／¥500	JR四國主要車站與高知站巴士案內所等處
伊予鐵	市內電車1Dayチケット	市內電車全線(不包括少爺列車)	¥800／¥400	路電車內可購得，另有手機App版
伊予鐵	ALL IYOTETSU 1Day Pass	郊外電車+市內電車(不包括少爺列車)+路線巴士全線	¥1,900／¥950	JR松山站觀光案內所等處，另有手機App版

＊資料時有異動，請以官方公布的最新資料為主　＊製表／牛奶杰

四國市區交通

高松交通

高松市周邊有高松琴平電鐵的3條路線（www.kotoden.co.jp），作為地方居民的通勤路線，3者匯流的瓦町站一帶到丸龜町商店街，是高松最熱鬧的區域。除了琴電之外，琴電經營的路線巴士，或是租借腳踏車亦為方便的代步工具。

JR高松站前的地下停車場等多處可租借腳踏車（takamatsu-parking.com/rent-a-bicycle），24小時僅需¥200，想甲地借、乙地還也沒問題！

▲ 高松琴平電鐵正如其名，有服務高松與琴平城市周邊的3條路線

高知交通

在高知市內行動，可搭十字形路網的路面電車，市區內單一價¥200，往郊區車資會遞增，播磨屋橋為電車交會處與市中心。前往較遠的桂濱和龍馬紀念館則建議搭乘「MY遊巴士」（MY遊バス，www.attaka.or.jp/kanko/kotsu_mybus.php）的班車，外國人憑護照購買1日券僅需¥500，還能當市內路電1日券使用，是絕對划算的選擇。

▲ Tosaden交通在高知市周邊有十字形路網的路面電車服務

德島交通

德島市區發展於河流出海口的三角洲上，JR德島站與德島城均位於核心的葫蘆島，車站周邊與阿波舞會館等處多可步行前往。前往鳴門可搭JR高德線或德島巴士（tokubus.co.jp）的班車。

▲ 德島鬧區不大，且有景致優美的水岸景觀，很適合散步走走

松山交通

松山居民仰賴的地方交通，為伊予鐵的郊外線火車與市內線路電，整體路網是四國最複雜的，以松山市站為核心（跟JR松山站是不同地方）。前往道後溫泉可搭乘一般的路面電車（每趟¥160）或復刻蒸汽火車的少爺列車（每趟¥1,300），感受小說中的百年風情。

▲ 復刻版的少爺列車，是運行於松山市街上的觀光列車

第一次造訪四國，不妨以高松為出發點，這裡匯集了對外的飛行航班、四國島內的鐵道路網，以及往來瀨戶內海的船班，是旅人的首選玄關。

首次造訪者

高松3日遊：提供一個在高松周邊的3天行程，讓讀者享受高松與讚岐本身的人文風情與美食，並可再搭配其他組合，安排自己最喜歡的四國行。

DAY 1	抵達高松	→ 租單車	北浜alley+ 丸龜町商店街	→ 租單車	高松過夜
DAY 2	栗林公園	→ 路線巴士+ 琴電琴平線	琴平金刀比羅宮+ 烏龍麵學校	→ 琴電琴平線	高松過夜
DAY 3	庵治町+ 四國村	→ JR高德線+ 機場巴士	離開高松		

時間充裕者

2日遊：由高松擔任據點，分別前往松山、高知或是瀨戶內海的島嶼，即便是在「瀨戶內國際藝術祭」以外的時間，瀨戶內海的直島、豐島、犬島等小島仍值得一逛。

松山2日遊

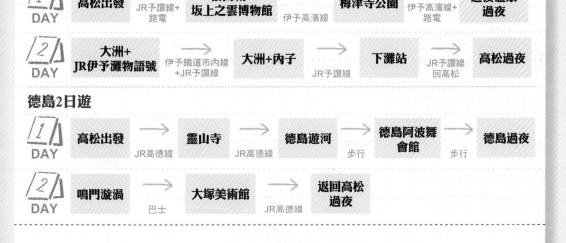

DAY 1	高松出發	→ JR予讚線+ 路電	松山城+ 坂上之雲博物館	→ 伊予高濱線	梅津寺公園	→ 伊予高濱線+ 路電	道後溫泉 過夜
DAY 2	大洲+ JR伊予灘物語號	→ 伊予鐵道市內線 +JR予讚線	大洲+內子	→ JR予讚線	下灘站	→ JR予讚線 回高松	高松過夜

德島2日遊

DAY 1	高松出發	→ JR高德線	靈山寺	→ JR高德線	德島遊河	→ 步行	德島阿波舞 會館	→ 步行	德島過夜
DAY 2	鳴門漩渦	→ 巴士	大塚美術館	→ JR高德線	返回高松 過夜				

高知2日遊

 DAY 1
高松出發 → 高知播磨屋橋 → 龍馬紀念館 → 弘人市場 → 高知過夜
（JR土讚線）（巴士）（巴士+路電）（巴士）

 DAY 2
日曜市+高知城+博物館 → 安藝鄉間單車輕踏 → 返回高松過夜
（太平洋Panorama Torokko號觀光列車）（土佐黑潮鐵道+JR土讚線）

瀨戶內海2日遊

 DAY 1
高松出發 → 豐島美術館+島廚房 → 犬島美術館+家Project → 直島過夜
（渡輪）（渡輪）（渡輪）

 DAY 2
直島3大美術館 → ANDO博物館+家Project → 返回高松過夜
（巴士）（渡輪）

單日行程補充包

　　四國有兩條河川相當有名，一條是流經中央山地的吉野川，在祖谷地區形成大步危的峽谷景觀，還有祖谷藤橋與溫泉可以一同造訪。另一條則是高知與松山之間的四萬十川，有「日本最後清流」之稱，可租單車或獨木舟等低污染的方式造訪。

大步危之旅

高松／高知出發 → 祖谷藤橋 → 祖谷溫泉 → 大步危峽谷遊船 → 高松／高知過夜
（JR土讚線(千年物語號觀光列車)+巴士）（巴士）（巴士）（巴士+土讚線）

四萬十川列車與單車之旅

松山／高知出發 → 四萬Torocco列車 → 勇闖沉下橋 → 松山／高知過夜
（JR土讚線/JR予讚線+JR予土線）（租單車）（JR土讚線/JR予讚線+JR予土線）

四萬十川獨木舟之旅

松山／高知出發 → 四萬十川獨木舟 → 松山／高知過夜
（JR土讚線/JR予讚線+JR予土線）（JR土讚線/JR予讚線+JR予土線）

四國 必買必吃

讚岐烏龍麵

香川縣古稱「讚岐國」，以讚岐烏龍麵聞名海內外，當然要品嘗一下道地的烏龍麵囉。傳統製麵所烏龍麵餐廳的消費方式，通常是顧客在長吧檯點好麵後，會再選擇各種炸物(各種甜不辣等)，最後自行端上桌。

烏龍麵周邊文具

以烏龍麵聞名的香川，還自稱為「烏龍縣」。他們更以虛擬吉祥物「烏龍縣觀光課系長：烏龍健」為主題，開發周邊文具。

柑橘

松山市所在地的愛媛縣，生產的柑橘頗受肯定，縣內各地均有橘子產品或果汁能品嘗，冰過了更好喝喔！

德島拉麵

德島縣以德島拉麵作為阿波國的代表美食。知名店家有外觀與裝潢簡單、但口味出眾的「東大」拉麵。顧客於店門口自助點餐，餐點只有德島拉麵，可加肉或加熟蛋！至於中間的生蛋黃，是德島拉麵的特色，顧客可自行取用土雞蛋現打現吃！

今治毛巾

愛媛縣的今治毛巾，是日本高品質毛巾代名詞。正統今治毛巾有紅方內圓，底下加上藍色波浪的專屬標誌。「伊織」為今治毛巾的專賣店。

今治小雞周邊商品

今治在地的雞肉與雞蛋也小有名氣，當局推出可愛的吉祥物「バリィさん」(Barisan)作為代言，推出不少吸引人的周邊商品。

高松之旅

　　高松市為以烏龍麵聞名的香川縣縣治，也是四國的鐵道路網中心，有路線分別通往本州、松山、德島與高知，很適合作為旅行起訖點。

▲ JR高松站是四國島上特急列車的匯集處，很適合作為自助行的起訖點

▲ 高松也是前往瀨戶內海各島嶼的窗口，尤其是女木島和男木島，就坐落於高松港外

栗林公園

http www.my-kagawa.jp/ritsuringarden

JR栗林公園北口站，徒步3分鐘；琴電栗林公園站，徒步10分鐘

　　占地75公頃的公園歷經百年修建，是四國具代表性的日式庭園，園內劃設了6個湖泊，後方的紫雲山當背景，設計超過60處景觀，堪稱「一步一景」，獲得米其林觀光指南3顆星的最高評價。

▲ 栗林公園過去是藩主的庭園，歷經多代接力修建完成

北浜alley

🔗 www.kitahama-alley.com
➡ JR高松站，徒步7分鐘；琴電高松築港站，徒步5分鐘

在鐵路JR瀬戶大橋線通車後，許多貨物由海運改採鐵路運輸，使得這片原屬香川縣農會的港濱倉庫群處於閒置狀態。有心人租下改造為文創基地，供店鋪進駐，很適合走文青與LOHAS路線的讀者們逛逛。

▲ 北浜alley的店鋪每間各具特色，夜晚造訪也相當迷人

▲ 北浜alley是港口邊的舊倉庫，現被賦予全新生命

庵治町

🔗 www.aji-shashinkan.com
➡ JR高松站搭庵治線巴士，約40分鐘至庵治農協前站牌，徒步1分鐘

電影《在世界的中心呼喊愛情》的主要拍攝地點，劇中幾個重要場景，如照相館、漁港、港口長堤，以及山坡上的鞦韆等，取材地皆在此，讓庵治獲封為「純愛聖地」，吸引海內外粉絲造訪！

▲ 電影中的照相館現變身純愛交流會館，還可體驗罕見的石臼咖啡

▲ 庵治町為電影《在世界的中心呼喊愛情》取景處，許多經典場景都在此完成

琴平

➡ JR琴平站；琴電琴平站

金刀比羅宮祭為保佑航海安全的神社，猶如日本的媽祖廟。琴平的金刀比羅宮則為相關信仰的總本山，吸引信眾前來。另外，琴平老街上的烏龍麵學校，可以體驗手作烏龍麵課程，有吃有玩很受歡迎。

▲ 琴平的烏龍麵學校讓遊客體驗自己動手做烏龍麵，好吃又好玩

▲ 琴平因金刀比羅宮而發展，參拜的善男信女促成了四國最早的鐵道在此鋪設

瀨戶內海之旅

　　瀨戶內海是本州與四國之間的海域，風浪平穩且有諸多島嶼分布，過去因工作機會短少而逐漸沒落，近年則因「瀨戶內國際藝術祭」3年展而受國內外遊客注意。島間的交通可仰賴定期渡輪班次。

直島

➡ 宇野港至宮浦港(直島主要港口)或本村港渡輪約20分鐘，￥300。高松港至宮浦港渡輪約50分鐘，￥520；高速船25分鐘，￥1,220

　　直島過去以鹽業和銅礦開採為主要經濟活動，近年因為直島福武美術館財團投入，邀請安藤忠雄等名家來設計美術館與藝術作品而受到注意，也是藝術祭的旗艦島嶼。草間彌生的南瓜作品亦相當有名。

▲ 小島間的交通可搭小型交通船往返，需注意班次與海象

▲ 直島上藏身多棟美術館，由安藤忠雄設計，深深具有他的作品特色

▲ 各島間的交通仰賴渡輪連結，大型渡輪甚至能搭載卡車

▲ 草間彌生著名的南瓜作品，坐落於直島的兩側海邊

豐島

➡ 直島宮浦港至豐島家浦港約22分鐘，¥630

豐島離直島船程20分鐘，現有約1,000位居民集中住在3個村落中。在島上的丘陵與梯田間，有一座西澤立衛設計的豐島美術館，水滴狀的館舍堪稱全館唯一作品。村落的咖啡館挑戰視覺感官，相當有趣。

▲ 豐島的民宅變身為咖啡廳，黑白線條大膽挑戰人們的空間感

▲ 豐島美術館由西澤立衛設計，館舍與作品融合為一，相當特別

犬島

➡ 豐島家浦港至犬島約25分鐘，¥1,250；岡山寶傳港至犬島10分鐘，¥300

面積僅0.5平方公里的犬島，過去曾因設置煉銅所而擠入6,000位居民。精錬所廢棄後經直島福武美術館財團規畫，利用原有設施改造為特殊展覽場地，更因瀨戶內藝術祭設置諸多戶外作品，吸引遊客登島。

▲ 犬島的舊煉銅所化身為美術館，館舍內部與展示作品一樣精采

▲ 瀨戶內藝術祭讓展出作品融入犬島的村落中，創造出獨特的小島風情

島波海道

➡ 於四國端的JR今治站，或本州端的JR尾道站附近可提供腳踏車租還

島波海道（しまなみ海道）連結本州尾道至四國今治，是唯一能步行或騎車跨海的途徑，沿途透過9座大橋串起瀨戶內海6座島嶼，山海景色相當吸引人，很受單車玩家歡迎。在約70公里長的車道兩端與中途皆可租還車。

▲ 島波海道受自行車玩家喜愛，堪稱世界級的車道

▲ 島波海道沿途會經過多座大橋，完成挑戰很有成就感

松山之旅

　　松山為四國最大城與愛媛縣的縣治所在，在地交通仰賴伊予鐵道經營的市內路面電車與郊外鐵道。除鐵路與航空另有瀨戶內海航線，可連結廣島和小倉。

▲ 松山為四國人口最多的城市，因同名淵源，跟台北松山有不少交流

▲ 路面電車的大街道站附近，自古便是城下町區域，至今仍是松山的鬧區

道後溫泉

http www.dogo.or.jp
➡ 路電道後溫泉站，徒步5分鐘

　　道後溫泉在3,000年前便有記載，與神戶有馬、南紀白濱並稱三大古泉。道後溫泉本館的建築，曾在日本文豪夏目漱石的小說《少爺》中登場，因而家喻戶曉。《神隱少女》的湯屋據說也以它為藍本。道後溫泉周圍是松山的溫泉旅館區，溫泉街的逛街客人，有不少穿著各旅館浴衣呢！

▲ 道後溫泉本館正進行大型修繕，但仍保持部分空間營業。周圍也有其他溫泉旅館或湯屋可以享受

松山城

http www.matsuyamajo.jp
➡ 路電大街道站,徒步5分鐘至山麓,再搭纜車上山(去回¥520)或徒步登山10分鐘

松山城內共有21項國家的重要文化財,保存完整,天守閣更是日本12座「現存木造天守」之一。聯絡松山城的路面電車「大街道站」一帶,昔日爲城下町,如今仍是松山的鬧區,還有個別號「松山銀座」。

▲ 松山城建於市中心山頂,是過去統治伊予地區的威權象徵

▲ 松山城的天守閣在火災重建後,為現存12座木造天守當中最年輕的

梅津寺站

➡ 伊予鐵道高濱線梅津寺站

偶像劇經典大作《東京愛情故事》劇末,女主角莉香在海邊車站的欄杆繫上手帕,意味不再等待男主角完治。日劇的取景地點就是本站,儘管是超過30年的作品,但至今在月台上仍會看見手帕呢!

下灘站

➡ JR予讚線途中的車站

曾經多次登上「青春18」車票的銷售海報,是日本知名的看海車站。在月台上便可欣賞寬闊海景,也是讓心情放鬆的好地方。需提醒的是,予讚線該區間有分山海線,海線班次不多,請務必查好回程時間。

▲ 下灘站為日本赫赫有名的海景車站

▲ 傍晚時段的下灘站風景也很好,天氣好時可欣賞海上夕陽

▲ 梅津寺站附近的鐵路沿著海邊鋪設,是很舒服的望海區間

▲《東京愛情故事》已謝幕多年,但劇末的經典場景仍長存於粉絲心中

高知之旅

高知往來另外三縣皆有群山阻隔，被稱為遺世獨立的南國。西部的四萬十川有日本最後清流之美名。

四萬十川

➡ JR土讚線江川崎站或土佐黑潮鐵道中村站

高知西部的四萬十川有「日本最後清流」的美稱，橫亙在河道上的多座「沉下橋」是一大特色。喜歡戶外活動的玩家，可在此划獨木舟與騎單車。腳踏車從江川崎站到下游的中村站約40公里。

▲ 四萬十川沿岸可騎單車，途中會有起伏，適合平常有騎車的玩家體驗

▲ 沉下橋未設置護欄，避免大水時成為阻礙

日曜市

http www.city.kochi.kochi.jp/site/kanko/nichiyouichi.html
➡ 地點於高知市追手筋的馬路，路電蓮池町通站，徒步2分鐘；路電大橋通站，徒步4分鐘

「日曜市」顧名思義是每個星期天舉辦的市集，從元祿年間開始，至今超過320年的歷史。高知是日本相對溫暖的地方，本地栽種的諸多農產品會在現場販售，可來市集窺探在地居民生活。

▲ 各種土佐地區的傳統物產與小吃點心，都可在日曜市找到

▲ 高知的日曜市已有三百多年歷史，每個星期天在市區的追手筋封路登場

德島之旅

德島位於四國東部，以阿波舞馳名，從高松可搭乘JR列車前往，對外有高速公路與渡輪連結關西地區。

阿波舞會館

🌐 www.awaodori-kaikan.jp
➡️ JR德島站，徒步10分鐘

德島的古國名為阿波，是全國知名的「阿波舞」誕生地。每年8月中旬的阿波舞祭，會讓德島全境陷入瘋狂。平時造訪者，亦可前往阿波舞館（阿波おどり会館）欣賞阿波舞，還有現場教學。

▲ 阿波舞可說是德島的代表文化，每天在會館都可欣賞由不同團隊輪番帶來的演出

鳴門渦潮

🌐 www.uzunomichi.jp
➡️ 從JR鳴門站搭德島巴士鳴門線，至鳴門公園站牌下車，徒步5分鐘；往德島方向的高速巴士，至鳴門公園口站牌下車，徒步2分鐘（該站只能下車，無法搭車）

鳴門海峽為四國與淡路島之間的水域，由於海流強勁，加上水底地形有高低差，因此容易出現肉眼也能輕易見到的巨大漩渦。可從大鳴門橋的海上步道或搭船出海欣賞漩渦，感受視聽刺激。

▲ 鳴門海峽以不斷出現的海上漩渦而馳名，膽大者可乘船近距離見證絕景

▲ 大鳴門橋是連結德島與淡路島的高速公路橋，底層預留給鐵路的空間，今開放為欣賞漩渦的海上步道「渦之道」

大步危之旅

大步危是吉野川上游的峽谷，地處四國的中央位置，遊客搭觀光列車前來，可轉乘小舟凝視峽谷的鬼斧神工，再前往祖谷見識難得的藤橋，並於深山祕境中搭纜車到溪床泡湯。

祖谷籐橋

http miyoshi-tourism.jp/ (觀光景點體驗→觀賞
→祖谷藤橋)
➡ 從大步危站搭巴士約25分鐘

藤橋（かずら橋）顧名思義是由藤蔓編製而成，懸於寬45公尺、高15公尺的河谷。最早的藤橋據說是源平合戰敗逃至此的平家所建，藤橋易砍斷的特點，可以迅速截斷敵方的追擊。

▲ 藤橋的緣由，跟避難的落敗武士有關

▲ 藤橋的壽命不長，每隔一段時間就得重新搭建

大步危峽谷遊覽船

http www.mannaka.co.jp
➡ 從大步危站搭巴士約10分鐘

從公路旁沿著石階而下抵達碼頭後，便能登上大步危峽谷的遊覽船，從碼頭出發順流而下，飽覽兩岸的險峻岩石，最後折返回到碼頭，航程約30分鐘。

▲ 遊覽船搭載客穿梭於大步危峽谷

▲ 大步危峽谷的兩岸奇岩險峻，值得一遊

祖谷溫泉

http www.iyaonsen.co.jp/tc
➡ 從藤橋搭巴士約20分鐘

祖谷一帶的山中林立多家溫泉旅館，祕境中的「和之宿祖谷溫泉飯店」建於陡峭山壁旁，其露天溫泉浴池卻在170公尺深的河谷中，泡湯客還得搭一段飯店自營的纜車呢！

四國向北深度行程

岡山廣島之旅

岡山城

http okayama-castle.jp / ✉ 岡山市丸の內 2-3-1 / ☎ 086-225-2096 / ⏰ 09:00～17:30(最後入館17:00) / 休 年末3天為休館日 / $ 15歲以上￥300，6～14歲￥120。與後樂園的共通券￥560 / ➡ 路電「城下站」徒步8分 / ⌛ 45分鐘

　　岡山城最早約建於1360年代，完成後擔任歷代藩主治理當地的中樞，可惜在太平洋戰爭的大轟炸中，城堡大半被焚毀。目前的岡山城天守是1966年以鋼筋混凝土重建的成果，作為岡山居民的城市象徵。由於漆黑的外觀，在市民心中又有「烏城」的稱號。

後樂園

http okayama-korakuen.jp / ✉ 岡山市北區後樂園1-5 / ☎ 086-272-1148 / ⏰ 007:30～18:00(3/20～9/30，冬季略為縮短) / 休 年中無休 / $ ￥400(高中以下免費)，與岡山城的共通券￥560 / ➡ JR岡山站搭路線巴士7分鐘 / ⌛ 60分鐘

　　昔日為大名庭園的後樂園，是西日本最具有代表性的日式庭園，列為「國之特別名勝」，並與水戶的偕樂園、金澤的兼六園齊名，共稱「日本三大名園」。後樂園與岡山城互相借景，後樂園風景遠處有城堡點綴，從天守閣則能眺望園內景致，但兩者間其實隔了一條河喔！

▲ 重建的岡山城天守，裡頭作為歷史展示解說空間

▲ 岡山城因烏黑的外表而有「烏城」之別稱

▲ 後樂園可與岡山城相互借景喔

▲ 夜間開放時的後樂園別有風情

倉敷

倉敷市是紡織業重鎮，位於岡山市隔壁。昔日紡織廠林立的「美觀地區」保存了傳統的日式建築老街，與曾經為輸送紡織成品而開鑿的運河，是許多旅人拜訪岡山時的嚮往去處。「紙膠帶」也是倉敷名產，喜歡手作小物的讀者，得提防別買太多小東西而塞爆行李箱囉！

▲ 除了全球熱賣的MT，倉敷還有許多具在地特色的紙膠帶產品

▲ 運河是倉敷美觀地區的代表景觀，搭船遊河也很受遊客歡迎

兒島

兒島是岡山往來四國的鐵公路必經之處，交通相當方便。這裡同樣紡織業興盛，還曾製造出日本第一條國產牛仔褲，如今發揮產業賣點成為日本牛仔褲與制服之鄉。兒島也是欣賞夕陽的好地方，搭乘賞景巴士便可方便地前往兩處視野絕佳的眺望點。

▲ 兒島擁有一條專賣店林立的「牛仔褲街」

▲ 兒島的下津井與鷲羽山是欣賞夕陽美景的好地方

吹屋

離岡山市區約3小時車程的吹屋，自古以產銅聞名，是有祕境色彩的深山村落。這裡的銅色澤彩度相當漂亮，可用於瓷器、漆器、重要建築物，或是製作蓋章用的朱砂印泥，早年相當受歡迎。靠產銅致富的村落，屋宇外觀也染得紅通通的，是非常有特色的魅力老街。

▲ 造訪吹屋還可參與傳統的染布體驗

▲ 吹屋是以產銅聞名的紅色村落，但地處偏遠

宮島

瀬戶內海中的宮島，島上的嚴島神社非常有名，矗立於海中的大鳥居，是日本最具傳統代表性的地標。生活在神社周圍的鹿群爲神的使者，同時也是宮島的觀光大使！這裡除了是宗教聖地，搭纜車登上神社背面的彌山，或是秋天時來欣賞楓葉景觀，也很吸引人。

▲鹿被視爲神的使者，在此備受禮遇

▲蓋在水域上的嚴島神社已列爲世界文化遺產

吳市

瀬戶內海旁的吳，由於地形優越成爲天然良港，周遭水域又相當平穩，早在戰國時代的村上水軍就以其作爲港口。明治政府更決定在此設立軍港與鎮守府，奠定其近代發展契機。到這裡可以造訪二戰名艦「大和號」的博物館，也可在港內搭遊船，近距離觀賞自衛隊的船艦。

▲1/10的大比例大和號模型爲博物館的重要典藏

▲搭船遊港時，海上自衛隊最新銳的直升機護衛艦近在咫尺

和平公園

廣島市中心由太田川與支流包圍的中島地區，鄰近原子彈爆炸的核心，除了著名的遺跡「原爆圓頂館」外，幾乎都已被摧毀。戰後重建時，該區域改建爲大型的和平紀念公園，呼籲世人對「和平」的重視。公園的核心位置是紀念碑與廣島和平紀念資料館。

▲和平公園占地廣闊，每年8月會在此舉行紀念儀式

▲圓頂館原爲地方的產業獎勵館，如今列爲世界遺產保護

尾道

尾道是一處同時享受山海景觀的城市，主要市區於瀨戶內海岸邊，跟向島只隔著約200公尺的水道相望。市區北邊緊鄰千光寺山，發展出複雜的階梯系統，住在山坡的貓群，吸客魅力不輸自然景致。尾道也是單車路線「島波海道」的起點，使其發展為日本單車旅行風氣最盛行的城市之一。

▲腳踏車是尾道生活的一部分

▲在尾道市區便可飽覽山海景觀

馬自達博物館

馬自達為廣島重要的在地企業，市內的工廠面積比台北市大安區加上信義區還大。汽車博物館介紹馬自達的發展歷程，並展示過去的代表車款，其中有一段導覽行程更會經過正式的自動化汽車生產線。即便是平時對汽車沒鑽研者，也可增廣見聞不少。

▶
博物館免費參觀，但需預約上午或下午各一時段的導覽

▲可體驗乘坐各式車款，請把握機會

鞆之浦

受瀨戶內海的潮流變化影響，許多待潮的船隻會在鞆之浦靠岸，港口早在北前船時代就已興盛，開發超過千年，在戰國與幕末時代也曾為重要歷史事件的舞台。這裡的古樸老街與海港風情，也曾作為《金剛狼：武士之戰》與《崖上的波妞》等影視作品的取景處。

▲鞆之浦的老街與港口，已列為傳統建造物群保存地區

▲鞆之浦是多場歷史事件舞台，更有不少影視作品來此取景

九州篇
Kyushu

來探訪熊本部長的故鄉!

九州是台灣的好鄰居,從台灣出發直飛只要2個小時便可抵達,天生的自然美景、豐富的溫泉資源,以及五花八門的觀光列車,肯定會讓九州之旅意猶未盡。

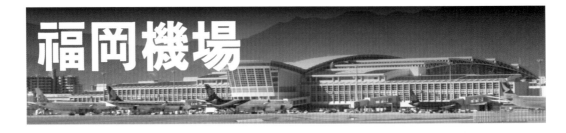

福岡機場

福岡機場是九州最主要的機場，也是日本最忙碌的單一跑道機場，分設國內線與國際線航廈。國際航班飛往亞太各大城市，也有少數的洲際航線。目前長榮、華航、星宇、虎航(廉價航空)皆有班次往來桃園機場，長榮另有定期班機飛行高雄航線。

由於福岡機場位置鄰近人口稠密區，是日本離城市鬧區最近的大型機場，因此僅於07:00～23:00間開放起降，夜間維持宵禁。

▲福岡機場為九州最主要的國際機場，有航班往來亞太地區大城

▲福岡機場與台灣間的往來密切，亦有廉價航空班次飛航

國際線航廈

設在跑道西側靠市區端，規模小巧玲瓏，入境動線簡單。旅客從國際航廈欲前往國內航廈可搭免費接駁巴士，單程約需15分鐘。牛奶杰的經驗是，從等接駁巴士到轉乘地鐵抵達JR博多站，剛好花費半小時。

▲福岡機場的國際航廈與國內航廈位於不同處，可搭免費巴士接駁

國內線航廈

國內線旅客是福岡機場的主要客源，與各主要城市間皆有航線，往來東京的班次尤其密集。國內航廈線現正進行大規模整修，完成將煥然一新。由於接駁巴士的行經路線稍有不同，由國內航廈往國際航廈較快，僅需約10分鐘。

▲福岡機場的國內線生意火熱，報到櫃檯的旅客總是絡繹不絕

從機場前往市區

地鐵列車

http www.fukuoka-airport.jp(繁體中文→交通資訊→地鐵)

　　福岡機場是日本唯一能直接搭市內地下鐵進出的機場，據統計約60%的旅客是靠地鐵空港線往來機場。地鐵站設於國內航廈底下，搭國際航班入境者需先搭免費接駁巴士至國內航廈，才能轉乘地鐵。接駁巴士的乘車位置在國際航廈抵達大廳的屋簷下，左側1號站牌。地鐵路線圖與轉乘相關細節，可至官網查詢。

▲ 福岡地鐵可直達機場的國內航廈側，對外交通算是便利

■ **運行區間：**從機場出發，免轉車可直達JR博多站與市中心鬧區的天神站。它在地鐵路線終點會跟JR筑肥線直通運轉，開往唐津方向。

■ **運行時間：**機場到JR博多站僅需6分鐘、天神站11分鐘。日間大約每7分鐘發1班車。

	首班車時間	末班車時間
從福岡機場出發	05:45	00:00
從博多站出發	05:50	00:09

＊資料時有異動，請以官方公布的最新資料為主

■ **費用說明：**機場到博多站或天神站均為¥260。

■ **如何購票：**可於自動售票機購票，或直接感應智慧票卡。

■ **企劃票使用：**地鐵1日券可用於進出機場，每張¥640。不能憑各種JR Pass抵銷車資。

機場巴士與計程車

　　除了地鐵之外，目前已有路線巴士與長途巴士直接連結國際航廈，目的地包括JR博多站、天神、太宰府、別府、湯布院、黑川溫泉、長崎、豪斯登堡、小倉、熊本等處，讓玩家多一種連外交通選擇，乘車位置為2～4號站牌。

　　另外，國際航廈的位置又比國內航廈接近市區，如果有2或3位旅伴一同分攤車資，靠計程車往來市中心的花費尚可接受！計程車排班位置為離開航廈後，屋簷下的右側。

🔵 豆知識
以巨無霸客機載客的國內線

　　由於乘客需求旺盛，機場的時間帶卻早以飽和，使得日航與全日空過去曾不約而同以波音747-400D型客機執行東京線的任務，是全球少數以巨無霸客機載客的國內線(約890公里)。時至今日，往來東京與福岡者絕大多數會選飛機，比例狠狠壓倒新幹線。

▲ 福岡機場由於需求高、跑道容量又受限，日本兩大業者在主要航線均祭出大型客機飛行

鹿兒島機場

鹿兒島機場為九州南部、日本本土最南端的大型機場。華航在疫情前有直飛班機往來桃園機場；廉航轉機則可考慮樂桃航空由大阪關西機場飛，或捷星日本聯絡東京成田機場。

　　鹿兒島縣的範圍包括九州外海的薩南群島(含奄美大島、種子島，以及屋久島等)，使這裡成為匯集島嶼航線的基地，也是東京、大阪等都會與小島間的轉機樞紐，每天往東京的班次有近30班。鹿兒島的溫泉相當知名，航廈的候車亭設有足湯池，讓旅客先「預習」一下泡湯樂。

▲ 鹿兒島機場有頻繁航班往來日本各地

▲ 鹿兒島機場在日本國內線算是規模較大的機場　　▲ 鹿兒島機場是周邊離島的轉機樞紐

▲ 鹿兒島機場的航廈就設有足湯可以享受

從機場前往市區

　　機場離鹿兒島市區約30公里，沒有軌道交通直接連結。乘客可搭高速巴士抵達JR鹿兒島中央站、天文館(鹿兒島市的鬧區)與港口等處。亦有路線往南九州其他地方。

機場巴士

http www.koj-ab.co.jp
(繁體中文→交通方式→公車搭乘處導覽)

　　由鹿兒島交通與南國交通兩家業者聯營，於8號站牌上車，到鹿兒島市區單程約45分鐘，車資¥1,400，巴士班次一天共有約120班，相當頻繁。

豆知識
鹿兒島與台灣的空中情緣

　　華航集團近年在九州積極布局，2012年起開航鹿兒島的定期航班，但華航其實早在1976年，就曾從松山機場飛過包機抵達鹿兒島呢！

行家祕技 鹿兒島機場旁的古蹟車站

　　鐵道迷不妨搭往霧島方向的路線巴士，至JR肥薩線的嘉例川站(約6分鐘)，再轉火車繼續行程。嘉例川站的木造站房從1903年持續服役至今，歷史悠久。

鐵道交通

九州的面積大約是1.5個台灣，地理情況則跟台灣有點像：在南北延長的島上，中央多為山地，北部都市化程度較高，西部人口比東部密集。九州島上的7個縣分，各自都有機場，福岡、鹿兒島、宮崎、北九州，與佐賀等機場在疫情前皆有定期航班往來台灣(期盼都能恢復)，讓讀者可搭配鐵道企劃車票，規畫甲進乙出的彈性行程，省去折返的車資與時間。

JR九州的鐵道路網可環繞全島一周，在西部有縱貫的高速鐵路「JR九州新幹線」。另有2條鐵路能橫貫九州，連結海島兩岸的城市。多數特急班次以北部的最大城「福岡」為樞紐。此外，主

貼心 小提醒

福岡站不在福岡

JR在福岡的主要車站是JR博多站。「博多」為福岡市內的一塊區域，可說是福岡市中心的代稱。那有沒有「福岡站」呢？它位於北陸的富山縣，離九州非常遠。讀者在用時刻表網頁或APP查車班時要留意喔！

要城市間有頻繁的高速巴士班次。

各城市的市內交通，可仰賴路面電車或路線巴士代步。

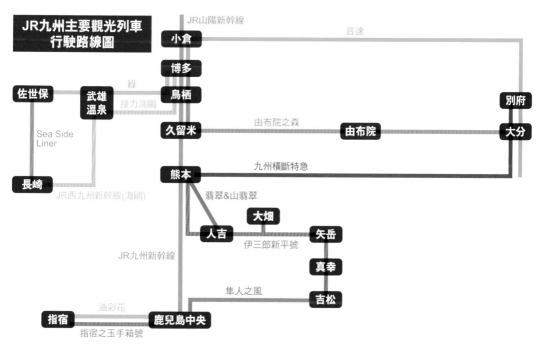

JR九州主要觀光列車行駛路線圖

企劃車票

環遊九州的企劃票

http www.jrkyushu.co.jp (繁體中文→JR九州鐵路周遊券)

　　JR九州爲外國遊客推出4款區域性企劃票：全九州版鐵路周遊券（全九州Pass）、北部九州版鐵路周遊券（北九州Pass）、南部九州版鐵路周遊券（南九州Pass），及山陽&山陰北部九州地區鐵道周遊券。南、北九州的分界點在西岸是熊本站，東岸爲大分站（均含JR豐肥本線與JR三角線）。

　　4種企劃票券皆可在日購買。憑前3張票券可搭範圍內的JR九州含新幹線等各級列車，但不包括少數頂級觀光列車，以及由JR西日本營運的JR山

▲ JR九州的周遊券，對外國玩家節省旅費大有幫助

陽新幹線（博多至小倉區間）。南北區域版搭指定席有劃位次數限制，若想更改班次記得提前到綠窗口辦理。另提醒：疫後在博多站購換九州Pass很費時，排隊超過1小時的案例不罕見。

企劃票券名稱	效期	指定席次數	費用
全九州版鐵路周遊券	連續7日	不限	¥25,000
全九州版鐵路周遊券	連續5日	不限	¥22,500
全九州版鐵路周遊券	連續3日	不限	¥20,000
北部九州版鐵路周遊券	連續5日	6次	¥15,000
北部九州版鐵路周遊券	連續3日	6次	¥12,000
南部九州版鐵路周遊券	連續3日	6次	¥10,000
山陽&山陰北部九州地區鐵道周遊券	連續7日	不限	¥2,6000

＊資料時有異動，請以官方公布的最新資料爲主　＊製表／牛奶杰

SUNQ巴士闖天下

http www.sunqpass.jp (中文版)

　　九州的巴士也與渡輪業者合作發行「SUNQ票」，分爲全九州+下關3／4日、北九州+下關3日，以及南九州3日等版本，能不限次數搭範圍內的近百條高速巴士與路線巴士，售價爲¥8,000～14,000。

九州市區交通

福岡市區

地鐵

　　福岡目前有3條地鐵，算是方便的交通工具。橘色的空港線從福岡空港出發，經博多、中洲川

端、天神，至姪濱站跟JR築肥線直通運轉。藍色的箱崎線的東端於貝塚站聯絡西鐵貝塚線，西端則會在中洲川端站匯入空港線。綠色的七隈線則由博多站底下出發，經天神南站、藥學院站等處往都會區的西南部。

　　地鐵車資依距離分區，票價在¥210～380間，1

日券為¥640。憑信用卡感應搭車,扣款達¥640就自動進入1日券模式,不會再計費,輕鬆精省開銷。

▶ 福岡市內有3條地鐵,交通算是方便

西鐵

西鐵為「西日本鐵道」的縮寫,為本地的私鐵公司(跟「JR西日本」是不同業者),造訪太宰府的遊客常利用西鐵的大牟田線轉太宰府線。西鐵在市內端點為「西鐵福岡(天神)站」,位置在地下街旁的福岡三越百貨2樓;3樓則有西鐵天神高速巴士總站。

西鐵雖有「鐵道」之名,但其巴士業務亦為福岡都會區最主要的業者,路線眾多,甚至堪稱日本最大的巴士集團。由博多站、藥學院站、天神北,與藏本包起來的範圍相當於福岡的都心,在都心搭西鐵巴士各路線都只要¥150。

▲西鐵巴士在整個九州的重要性相當高

小倉市門司港地區

由JR門司港站當起點,步行穿越關門海底隧道,環遊一周至JR下關站的全程路徑約7公里。

門司港站出發沿海岸散步到隧道入口約為2.3公里,一般建議步行或搭乘潮風號觀光列車(www.retro-line.net)。在「門司港レトロ展望室」附近有JOYiNT單車租借點,1日費用¥800(www.npo-ido.com/business/rent/oneday_2)。下關這一側沿途有路線巴士能代步;若要步行,需留意從隧道出入口至赤間神宮(春帆樓)間,人行道僅設於馬路的靠海側。

關門海峽之間亦可搭關門連絡船渡海(¥400,kanmon-kisen.co.jp)。

▲ 在門司港區遊覽時可搭潮風號列車代步

▲門司港區步道上的吊橋,當有船隻通過時可以開啟

長崎市區

長崎市內最熱鬧的區域在西濱町一帶,離JR長崎站有些許距離,可搭路面電車前往。長崎市內由於地形之故,多數景點皆在路電的車站周邊或步行範圍內,因此可仰賴路電的4條路線。

每次搭車不限距離收費¥140(兒童¥70),若需在築町站轉車可領轉車券繼續後段行程。路電的

1日券為¥600，需留意1日券限於各觀光案內所、長崎電軌的營業所，或主要旅館購買，電車上不販售。

ス，www.kamenoibus.com）兩家經營，彼此的路線與站牌位置略有不同，在查詢時務必要記下營運者。

▲ 長崎的路電是居民與遊客仰賴的交通工具

▲ 長崎市內的多數景點可靠路電與步行前往

▲ 龜井巴士為別府市內的路線巴士主要業者之一

▲ 大分交通的路線與乘車位置，跟龜井巴士可能略為不同

大分市區

JR大分站的府內中央口（北口），有規畫完善的路線巴士乘車區，可方便旅人轉往各目的地，但路線較為複雜，建議事先查詢。若要前往大分縣立美術館，可搭乘市中心的循環巴士「大分きゃんばす」（www.oitabus.co.jp，點選「中心市街地循環バス」），每次¥100（兒童半價），乘車位置在北口的3號站牌或上野之口（南口）皆可搭乘，循環路線會經過大分縣立美術館與大分市美術館，兩者是不同目的地。

▲ 大分站北口有規畫完善的巴士轉乘空間

▲ 大分市內的巴士路線較為複雜，乘車之前建議先查明清楚

別府市區

別府的鬧區在JR別府站前的步行可及範圍，往市內各溫泉區的交通仰賴路線巴士，分別由大分交通（www.oitabus.co.jp）與龜井巴士（亀の井バ

鹿兒島市區

鹿兒島的主要鬧區在JR鹿兒島中央站與天文館通一帶，市內交通可搭市交通局營運的路面電車（每趟¥170）或巴士（¥230，www.kotsu-city-kagoshima.jp），往來櫻島則可搭櫻島Ferry的渡輪（¥200）。市內有3條City View（カゴシマシティビュー）循環巴士，每趟¥250，遊客最常用的應該是「城山‧磯コース」。電車+路線巴士＋City View巴士的1日券僅¥600（24小時版¥800），憑券搭渡輪另享8折優惠。

▲ City View巴士為遊客規畫了3條路線，方便搭乘

▲ 鹿兒島的路面電車由市政單位公營，串連主要鬧區與車站

九州行程規畫

九州好玩的地方很多，光是長崎、大分與鹿兒島單一縣分，加上來回的交通時間，都有至少安排2天行程的必要性。

Have a Nice Trip!

首次造訪者

北九州3日遊：第一次造訪九州，可將焦點放在景點較集中的九州北半部，以最基本的福岡與關門海峽兩岸為主。

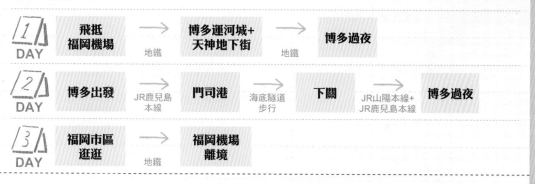

DAY 1 飛抵福岡機場 →(地鐵) 博多運河城+天神地下街 →(地鐵) 博多過夜

DAY 2 博多出發 →(JR鹿兒島本線) 門司港 →(海底隧道步行) 下關 →(JR山陽本線+JR鹿兒島本線) 博多過夜

DAY 3 福岡市區逛逛 →(地鐵) 福岡機場離境

時間充裕者

2日遊：牛奶杰規畫了幾套2日遊行程，除了第二天要在外地，其他幾天都下榻福岡，省去搬行李的困擾。這些行程均在北部九州版鐵路周遊券(北九州Pass)的效力範圍內，可用3天份的企劃票券節省旅費，暢遊九州。

長崎2日遊

DAY 1 博多出發 →(JR特急+新幹線+路電) 舊香港上海銀行長崎支店+荷蘭坂 →(遊覽船) 軍艦島 →(遊覽船+巴士) 長崎稻佐山夜景

DAY 2 風頭公園+龜山社中紀念館 →(路電) 眼鏡橋 →(路電) 和平公園+原爆資料館 →(路電) 哥拉巴園 →(路電+JR) 博多過夜

佐世保2日遊

DAY 1 博多出發 →(JR特急豪斯登堡) 豪斯登堡 →(步行或JR Sea Side Liner) 豪斯登堡或佐世保過夜

DAY 2 豪斯登堡或佐世保出發 →(JR Sea Side Liner) 九十九島遊船 →(松浦鐵道) 平戶歷史海港散步 →(松浦鐵道+JR) 博多過夜

由布院2日遊

DAY 1

| 博多出發 | → JR特急 由布院之森 | 由布院溫泉 | → JR久大本線 | 由布院過夜 |

DAY 2

| 由布院出發 | → JR特急 由布院之森 | 大分縣立美術館 +別府溫泉 | → JR特急音速號 +巴士 | 杵築城下町 | → 巴士+ JR特急音速號 | 博多過夜 |

鹿兒島2日遊

DAY 1

| 博多出發 | → JR九州 新幹線 | 城山公園 | → 渡輪 | 櫻島火山 | → 渡輪 | 鹿兒島 逛街、過夜 |

DAY 2

| 仙巖園+ 尚古集成館 | → 巴士+JR | 指宿海灘 砂浴溫泉 | → JR | 鹿兒島 | → JR九州 新幹線 | 博多過夜 |

單日行程補充包

　如果假期有限，只能挑選從博多當天來回的行程，那麼太宰府與唐津皆為適合推薦的單日近郊旅行地點。

太宰府 之旅

| 天神站出發 | → 西日本鐵道 | 太宰府 天滿宮 | → 步行 | 九州博物館 | → 西日本鐵道 | 博多過夜 |

唐津 之旅

| 博多出發 | → 地鐵空港線 +JR筑肥線 | 唐津城+ 舊唐津銀行本店 | → JR筑肥線 | 虹之松原 | → JR筑肥線+ 地鐵空港線 | 博多過夜 |

九州必買必吃

熊本熊

くまモン(KUMAMON，酷MA萌)可說是日本近年來行銷最成功的地方吉祥物，除了各種買得到的授權產品，其身影也登上了飛機與火車等交通工具。相關產品的價格親民，在不少百元店中還設有專區。若有機會造訪他的故鄉「熊本」，別忘了要到鶴屋百貨東館的「部長辦公室」，正式拜會部長大人喔！

大分地雞

大分地區的鄉土料理，包括豐後地雞、豐後牛以及青柑麵等。雞肉的吃法，以類似炸天婦羅的裏麵皮炸雞最常見，在大分、別府、由布院等地，有諸多鄉土料理店家販售，可別錯過囉！

太宰府天滿宮紀念品

太宰府天滿宮以日本的「學問之神」為主祭神，吸引許多求學者參拜。除了天滿宮本身的御守與繪馬保佑求學順遂之外，周邊店家也有許多祝福考試順利合格的伴手禮。日本漫畫常見的頭帶，還有L文件夾與鉛筆，很適合送給正在準備考試的莘莘學子喔。

長崎蛋糕

長崎為日本與西洋文化的交流口岸，從西方傳教士的手中學會了「卡斯特拉」蛋糕的做法，發展為今天的「長崎蛋糕」，傳統老店以福砂屋等店鋪為代表。日本長崎蛋糕原料不加蜂蜜與牛奶，跟在台衍生的蜂蜜蛋糕略有不同。

福岡、北九州

福岡是九州的最大城市，與鄰近的北九州市發展為連結的工業帶，都會區人口約800萬人，是日本第四大都會區。北九州市由多個行政區在1995年合併而成，轄內的門司與小倉都很適合遊客造訪。

▲博多運河城的設計頗具巧思，運河就從球體造型的購物中心中庭流過

▲LaLaport為疫情期間開幕的大型購物中心，還祭出鋼彈吸客

▲JR門司港站過去為九州玄關的代表，2019年整修完成，恢復大正時代的風貌

天神地下街

http www.tenchika.com

➡ 地鐵天神站或天神南站，西鐵福岡(天神)站，下車即達

都會區的私鐵「西日本鐵道」在「天神」設置總站，令它發展為福岡的鬧區，完全不辜負這個威風的地名。西鐵站與地鐵的不同路線間，打造出歐洲風情的天神地下街，是熱門的購物區。

▲天神地下街以歐風裝飾，感覺像身處於購物中心

▲天神地下街長約600公尺，有超過150間店面，相當好逛

門司

➡ JR鹿兒島本線門司港站(跟門司站不同)，下車即達

　　門司是九州最接近本州之處，長久以來擔任九州玄關，同時也是日本對外的口岸，瀰漫著老海港的風情。過去的門司站在鐵路因海底隧道通車改線後，更名為門司港站，並保有典雅的站房與鐵道紀念館。

▲ 過去的鐵道設施變身紀念館，述說鐵道與九州的發展史

▲ 門司港曾是日本往來朝鮮與中國的主要港口，水岸風情迷人

下關

http www.kanmon.gr.jp (エリアマップ→唐戶エリア→日清講和記念館)
➡ 巴士赤間神宮前站牌下車，徒步2分鐘

　　下關位於本州的尾巴，與門司隔著關門海峽相望。在日本史中，此處因源平合戰的最後一役而家喻戶曉。但對台灣而言，甲午戰爭後的「馬關條約」在下關的春帆樓簽署，值得跟門司一道造訪！

▲ 李鴻章在馬關條約談判期間曾遭暗殺，事後都改走山上的小徑，今稱為李鴻章道

▲ 歷史中的春帆樓已經改建，紀念館內依樣復原當時的講和會談環境

▲ 春帆樓旁的赤間神宮，是為了1185年源平合戰的「壇之浦戰役」時投水身亡的安德天皇(年僅8歲)而建

太宰府

➡ 西鐵福岡(天神)站或藥學院站搭車至二日市站，轉太宰府線至終點太宰府站即可，全程約20分鐘，¥420

　　太宰府曾為掌管九州的行政與軍事機構，所在地發展為現今的太宰府市。離車站不遠的「太宰府天滿宮」為日本三大天滿宮之一，主祭神為有「學問之神」稱號的菅原道真，每年吸引超過7百萬人造訪。

▲ 太宰府天滿宮為天神信仰的中心之一，每年來此求學問者眾多

▲ 參道上的星巴克太宰府店造型特殊，是不遜於天滿宮的打卡勝地

大分之旅

位於九州東半部的大分縣，擁有豐富的溫泉資源，無論是深山中的由布院溫泉，或瀕臨大海的別府溫泉，都相當有吸引力。低調閒逸的氣氛，很適合放鬆身心。

▲ 大分機場將行李轉盤變身為迴轉壽司，向旅人預告這的海鮮美味無比

▲ 大分的溫泉資源豐富，由布院更發展為溫泉度假小鎮

大分縣立美術館

http www.opam.jp

➡ JR大分站徒步15分鐘；中心市街地循環巴士「オアシス広場前(県立美術館入口)」下車，徒步1分鐘

大分市內的新景點，由平賀信孝以及普立茲克建築獎得主坂茂設計，2015年春季開館前就已獲得建築獎項肯定。1樓展區的落地窗與3樓以木結構加透光薄膜為頂的中庭，為迷人亮點。

▲ 建築師在3樓規畫巧妙結合自然光線的中庭，相當吸睛

▲ 大分美術館獲得建築獎肯定，並成為市內新地標

由布院溫泉

➡ JR久大本線由布院站，徒步至湯之坪街道約5分鐘

大分縣湯布院町的由布院溫泉，頗受女性遊客青睞。搭火車抵達JR由布院站後，立刻就能融入山中溫泉小鎮的悠閒氣氛，站前的由布見通與湯之坪街道上有各式雅致小鋪，美食甜點也令人著迷。

▲ 溫泉小鎮的湯之坪街道上有各種精緻小鋪，可在此放鬆閒逛

▲ 由布院溫泉又稱湯布院溫泉，是深受女性顧客喜歡的山中溫泉區

別府溫泉

➡ JR日豐本線別府站，往各溫泉區可搭乘路線巴士

別府為湧泉量第一的老牌溫泉鄉，從1,300年前的奈良時代便受人們喜愛。別府市內分成八大溫泉區，稱為別府八湯，車站周邊的別府溫泉、靠山的觀海寺溫泉以及擁有8座「地獄」人工場景的鐵輪溫泉各具特色。

▲ 別府溫泉的湧泉量在日本數一數二，是相當老牌的溫泉度假區

▲ 別府的鐵輪溫泉區四處冒出白煙，不明白者可能會以為是多處遭縱火吧

杵築

➡ JR日豐本線杵築站，轉路線巴士至杵築バスターミナル，約11分鐘

日本有許多城市以城堡天守閣聞名，搭配周圍的城下町發展觀光。鄰近大分機場的杵築正好顛倒，它的城下町老街比城堡還精采！杵築的老街坐落於南北兩座台地上，連結彼此的石階坡道格外吸引人。

▲ 杵築的城下町景觀維持得很好，新蓋的建築物也會刻意保持和諧市容

▲ 杵築的老街分布於兩座台地，銜接彼此的石板坡道懷舊滿點

長崎之旅

長崎自古是日本對外聯絡東西方文化的口岸，二戰結束前曾被原子彈摧毀。市區地形屬狹長盆地，景點幾乎集中在路面電車沿線或兩側山坡。西九州新幹線通車，縮短了往來福岡的時間。

哥拉巴園

http www.glover-garden.jp
➡ 路電大浦天主堂站下車，徒步8分鐘

哥拉巴（グラバー，Glover）是幕末明治時在長崎經營貿易的英國富商，宅邸位於港濱附近的半山腰，能一覽港口。園內的公館是日本現存最早的木造西洋建築物，在此可見證東西交流的歷史演進。

▲ 港都長崎，自古便是日本連結世界的口岸

▲ 哥拉巴園位於長崎港濱的半山腰上，是見證西洋列強影響日本的地點之一

▲ 長崎多數的景點，都位在路面電車沿線步行可及之處

▲ 哥拉巴的宅邸是日本現存最早的木造西洋建築

稻佐山

http www.inasayama.com

➡ 長崎空中纜車由淵神社站上山約5分鐘(去回￥1,250),由市內旅館或JR長崎站可搭免費接駁巴士至覽車;由JR長崎站前搭5號巴士至終點稻佐山巴士站牌,徒步7分鐘

　稻佐山、函館山與神戶六甲山並稱為日本三大夜景,來到長崎應該挑一個夜晚,搭纜車或巴士上山瞧瞧。長崎的城市與港口分布在狹長谷地中,從山上眺望能將市街盡收眼底,不負其盛名。

▲ 稻佐山的觀景台採螺旋設計,坐落位置標高約333公尺

▲ 稻佐山有「日本三大夜景」與「世界新三大夜景」的稱號

眼鏡橋與龜山社中紀念館

http www.at-nagasaki.jp/spot/1047

➡ 路電公會堂前站下車,徒步15分鐘

　眼鏡橋是日本最早的石造雙拱橋,河水映照兩個橋洞後就像一副眼鏡,因而得名,為日本三大名橋之一。離眼鏡橋不遠的龜山社中,由坂本龍馬設立,被認為是日本第一間有限公司。

▲ 龜山社中附近的龍馬紀念碑,改穿西洋皮靴據稱是龍馬的服裝特點之一

▲ 眼鏡橋附近的愛心石是一個隱藏景點,有心人才找得到

▲ 眼鏡橋為日本三大名橋,石造的雙拱橋相當獨特

軍艦島

長崎有多家業者提供登島服務,這裡提供「株式会社ユニバーサルワーカーズ(軍艦島コンシェルジュ)」的訊息:

http www.gunkanjima-concierge.com

🕐 上午10:00或中午13:00各一航次,行程約3.5小時,海象不佳會改不登島或取消。出航前可參觀展覽室,建議提早抵達

💲 成人￥5,000,中高生￥4,000,小學生￥2,500。假日、船艙二層座位價格較高

➡ 路電大浦海岸通站下車,徒步1分鐘

　港外的端島過去曾是煤礦挖掘基地。採礦結束後所有人員撤出,留下工廠、公寓、醫院、學校等無人廢墟,遺留海上如同棄世孤城,更添神祕色彩,後作為電影場景。由於其外形而被稱為軍艦島。

▲ 軍艦島的造型與背景相當獨特,多次成為電影構思或拍攝的地點,島上的建築日漸傾毀,登島參訪亦只能在指定範圍遊覽

鹿兒島之旅

位於九州南端的鹿兒島，曾是「篤姬」的故鄉，雖位處偏遠，卻有改變全日本的影響力。鹿兒島市與火山隔海相望，是一個市內路邊隨手能拿到「蒐集火山灰」專用提袋的城市。

▲「天文館」一帶為鹿兒島市的鬧區，在地的大型百貨公司「山形屋」在其附近

▲ 西鄉隆盛為幕末時期的鹿兒島英傑，其人生反轉的事蹟被認為是電影《末代武士》的角色原型

櫻島火山

🌐 www.sakurajima.gr.jp

➡ 由鹿兒島市內的鹿兒島港Ferry Terminal (鹿児島港フェリーターミナル，距路電水族館站徒步5分鐘)，搭渡輪15分鐘 (￥200)，島上交通可搭巡迴巴士

鹿兒島與一般城市最大的差異，是它竟然能跟活火山共處！鹿兒島市與櫻島火山僅隔著海灣，從市區的各個角落都能望見火山山峰。遊客可以搭渡輪到櫻島造訪各式噴發遺跡，其中包括被火山灰掩埋的神社。

▲ 往來於鹿兒島市與櫻島的渡輪24小時營運

▲ 櫻島的海岸地形是火山熔岩冷卻的結果，環境相當特別

指宿溫泉

http 砂むし会館砂楽：sa-raku.sakura.ne.jp
➡ 巴士砂むし会館前站牌，下車即達。JR
指宿站徒步17分鐘

指宿位於鹿兒島南方的錦江灣口。指宿海邊的沙灘，由於地熱資源充足，連沙子都是燙的，因此誕生「砂浴」這種特殊玩法，先把自己埋進沙坑，結束後再泡溫泉，體驗感受全身舒暢，值得一試！

▲ 指宿附近的JR西大山站，為JR的最南端車站

▲ 「砂浴」的玩法是先請人將自已埋在沙灘裡，起身後再到室內泡溫泉

知覽武家屋敷＋特攻和平會館

http www.chiran-tokkou.jp
➡ 鹿兒島中央站搭鹿兒島知覽線巴士，至特攻觀音入口站牌下車(約80分鐘，￥1,100)，徒步2分鐘

知覽位於鹿兒島的內陸，小鎮中仍保有江戶時代的武家屋敷，可以入內參觀武士住宅。此外，這裡在戰時曾有日本陸軍特攻飛行隊的機場，如今設有和平會館供後人紀念憑弔。

▲ 特攻飛行隊的機場遺址，現設立和平會館予以紀念

▲ 和平紀念會館展示曾於海中「保存」35年的零式戰鬥機

▲ 知覽武家屋敷的蜿蜒街道與兩旁的「樹籬」，皆有防禦的功效

尚古集成館

➡ www.shuseikan.jp
巴士仙巖園前站牌下車，徒步1分鐘

江戶時代的鹿兒島屬於薩摩藩，由島津家掌管。藩主島津齊彬主張西化開放，率先設置西式工廠，務求改革。設於庭園「仙巖園」旁的尚古集成館，就是當年西化發展的見證，已納入世遺保護。

▲ 仙巖園過去是傳統庭園，也曾作為島津藩西化開發的場地

▲ 尚古集成館為島津家致力西化的代表工程，別具意義

其他地區旅遊建議

仙台 東北

仙台是東北地方6縣的最大城市，有多家業者的航班直飛台灣，很適合作為暢遊東北的進出點，搭配新幹線組合北關東或南北海道的行程花樣就更多了。仙台周邊的景點則有日本三景之一的松島、青葉城、藏王、與女川等。如果是在櫻花季造訪，白石川堤一目千本櫻，以及夜之森櫻並木也很推薦。

▲ 松島是早年的日本三景之一，從海上與陸上巡遊各有樂趣

▲ 白石川堤一目千本櫻是熱門賞櫻地點，交通也相當方便

草津溫泉 北關東

關東地方傳統的旅遊重點為南半部的東京與神奈川，而北關東好玩的地方也不少。離JR吾妻線很近（轉乘巴士也非常方便）的草津溫泉，是日本湧泉量數一數二的溫泉區，也連續多年獲日本民眾評為最佳溫泉旅遊勝地。

鄰近草津的伊香保溫泉與四萬溫泉，也是北關東的知名溫泉區。前者周圍有《頭文字D》故事背景的榛名山；後者的積善館則常被認為是《神隱少女》湯婆婆的油屋溫泉館原型。

▲ 伊香保溫泉是傳統溫泉區，核心區域的石階老街已超過四百歲

▲ 草津溫泉以泉質贏得人心，多年票選排行第一

琉球

離台灣非常近的琉球地區，也是近年相當熱門的旅遊去處。清澈的海水、靛藍的青空、閒逸的島嶼風情，再加上些許異國情調，讓人對琉球流連忘返，即便沒有特定想拜訪的景點，單純去放鬆幾天也很不錯。想深度認識琉球的玩家，除了沖繩島之外，石垣、宮古，與西表等島嶼也各有值得尋幽之處。

通 訊 篇
Communication

在日本，打電話、上網、寄信

人手一機的時代，通訊變得十分方便。除了撥打
電話，如何上網也很重要，一定要隨時PO文分享
(炫耀)！而如何郵寄包裹與明信片，更是不可不
知的重要情報！

打電話

行動電話通話漫遊

電信業者一般皆會預設開啟客戶的行動電話通話漫遊(用手機講電話的功能)，不用另外申請。

漫遊期間無論撥打或接聽通話，均得再加上一筆日本當地業者的收費，所以話費會較高。發簡訊也有額外費用，但收簡訊免費。若有疑慮，或想關閉該服務，出國前可再次向業者確認。有些玩家會採用Skype撥號，通話費更省。

▲ 即便沒租分享器或購買SIM卡，必要時仍可藉由手機漫遊連絡，或定位自己的位置

使用公用電話

日本的公用電話接受¥10或¥100硬幣投現，或本地售出的電話卡。不過並非每部公用電話均開放直撥國際電話，機場、車站與飯店等公共場所較容易找到可直撥的話機。

▲ 螢幕有「國際通話」的字樣，表示本機可直撥海外

▲ 「國內專用」的公用電話機，沒辦法打國際電話

公用電話撥打步驟

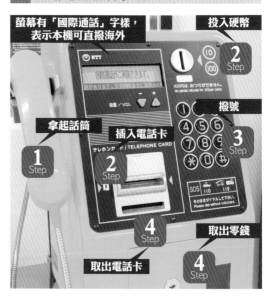

螢幕有「國際通話」字樣，表示本機可直撥海外

投入硬幣 Step 2

拿起話筒 Step 1

插入電話卡 Step 2

撥號 Step 3

取出零錢 Step 4

取出電話卡 Step 4

從日本打回台灣

以行動電話打回台灣

按「＋」代替國際冠碼+台灣國碼+區域號碼(免撥0)+電話號碼

打市話：02-1234-xxxx為例，請按+886-2-1234-xxxx；打手機：0912-345-xxx為例，請按+886-912-345-xxx。

自己帶去日本的手機若處於漫遊環境，且有收到訊號，也可撥打國際電話。「＋」這個符號是

打國際電話的意思,請長按0的按鍵便會跳出該符號。

以市內電話(飯店電話)打回台灣

國際冠碼+台灣國碼+區域號碼(免撥0)+電話號碼

打市話:02-1234-xxxx為例,請按010-886-2-1234-xxxx;打手機:0912-345-xxx為例,請按010-886-912-345-xxx。

若從飯店房間撥打,最前面要再加上由飯店撥外線的號碼。退房時,記得要向飯店人員結清電話款項。

▲ 若用旅館房間電話撥打外線,請參閱旅館的使用說明

以公用電話打回台灣

電信公司碼+國際冠碼+台灣國碼+區域號碼(免撥0)+電話號碼

使用NTT打市話:02-1234-xxxx為例,請按0033-010-886-2-1234-xxxx;使用NTT打手機:0912-345-xxx為例,請按0033-010-886-912-345-xxx。

從公用電話打國際電話時,要比市內電話多按一個電信公司碼(NTT為0033、KDDI為001、SoftBank為010),不同電信業者的話費稍有不同。NTT的話費依不同撥號時段有異,¥100約可講32~47秒,KDDI為28秒。

從台灣打到日本

撥打日本市話

台灣國際冠碼+日本國碼+區域號碼(免撥0)+電話號碼

打市話:03-1234-xxxx為例,請按002-81-3-1234-xxxx。

撥打日本手機

台灣國際冠碼+日本國碼+手機號碼(免撥0)

打手機:090-1234-xxxx為例,請按002-81-90-1234-xxxx。

貼心 小提醒

免付費電話

國內有些免付費電話(0800等)可能不接受從國外撥號,需格外留意。

以行動電話聯絡其他同行友人

同伴走散需以行動電話聯繫,撥號方式跟上述撥打台灣手機門號相同:+886-912-345-xxx。

旅日時用手機撥打日本電話

赴日旅遊時,偶爾會需要用自己的手機聯絡飯店或旅遊服務中心等,這時雖人在日本,但手機門號仍是台灣的(以原SIM卡國際漫遊),因此撥對方的電話號碼前,仍要加上國際冠碼(可以+號替代)。

撥打日本市話

按「+」代替國際冠碼+日本國碼+區域號碼(免撥0)+電話號碼

打市話:03-1234-xxxx為例,請按+81-3-1234-xxxx。

撥打日本手機

按「+」代替國際冠碼+日本國碼+手機號碼(免撥0)

打手機:090-1234-xxxx為例,請按+81-90-1234-xxxx。

上網

使用原門號上網漫遊

　　手機的「上網漫遊」通常預設關閉，可先向電信業者申請，並從各種方案中選擇加購。原號漫遊不用抽換SIM卡（不會漏接原號電話），也不必多帶設備，相當方便。

　　牛奶杰最常用中華電信1GB方案，僅需149元（7天有效），相當於1天22元，基本傳LINE、開Google Maps，收信都沒問題，適合出門時網路需求不高的讀者。透過手機APP操作可立即完成。台灣大哥大則有1GB、199元（15天）方案。

租借行動無線分享器

　　行動無線分享器是攜帶另一部小型隨身裝置，在日本收到5G或4G訊號後，轉為Wi-Fi訊號讓周圍的使用者上網，適合多人同行且中途鮮少分散者使用；如需分頭行動時，則以通訊漫遊保持最低限度的聯繫（如：傳簡訊）。要租借分享器，可在出國前向業者預約，並參照業者相關作法，選擇宅配或臨櫃領取。預約通常需預備幾天的作業日程，宜盡早進行。

購買eSIM卡服務

　　eSIM卡是在手機內設一張虛擬的SIM卡，藉此進行網路連線，同樣有免換SIM卡、不會漏接原門號電話，與隨辦即可使用等優點，價格則依選用方案調整，購買前建議先打聽各家近期風評。

但目前僅iPhone、Google Pixel，與其他少數手機適用eSIM卡是其限制。

◀ **WAmazing為預約者提供免費SIM卡，流量500MB（用完可儲值）。使用者亦可透過其APP預約飯店或滑雪等行程**

購買SIM卡

　　購買一張遊日的專門SIM卡，將SIM卡插入手機或平板的卡槽，藉此上網或通話。桃園機場與日本主要機場內，有電信公司櫃位或自動販賣機發售SIM卡。有些旅遊推廣單位或廉價航空公司，會免費發送SIM卡空卡，供旅客儲值使用。

▲ 日本部分機場設有SIM卡的販賣機

通訊篇

▲ 日本許多地方會提供Wi-Fi訊號熱點，供民眾連線

▲ 部分列車、巴士提供Wi-Fi訊號，讓乘客隨時保持連線

▲ 使用無線分享器，不用擔心漏接電話與換卡問題

請注意 無論是何種方式，都要詳閱方案的內容。如：開通後多久內有效？有多少數據額度能用？額度用完後，是降速或直接斷訊？

行家祕技 **免費Wi-Fi 定點使用**

免費Wi-Fi熱點常位於餐廳、咖啡廳、機場、車站、列車、巴士總站、渡輪站，或購物消費之處。像JR東日本、JR西日本、7-ELEVEn、星巴克咖啡等處有各自的免費Wi-Fi，但部分要先登錄或下載APP。日本電信軟體銀行(SoftBank)提供超過40萬個熱點，可免費上網14天(2週後重新操作)，官網有詳細設定教學(點選「繁體中文」)。

http www.softbank.jp/en/mobile/special/freewifi/zh-tw

1 Step 請先確認漫遊設定，將網路漫遊設定為「SoftBank」。

2 Step 撥打「*8181」免費電話，聽取中文語音的4位數密碼。

3 Step 於熱點搜尋Wi-Fi訊號並連線，SSID名為「.FREE_Wi-Fi_ PASSPORT」。

4 Step 輸入ID(手機號碼)和4位數密碼，即可登入成功。

	原號漫遊(有申請方案)	eSIM卡	SIM卡	行動分享器
優點	1.免抽換原始SIM卡，不會漏接原門號的電話 2.申辦容易		1.免攜帶其他設備 2.取得容易	1.免抽換原始SIM卡，不會漏接原門號的電話 2.設定簡單
缺點	要避免系統與APP自動更新，或下載／點閱大分量的檔案	1.要避免系統與APP自動更新，或下載／點閱大分量的檔案 2.適用手機有限	1.通常需要抽出原始SIM卡，可能會漏接該門號電話 2.分享訊號給他人時相當耗電 3.需留意SIM卡尺寸 4.部分SIM卡不支援雙卡手機	1.需多帶一部移動式設備與充電線 2.租機需要事先作業時間，旺季可能租罄 3.有不小心忘記帶在身邊的風險 4.遺失設備需要賠償
每日費用	約22元	約100元以下	約150元以下	約200元以下
建議對象	1.上網需求小、但要確保緊急狀況能使用者 2.高上網需求者，亦可選擇費用較高方案		個人遠行	多人同行者，對手機設定沒萬全把握者

*製表／牛奶杰

http 郵便局官網：www.post.japanpost.jp

明信片、信件

除非寄件者特別交待，否則郵便局在處理跨國信件時皆以航空方式處理，以下郵資的說明，皆以透過航空寄到台灣為例。

郵票（日文稱為「切手」）可在郵便局、便利商店，或香菸小鋪等處購得。

日本的郵票▶

標準規格的明信片(はがき)

寄到海外全球皆為¥100。由於日本國內郵件沒有¥100這等郵資，一般店家的單張郵票，面額最接近者為¥120。亦可貼上¥50加¥50的郵票。

非標準規格的明信片

特殊造型明信片（特大、特小、圓形、心形、邊緣曲折等），都視為「定形外」。寄往國外

◀標準規格的明信片

非標準規格▶的明信片

時，照SOP須以「定形外手紙」的方式處理，得自行外加信封，並支付¥230（實務經驗中，有些郵便局人員會以定形手紙受理，收¥190）。

信件(手紙)

價格依重量調整，建議交寄時親赴郵便局，讓工作人員計算正確的郵資。

種類	低於25g	25～50g	50～100g	備註
標準規格明信片	¥100	-	-	-
非標準規格明信片與信(定形外手紙)	-	¥230	¥340	含各地限定的特殊造型明信片，均要信封
標準規格信(定形手紙)與賀卡	¥120	¥190	-	要信封

＊資料時有異動，請以官方公布的最新資料為主

郵筒

貼足郵資的海外明信片與信，可投入一般郵筒。通常在公共場所或JR車站門口能找到郵筒。機場的管制區可能沒有郵筒，請在入關前把握機會將郵件寄出。

日本的郵筒不算難▶找，車站門口(甚至月台上)常會設置

▲ 寄國際郵件時，請貼足郵票投入郵筒右側藍字的收信口

寄國際郵件

行家祕技 到郵票博物館挑郵票

東京JR山手線目白站附近的切手博物館，有開放空間讓顧客挑選各式圖案的郵票。可在此試試看能不能找到與此次旅行主題相關，或收件者喜愛的郵票圖案。郵票售價會比面額多加幾塊錢。切手博物館：yushu.or.jp/museum

國際包裹

若要帶回國的行李太多，可考慮用國際包裹的方式，將行李寄回。所需的費用與時間，跟包裹重量和寄送方式有關，下表以從東京寄10公斤的包裹返台為例。

寄送方式	費用	所需時間
EMS(國際快捷)	¥10,600	2天
空運	¥8,350	6天
海運	¥5,400	約14天

＊資料時有異動，請以官方公布的最新資料為主

注意事項

■寄件單上的寄件者與收件者的資料，建議分別填台灣的兩個地址，一旦收件者無法順利收貨，還有機會改送至第二個台灣地址。

■寄件者欄位勿填寫日本飯店資訊，以免造成對方困擾。

■寄件單務必如實填寫物品名稱、數量與價格。若要為包裹投保，保險費另計。

■我國海關會檢查國際包裹，包裹價值(物品價格+運費+保險費)折合台幣若超過2,000元的免稅額，會徵收關稅及營業稅。

■同一收件地址的同一收件者，當月若超過2件國際包裹(或半年超過6件)，無論包裹金額都會被課稅。

日本國內配送

在日本，可利用宅配將行李直接寄到下一個目的地。最常見的是台灣俗稱「黑貓」的大和運輸(ヤマト運輸)，其主要競爭者為佐川急便。

▲ 台灣民眾熟悉的黑貓宅急便，便源自日本的大和運輸

▲ 以藍色作為識別的佐川急便，也是日本重要的宅配業者

去哪裡寄

在業者本身的據點，或有合作的便利商店寄件。多數旅館會為住客提供代辦服務，再聯繫業者前往取件。宅配單雖然是全日文，但格式跟台灣的十分相似，可依漢字理解填寫。

▲ 宅配單與台灣類似，參照漢字含意不難填寫

行家祕技 將行李送到飯店

除了祭出全國性宅配業者的一般配送服務，在部分觀光客常造訪的區域，也提供在地性的送行李到旅館服務。

立山黑部的寄件服務

常被外國遊客利用的送件服務，是立山黑部旅遊線！由於遊客通常會由一端上山，一路轉換不同交通工具，最後由另一端下山。若帶著行李，實在很困擾！因此業者便提供在富山收件，送到信濃大町或是長野的飯店或代辦處之服務（反向亦可），費用為￥1,500～2,500。

▲ 立山黑部的行李運送服務，廣受使用者稱讚

JR東京站的佐川急便

JR東京站的日本橋口內，設有佐川急便的服務中心，提供多項服務（在新宿巴士總站、東京晴空塔、淺草雷門等處也有類似的服務中心），可多利用。

■ **東京空手旅遊提案：** 於12:00前交寄行李，送往東京23區內或東京迪士尼度假村的飯店，當天就會送達，速度快於一般宅配，費用約在￥850～2,220間。

■ **機場配送：** 11:00前收件，可在16:00後於羽田機場取件，或是當日17:00後在成田機場取件。

■ **其他服務：** 這裡也有一般宅配寄件、代收自家宅配、寄放行李（每日￥800），以及租借輪椅等服務。也提供適合的紙箱可包裝。

其他

京王與小田急電鐵新宿站有提供送行李到周邊飯店的服務。JR四國則在JR高松站等主要車站提供類似措施。

費用與時間

依行李尺寸與寄送距離有別，可至業者官網查詢。粗略估價心得，大概是行李放投幣置物櫃的2～3倍。至於時間，並非所有地方都保證能隔日送達，若要將行李寄到接下來入住的旅館，建議要預留1天的時間較為保險（亦即第一天寄、假設第三天才到）。

「空港宅急便」寄送機場

可將行李或在商店購買的物品直接送到機場，再到宅配業者設於機場的櫃檯領取（黑貓與佐川皆有該服務）。須留意寄到機場的作業時間與費用，可別都要離境了，行李還沒送到喔！

❤ 貼心 小提醒

善用送件服務，輕鬆跑行程

有別於一般的宅配，這些在旅遊熱點提供的送件服務，有各自截止時間與條件。請務必在那之前，把行李送達集合處並完成手續，錯過就得自己隨身帶著行李囉！

▲ 佐川急便在東京站設立服務據點，專辦將行李送到周邊飯店，或兩座機場等處

宅配業者的資訊看這裡

大和運輸
http www.kuronekoyamato.co.jp/tcn

佐川急便
http www.sagawa-exp.co.jp/chinese
http 東京空手旅遊提案：www.sagawa-exp.co.jp/ttk/chinese

黑部立山行李運送服務
http www.alpen-route.com/tw（旅行指南→行李運送服務）

＊資料時有異動，請以官方公布的最新資料為主

應變篇
Emergencies

在日本，發生緊急狀況怎麼辦？

日本治安算是良好，不過出門在外還是要謹慎小心，人身安全最重要。記下重要緊急聯絡方式，以備不時之需。本篇提供各種意外狀況的危機處理辦法。

遺失物品

お忘れ物承り所 (JR東日本東京駅)

若發現物品遺失隔太久,請循原路往可能的遺失處搜尋,或洽詢工作人員與員警。在列車或巴士上遺失時,提供路線、班次時間、乘坐位置向業者詢問,常會有好消息。

護照遺失怎麼辦

如果驚覺護照不見了,請先保持鎮定。基本上只要能確認是我國國民,不至於無法返國。

再次尋找

確認是否有遺落在某處(如飯店房間床縫、行李夾層,或是否曾託人保管)。

向警局報失,取得報案證明

確定遺失或失竊,請先報警,並取得報案證明。

向駐日單位申辦「入國證明書」

向台北駐日經濟文化代表處或台北駐大阪經濟文化辦事處申辦「入國證明書」,可暫作為身分證明與搭機返台(辦護照需14工作天)。我國目前在東京、大阪、札幌、橫濱、福岡、那霸設有據點,詳情請由官網點選「館務資訊」查詢聯繫方式。若報案後尋得護照,依規定無法取消掛失。

🔗 www.roc-taiwan.org/jp

🕘 09:00～18:00(中午休息1小時,各據點的時間可能有異)

ℹ️ 所需文件:報案證明、2張2吋彩色照片、外國護照或當地居留證件(在留卡或外國人登錄證)

▲ 若不幸遺失護照,申請補發前得先向警方報案

信用卡遺失怎麼辦

信用卡須辦理掛失

確定遺失時,盡早致電發卡銀行或金融單位進行信用卡掛失手續,若無法順利聯繫,可嘗試信用卡組織的免付費電話(可能無法以手機撥打)。

信用卡海外掛失電話

JCB PLAZA Call Center:0120-500-544
MasterCard緊急支援服務:00531-11-3886
Visa全球緊急服務中心:00531-440-022

＊資料時有異動,請以官方公布的最新資料為主

現金遺失怎麼辦

若是整個皮夾遺失，沒有現金、提款卡、信用卡，可請在台親友透過「西聯匯款」（Western Union）匯給自己。西聯匯款為24小時服務，匯出後通常可即時取款。此方法雖快速，但手續費也相當高。未雨綢繆的旅人，可在國內先辦好「網路銀行西聯匯款服務」，屆時在海外透過網銀匯款給自己。

如何匯款、提款

在台親友請洽大眾、元大，或京城銀行，於營業時間臨櫃辦理匯款手續，完成後會取得一組MCTN序號。提款人持政府核發有照片的身分證件，憑匯出國家、匯款金額、匯款人名以及MCTN序號等資料，填表向Travelex連鎖匯兌業者、H.I.S旅行社，或某些大黑屋金券行取款（領款地點常有時間限制，請由官網查詢適合地點）。

http 匯款：www.westernunion.tw
http 查詢領款地點：www.westernunion.co.jp
(取扱店舗の検索)

緊急狀況

內急怎麼辦

日本算方便「方便」的國家，在景點、服務中心、交通場站、百貨公司、公園，或政府廳舍等地皆有洗手間，幾乎都免收費；即便商店也鮮少需消費才能獲得鑰匙或密碼的情形。高速巴士多會安排中途休息。但提醒，都會區通勤性質的列車會捨去洗手間，車站才有廁所。

▲ 日本的公共場所多有洗手間可免費使用（只怕長得太美讓人認不出來）

生病怎麼辦

購買成藥

無需處方籤的各種旅行常備藥，可在一般藥妝店購得。若身體十分不適，切勿硬撐及早就醫。

醫院就診

建議先透過飯店或熟悉的當地者聯繫，詢問該時間適合治療的醫療院所（若已知求診科別，有助於媒合）。若為緊急狀況，可撥110求援。

日本的醫療費用相當高，記得請醫師開立診斷證明書（需自費），回國後再申請全民健保或個人商業保險的部分給付。日本醫學教育已本土化，一般醫院的醫師不強調外語能力。不會說日語的人，可嘗試用漢字、翻譯APP，或比手畫腳溝通。

行家祕技　回國後被通知找到遺失物

若是回國後才獲悉找到遺失物，對方通常不願負擔國際郵資與手續將貴重物品寄出境，但多會同意協助以「收件人付費」的作法寄到日本某處。旅人可從網路找代購買家(他們往往是國際郵遞行家)，先送到代購者那裡，再轉寄回台灣。若順利約1週即可在家收到！

緊急Wi-Fi

遇大型天災或行動信號中斷時，可嘗試搜尋SSID名為「00000JAPAN」的緊急Wi-Fi，無須密碼。

緊急聯絡資訊看這裡

台北駐日經濟文化代表處

http 代表處急難救助及在日生活資訊專區(遺失證件、消費糾紛、就醫、法律等)
www.taiwanembassy.org/jp/post/331.html#006

http 外交部旅外國人急難救助網頁
www.boca.gov.tw (旅外安全資訊→ 旅外國人急難救助)

✉ 東京都港區白金台5-20-2

☎ 緊急電話(僅供有生命安危或搶劫等急難事件時聯繫，勿占線)：03-3280-7917(24小時)、080-6557-8796、080-6552-4764

☎ 電話總機(護照遺失未被視為緊急事件，需於上班時間撥打總機)：03-3280-7811

➡ 1.JR山手線目黑站下車，徒步10分鐘／2.地下鐵南北線或三田線白金站下車，從1號出口徒步5分鐘

旅外國人急難救助全球免付費專線

旅日若遇到緊急問題，一時無法聯繫駐外館處時，可撥打此專線向「外交部緊急聯絡中心」尋求協助。

http www.boca.gov.tw (旅外安全資訊→ 旅外國人急難救助)

☎ 800-0885-0885 (諧音「您幫幫我、您幫幫我」)

＊資料時有異動，請以官方公布的最新資料為主

救命小紙條

可將下表影印，以英文填寫，妥善保管隨身攜帶

個人緊急聯絡卡
Personal Emergency Contact Information

姓名Name：

國籍：Nationality

出生年分(西元)Year of Birth：

性別Gender：　　　　　　血型Blood Type：

護照號碼Passport No：

台灣地址Home Add：(英文地址，填寫退稅單時需要)

緊急聯絡人Emergency Contact：

聯絡電話Tel：

信用卡號碼、國內／海外掛失電話：

旅行支票號碼、國內／海外掛失電話：

航空公司國內／海外聯絡電話：

投宿旅館Hotel／電話Tel：

日本救命電話隨身帶

警察局 **110**

火警、救護車 **119**

旅外國人急難救助全球免付費專線

800-0885-0885

台北駐日經濟文化代表處

✉ 東京都港區白金台5-20-2

☎ 緊急電話：03-3280-7917(24小時)、080-6557-8796、080-6552-4764(僅供有生命安危或搶劫等急難重大事件時聯繫，勿占線)

➡ 1.JR山手線目黑站下車，徒步10分鐘
2.地下鐵南北線或三田線白金站下車，從1號出口徒步5分鐘